Infringement of Intellectual Property Rights in China:
Realities, Sources, and Protective Counter-Measures

중국 내 지적재산권

침해 실태, 원인·배경 및 대응전략

Infringement of Intellectual Property Rights in China:
Realities, Sources, and Protective Counter-Measures

아연동북아 총서 _ 14

중국 내 지적재산권

침해 실태, 원인·배경 및 대응전략

| 김익수 지음 |

아연출판부
고려대학교 아세아문제연구소

Table of Contents

| 차 례 |

제4장 기업 요인: 침해자와 방어자의 공방 전략

제5장 중앙정부의 보호 의지, 성과, 한계

제6장 지방정부: 지재권 보호의 파수꾼인가? 침해의 공범자인가?

| 표 차례 |

| 그림 차례 |

아연동북아총서 발간에 부쳐

탈냉전 이후 동아시아의 역동적 발전은 역내의 정치-외교, 경제 질서뿐만 아니라 문화, 사상, 종교 등의 제 영역에서 새로운 변화를 추동하고 있다. 이런 변화는 일국적 차원의 고찰로는 해명될 수 없는 복잡하고도 민감한 초국가적(transnational) 현상을 낳고 있다. 특히 동북아시아는 지리적 인접성, 공통의 역사-문화적 경험, 협력과 공존의 필요성 등으로부터 연유하는 초국가적 사고와 움직임이 활성화되고 있다. 이런 동북아에 대한 이해를 심화, 확대하고 새로운 해석과 전망을 제공하기 위해서는 국가별 연구나 학문 분과의 분절적 연구를 넘어 동북아시아를 분석의 단위로 삼는 다학문적·학제적 연구가 요청된다.

동북아시아 연구가 갖는 실천적 의미는 매우 중요하다. 주지하듯이 동북아시아는 세계의 어느 지역보다도 급속한 변화와 발전상을 보여주고 있음에도 불구하고, 여전히 근대성의 문제와 냉전의 구도에 얽매여 있는 곳이다. 20세기 전반기의 제국주의 침략과 식민 경험은 오늘에도 국가적·민중적 기억을 지배하고 있다. 냉전의 산물인 남북 분단과 북한의 핵 위협은 동북아시아의 커다란 불안 요소가 되고 있다. 국가 간 역사 및 영토 분쟁 또한 동북아의 평화로운 발전에 장애로 남아 있다. 그러나 우리는 불편한 역사적 경험과 현재의 불안정이 다른 한편으로 동북아시아의 여러 구성 요소들을 상호 긴밀히 연결시키고, 그로부터 문제 해결을 위한 공통의 기반이 마련될 수 있음에 주목한다. 동북아시아는 대립과 갈등의 무대이기도 하지만 평화와 공존의 모색을 위한 토대이기도 하다. 이제 동북아 연구는 동북아가 처한 현실을 객관적으로 진단하고, 평화로운 미래를 건설하는 시대의 요청에 부응하지 않으면 안 된다.

고려대학교 아세아문제연구소(이하 아연)는 대표적인 동북아시아 지역 종합 연구소로서 학제 간 연구를 통한 동북아 지역 연구를 이끌어 왔다. 1957년 설립된 이래 아연은 구한국 외교문서와 공산권 연구 총서 및 동아시아 연구 총서, 중국 연구 총서, 한일 공동 연구 총서, 민주주의 총서 등 연구 성과의 체계적 집성을 통해 학문적 차원에서 현실을 진단하고 바람직한 미래의 방향을 전망하는 대학 연구소의 역할을 충실히 수행해 왔다. 2008년부터는 한국연구재단의 '인문 한국'(HK) 사업 해외지역학 분야의 지원 기관으로 선정되어, '동북아시아의 초국가적 공간: 사상·사회·문화·제도의 교류와 재구성'이라는 연구 어젠다를 중심으로 10년 기간의 대규모 프로젝트를 진행하고 있다. 이제 아연은 지난 50여 년 동안 축적된 연구 경험과 현재 진행 중인 '인문 한국' 사업의 성과, 각종 동북아 지역 연구 지원, 국내외 소장 학자 교류 지원 프로그램 등을 기반으로 해 〈아연동북아총서〉를 발간한다. 이 총서의 성과가 동북아 공동의 문제를 해결하고 조율하며 바람직한 미래를 모색하는 장이 될 수 있기를 기대하면서, 관심 있는 분들의 격려와 질정을 바란다.

아세아문제연구소장 이종화

머리말

2009년 이후 중국시장에 대한 한국기업의 직접투자(FDI) 증가율이 눈에 띄게 둔화되고 있다. 그 동안 대중 직접투자의 전위대 역할을 했던 중소기업들은 한국으로 철수하거나 일부 기업들은 중국 내륙 혹은 베트남, 인도네시아, 캄보디아 등 동남아로 생산기지를 옮기고 있다. 여기에는 2008년 발효된 '신(新) 노동계약법'과 임금 및 토지임대료의 급상승, 보건·위생·환경 보호 기준의 강화, 반독점법의 엄격한 적용, 중국 현지기업의 경쟁력 향상 등이 복합적으로 작용하고 있다.

그러나 최근 들어서는 애플과 같은 미국기업, 캐논, 샤프 등 일본기업, 보석류를 가공하는 한국기업조차도 본국으로의 U턴을 감행하고 있으며, 중국에 남아 있는 외자기업들조차도 투자 환경 악화에 따른 어려움을 호소하고 있다. 2001년 말 중국이 WTO에 가입한 이후 각국 기업들이 중국 내수시장 선점을 위해 각축전을 벌였을 때와 비교해 볼 때 불과 10여 년 만에 상황이 판이하게 달라진 것이다. 특히 내수시장 개척을 위해 독점적 기술 우위를 바탕으로 중국시장에 진입한 외국기업들은 거세어진 중국정부의 합자 파트너 기업의 기술공개 및 기술 이전 요구, 자체 현지 브랜드 개발 압력에 적지 않게 당황하고 있다. 실제로 후진타오 이후의 중국정부는 '과기흥국'(科技興國)의 기치 아래 산업·기술 구조 고도화와 자주혁신을 전략 목표로 내세우면서 하이테크나 뉴테크 기업이 아니면 투자 허가를 내주지 않거나 인프라가 열악한 중국 내륙시장으로의 진입을 종용하고 있다.

더 심각한 것은 중국 내수시장에서 그 동안 성공을 구가하던 한국 대기업은 물론 상당수 다국적 브랜드마저 광범위하게 비공식적으로 자행되는 지적재산권 침해 상황 앞에서 어떻게 대응해야 할지를 놓고 고민에 빠져 있다. 브랜드 이미지와 매출액이 타격을 입고 있고, 현지 영업과 연구개발 강화에 투입되어야 할 경영 자원의 상당 부분이 지재권 분쟁 해결에 투입되고 있다. IT, 의약 등 첨단산업에 종사하는 외국기업들이 중국에 대한 추가 투자 확대를 주저하거나 신중한 것도 이 때문이다. 실제로 글로벌 한류 열풍에도 불구하고 중국에서만큼은 불법 소프트웨어와 음원 다운로드, 불법 DVD 판매로 인해 음원료와 저작권료 수입이 미미해, 저작권이 상대적으로 더 잘 보호되고 있는 일본에서 음원과 로열티 수입이 늘어나고 있는 것과는 좋은 대조를 이룬다.

그러나 보다 심각한 문제는 중국 토종기업들에 의한 지재권 침해로 인해 외자기업들의 핵심 역량이 훼손당하고, 매출과 시장점유율, 채산성 면에서 피해가 늘어나고 있다는 점이다. WTO 가입 당시 중국정부는 '무역관련 지재권(TRIPs) 협정'과 지재권 관련 국제조약을 준수하겠다고 약속했고, 교역 상대국과의 쌍무협상에서도 지재권 보호 강화를 다짐했지만, 중국의 현실은 중앙정부의 약속과는 거리가 멀다. 중앙정부의 경우 보호 의지의 강도나 보호 수위에 일관성이 없으며, 지방정부는 중앙 통제가 약할 때마다 침해자를 보호·묵인할 유인과 명분을 찾는 성향이 강하다. 지방정부 차원의 느슨한 법규·정책 집행을 틈 탄 현지기업들은 모방 전략과 짝퉁 제품 제조 판매를 통해 이윤을 창출해 내고 있으며, 손쉽게 기술을 추격하고 있다. 소비자는 소비자대로 '산짜이(山寨) 문화'에 젖어 아무런 죄의식 없이 저가 짝퉁 제품을 구입하면서 재미를 느끼고 있다. 사법 제도의 상황은 더 열악하다. 당이 검찰과 법원 위에 군림하는 상황 하에서 외자기업이 민형사 소송에서 승소하는 경우는 희귀하며, 이마저도 자금력과 정보력이 떨어지는 중소기업이나 개인기업에게는 그림의 떡이다.

사실 중국의 열악한 지재권 침해 상황은 단신으로 언론에 자주 보도되었기 때문에 그리 새로운 일은 아니다. 그러나 법경제학, 경영 전략의 이론적 틀과 중국의 지재권 관련 법규, 관련 분쟁 사례를 종합적·체계적으로 분석하여 지재권 침해의 발생 및 재발의 원인을 분석하고 정부 및 기업을 위한 대응전략을 제시한 연구는 많지 않았다. KOTRA, 무역협회 등에 의해 정책연구 결과가 발표되긴 했지만, 중앙정부의 법제도적·정책 환경 분석에 치우쳐져 있어서 중앙-지방 관계, 관련 법제도, 사회문화와 깊이 연계되어 있는 지방정부의 기회주의적 행동, 기업의 전략적 침해, 소비자의 사회적 편익 추구형 짝퉁 소비 행위, 행정·사법 구제의 불완전성 등 다양한 동기를 제대로 분석해 내지는 못했다.

이러한 배경 하에서, 본 연구는 중국 내수시장에서의 지재권 침해 실태를 관련 통계와 사례를 통해 살펴본 다음, 지재권 침해가 왜 계속 재발하는지, 그 원인과 배경 및 재발 메커니즘을 사회문화, 중앙정부, 지방정부, 기업, 소비자, 피해구제 등 다차원적이고도 입체적인 시각으로 분석하고자 한다. 특히 중국의 법제도적 환경, 사회문화적 환경, 중앙정부, 지방정부의 법규·정책 집행 과정상의 정경유착과 도덕적 이반, 부패, 기업의 대담한 모방과 복제 전략, 행정구제 및 사법구제 제도상의 문제점 등을 사례와 함께 구체적으로 분석하는 데 의미를 두고자 한다.

본 연구는 고려대학교 아세아문제연구소 측이 '동북아연구 총서시리즈'의 하나로 선정된 연구 프로젝트이지만, 본 저자가 '2008년도 연구년 과제'로 제출했던 토픽이기도 하다. 졸저를 '동북아학술연구총서 시리즈'에 포함시켜 주신 아세아문제연구소 측에게 감사를 드린다. 특히 6년 여 동안 아세아문제연구소의 발전을 위해 헌신하시다가 2013년 8월 말로 이임하신 이내영 소장님과 9월에 새로 부임하여 중책을 맡으신 이종화 소장님의 건강과 건승을 기원해 본다. 또한 출판 기획과 심사 과정에서 행정적으로 도움을 준 아세아문제연구소 이정남, 김정태 박사님, 심사 과정에서 논평을 아끼지 않으신 국내외 논평자들, 그리고 여러 학기 동안 도표 작성과 원고 수정, 편집 작업을 도와 준 연구실의 노승환 조교에게도 심심한 감사의 뜻을 표하고 싶다.

마지막으로 낙상으로 다리가 불편함에도 불구하고 항상 새벽에 성당에 나가 남편을 위해 기도해 주고 마음을 편안하게 해준 나의 사랑하는 아내 김인숙 테레사에게도 이 연구총서를 바치고 싶다.

아무쪼록, 본서가 중국의 시장 개척과 지재권 침해에 관심을 갖고 있는 유관부서 정부 관료, 학자, 대학원생, 그리고 중국 비즈니스를 하고 있는 기업들에게 조그마한 보탬이 되었으면 하는 바람이다.

2014년 3월

지은이 김익수

1장

서론

중국 내 특허권, 상표권, 저작권 등 지적재산권(이후 '지재권') 침해가 중국 내수시장 개척에 있어 뜨거운 국제적 이슈로 떠오르고 있다. 그리고 중국 내 지재권 침해가 심각한 만큼, 지재권 보호에 대한 미국, EU, 일본 등 선진국의 대중 통상 압력이 거세어지고 있다.

우선, 지재권을 침해한 중국산 모조품이 해외시장에 수출되면서 수입국 기업과 국민들의 피해가 늘어나고 있기 때문이다. 중국산 제품에 대한 국제적 품질 신인도가 떨어짐은 물론 수입된 상품의 소비에 따른 수입국 국민들의 보건·안전·위생 리스크가 상승하고 중국의 대외적 국가 브랜드 이미지도 실추되고 있다. 중국에 진출한 다국적기업들 역시 기술특허와 저작권의 피침, 상표권 및 의장권 도용 등으로 인해 막대한 경제적 피해를 보고 있다. 만일 지방 차원에서 다양한 방법으로 전개되는 기술 유출과 지재권 침해를 정부가 효과적으로 통제하지 못 한다면, 첨단산업 부문에 대한 대규모 외자 유치와 산업기술 구조의 고도화는 지장을 받을 수 있는 상황이 되었다. 또한 중국기업의 경쟁력이 상대적으로 취약한 IT(정밀전자, 반도체, 차세대 이동통신), BT 등 첨단산업에 외국인 자본을 보다 많이 유치하기 위해서는 다국적기업의 철저한 지재권 보호 요구에 귀를 기울일 수밖에 없는 상황이 되었다.

외부의 통상 압력을 차치하고라도 내부적으로도 확대 재생산되고 있는 지재권 침해 관행을 더 이상 좌시할 수 없는 요인이 많아졌기 때문이다. 우선, 중국정부가 제10차 경제·사회 발전 5개년 규획(2006~2010) 기간부터 외국 선진 기술·지식을 흡수·이용하는 기존의 '인진라이'(引進來) 전략에서 벗어나 자체적인 연구개발 투자를 통해 자주적 혁신 성과를 높인다는 소위 '과학기술입국'(科技興國)의 목표를 세우게 되었고, '자주혁신'(自主創新)의 핵심은 문화·예술·창작 활동과 기업의 창조적 파괴 활동이었다. 그 주체는 대학, 연구소, 기업이었는데, 창의적 혁신 활동을 전개해야 하는 이들의 입장에서 지재권의 보다 철저한 보호는 중요한 선결 조건이기 때문에 자사가 개발한 제품과 상표, 기술이 다른 중국 로컬기업에 의해 유출·위조·도용되는 것을 좌시할 수 없었다. 또한 지재권 침해는 창작 활동과 기술혁신을 방해하여 '자주혁신'을 미래의 경제성장 동력으로 삼고, 중국의 산업구조 고도화, 과학기술입국, 국가경쟁력 강화를 추구하려는 중국정부에게는 커다란 걸림돌이 될 수밖에 없었다.

이처럼 중국 내 지재권 침해는 민간기업의 개별적 피해 차원을 넘어 중국의 대외 협상력, 기술과 브랜드 경쟁력 강화, 질적 성장 방식으로의 전환 등에 악영향을 미침은 물론, 대외 경제교류와 글로벌 경제교류에도 피해를 주게 되었다. 그리하여 90년대 중반 이후 중국학계는 물론, 한국의 특허청,

KOTRA 등 관변 출연기구, KIEP 등 연구기관, 학계의 전문가도 지재권 침해 분야의 실태 파악과 대응전략 수립에 관해 많은 관심을 가져왔다.

그러나 지금까지의 연구는 침해의 발생과 재발에 관한 법제도적, 사회문화적, 법제도적, 중앙정부, 지방정부, 침해기업, 소비자, 사법부 등을 아우르는 종합적이고도 입체적인 원인 분석 없이 실무적 차원의 단편적인 정책 분석이 대부분이었다. 그러나 중국의 지재권 침해는 단순히 당사자 기업 차원의 민사적 분쟁일 뿐만 아니라, 중국의 소비문화, 소비자의 실익 추구 성향, 중앙-지방 관계의 감독 문제, 행정부와 사법부 피해구제 상의 취약성 등이 복합적이고도 다차원적으로 작용하고 있기 때문에 그 원인과 배경, 침해 양태가 다양해서 한 번 발생하면 재발되는 경우가 많다.

이 같은 배경 하에서, 본서는 중국 내 지재권 침해의 실태, 이론적 배경과 사회문화적 요인, 기업의 전략적 요인, 법제도·정책 요인, 중앙정부의 보호 의지, 지방정부와 사법부의 법규 집행 과정 등을 체계적으로 살펴본 다음, 중국의 문화적 요인, 지재권 관련 법규와 제도, 관련 국내외 통계 데이터 셋(data-set), 침해자의 침해 전략과 피해기업의 대응 방식에 관한 사례 등을 종합적이고도 다차원적으로 검토하였다. 특히 중국 내 지재권 침해의 원인과 배경, 다양한 침해의 사례와 양태를 분석한 다음, 그 분석 결과로부터 정부와 기업이 효과적으로 대응할 수 있는 전략적 대안을 도출하고자 노력하였다.

본서는 다음과 같이 구성되었다.

제2장에서는 중국 내 지재권 침해의 개념과 유관부서와 기구, 지재권 분야별 정책 및 법·제도 변화를 살펴본 다음 지재권 침해의 실태를 통계와 사례 중심으로 분석하였다. 제3장에서는 중국 내 지재권 침해 재발의 주요 원인 중의 하나인 사회문화적 원인을 사회주의 유물론, 유교적 공유 관행,

'산짜이' 문화 중심으로 검토한 다음, 제4장에서는 지재권 분쟁 당사자인 중국의 기업 요인을 침해자, 방어자 양 측면으로 나누어 경영 전략적 측면에서 살펴보기로 한다. 제5장에서는 지재권 보호에 관한 중앙정부의 보호 의지, 그 동안의 성과와 한계를 검토하고, 제6장에서는 지재권 수호자 및 공범자로서 이중성을 띄고 있는 지방정부 차원의 지재권 보호 딜레마를 게임이론의 틀을 이용하여 '중앙과 지방정부 간의 모니터링 게임'(monitoring game)으로 분석해 보기로 한다. 제7장에서는 지재권 침해로 피해를 입은 기업에 대한 중국 행정적 구제 및 사법적 구제 상의 문제점을 비교·분석해 보고, 제8장에서는 외자기업의 시각에서 중국의 행정·사법 구제 제도를 잘 이용할 수 있는 방안, 진입에서 R&D 현지화에 이르기까지의 경영 전략을 검토한 다음, 정부 차원의 대응전략을 살펴본다. 그리고 마지막 장인 제9장에서는 본서의 연구 결과를 요약하고 정책 시사점과 한계를 도출하기로 한다.

2장

중국 내 지재권 침해 실태와 사례

1. 중국 내 지재권 침해의 개념과 관련 기구, 법제도

1) 보호 대상 지재권의 개념과 범위

중국 내 지재권 침해 실태를 살펴보기 전에 먼저 지재권 관련 법규에 따라 보호 대상이 되는 지적재산권의 종류와 개념, 범위를 살펴볼 필요가 있다.

(1) 저작권

우선, 저작권 및 저작인접권의 경우 1990년 9월 7일 국무원이 제31호로 제정·공포한 '저작권법'에 의해 규율·보호되고 있다. 저작권법은 총 61

개 조항으로 구성되어 있는데, 1990년 제정된 이후 2001년 10월 27일, 2010년 2월 26일 등 두 차례 걸쳐 개정되었다. 가장 최근인 2010년 법 개정 시에는 공공이익과 관련된 저작권의 규율·통제 관련 내용이 보완되었다. 세부 분야별로는, 디지털 시대의 도래에 따라 콘텐츠 저작권 보호 필요성이 커지면서 '컴퓨터 소프트웨어 보호에 관한 규정'이 추가되었다.

(2) 특허권(발명특허, 실용신안, 산업디자인)

개념과 범위가 한국과 대동소이한 저작권, 상표권 분야와 달리, 특허권의 경우, 한국보다 범위가 넓어, 좁은 의미의 발명특허 이외에도 실용신안권, 의장권을 '광의의 특허권' 범위에 포함시켜 규율하고 있다. 중국 내 특허권 분야를 규율하는 근거법은 '특허법'(專利法)이다. 여기엔 발명기술 특허(發明; Technology Patents) 이외에도, 실용신안(實用新型; Utility Models), 의장권(外觀設計; Industrial Design) 등이 모두 포함되어 있다. 특허법은 1983년 전국인민대표대회(이하 '전인대') 상무위원회에서 제정되어 1984년 3월 12일에 공포되었으며, 1992년 9월 4일, 2000년 8월 25일, 2008년 12월 27일 등 세 차례에 걸쳐 개정되었다. 곧이어 공포된 '특허법 시행세칙'과 '특허심사에 관한 지침'은 특허법 시행과 심사자, 변리사, 변호사, 특허등록 관련 당사자들의 특허심사 가이드라인으로 쓰이고 있다.

(3) 상표권 및 지리적 표시

중국에서 상표권과 지리적 표시는 '상표법'과 '동 시행규칙'에 의해 규율된다. '상표법'은 1982년 8월 23일 전인대 상무위원회가 채택된 후 1993

년 3월 제정·공포되었고, 그 후 1993년, 2001년 10월 27일 등 두 차례에 걸쳐 개정되었으며, 2013년 8월에 통과된 개정법은 2014년 5월 1일부터 시행된다.[1] 개정 신 상표법에 따라 2002년 8월 3일에 공표된 '상표법 시행 규칙'의 개정 작업도 진행 중이다.

중국이 2001년 말 WTO에 가입하고 무역 관련 지재권(TRIPs) 협약에 서명함에 따라 지리적 표시(geographical indication)도 보호 대상이 되었다. 이에 관해서는 '상표법' 제3조, 제10조, 제16조가 전반적인 규율의 틀을 제시하고 있으며, '지리적 표시를 한 상품의 보호에 관한 잠정 규정'이 자세한 세칙을 규정하고 있다.

가장 중요한 근거법인 '상표법'은 총 64개 조항으로 구성되어 있으며, 상표권의 범위와 내용, 보호 요건, 등록상표의 개념, 적법한 상표권자, 처벌 조항 등을 규정하고 있다. 따라서 중국에서 상표권을 법적으로 보호 받으려면, 상표권자는 요건을 갖추어 정한 절차에 따라 공상행정관리국 내 상표국에 등록해야 한다. 법이 1차로 개정된 1993년만 해도 중국 내 상표 등록 신청건수는 10만 건에 불과했으나, 2002년에는 30만 건, 2012년 말에는 150만 건 이상으로 늘어났다.[2] 상표 등록 신청건수가 이처럼 급증하고 있는 것은 중국 내수시장에 신규 진입하는 국내외 기업들이 늘어나고 있는데다 기존 기업이 지속적으로 신제품과 브랜드를 개발·출시하고 있기 때문이다. 그러나 상표 등록 신청의 급증은 동전의 양면과 같아서 주무부서인 상표국의 심사·관리·감독 인력 부족과 예산 제약 때문에 부실 심사도

1_KOTRA 상하이 무역관 자료(2013. 9. 3); 전자신문, 2013. 9. 24.

2_국가공상행정관리총국 상표국 통계; http://sbj.saic.gov.cn/tjxx/201306/p02013067377790213.PDF.

같이 증가하고 있으며, 도용 및 모방 상표에 대한 단속·처벌의 부실로 이어지고 있다.

(4) 미공개 정보(영업 비밀)

WTO 협정에 따라 미공개 정보(영업 비밀)도 보호하고 있는데, 근거법은 '불공정경쟁방지법'이다. 보다 구체적인 내용과 보호 방법 등은 '영업 비밀 침해 방지에 관한 약간의 잠정 규정' 등에 규정되어 있다.

(5) 인터넷 도메인 명

중국 정보산업부는 2004년 '중국 인터넷 도메인 명에 관한 규정'을 제정·공표하였는데, 이 규정의 집행은 중국인터넷네트워크정보센터(China Internet Network Information Center: CINIC)가 담당하고 있다. 인터넷 도메인 명의 도용·불법 복제에 관한 분쟁 해결에 관해서는 '인터넷 도메인 명 등록에 관한 규칙' 및 '인터넷 도메인 분쟁 해결에 관한 정책 지침'이 절차와 가이드라인을 제시하고 있다.

(6) 전통적 지식과 전통 문화 표현

이외에도, 전통 지식(traditional knowledge), 전통 문화의 표현(traditional cultural expressions) 등의 무형 문화재산을 '무형 문화재산법'이, 전통 중약은 '전통 중약에 관한 규정'이, 전통 예술과 공예품 관련 지재권은 '전통 예술과 공예 관련 규정'이 각각 규율·보호하고 있다.

표 2-1 | 중국 내 3대 지재권 관련 근거법, 개념, 유효기간

	저작권과 저작인접권	상표권	특허권
개념	- 한·중 양국이 가입한 저작권 관련 베른협약의 규정에 따름	- 한국의 상표권과 기본적으로 개념이 동일	- 발명, 실용신안, 의장을 모두 포괄(한국은 실용신안권과 의장권을 별도 취급)
근거법	- '저작권법'(1990년 9월 제정 이후 두 차례 개정; 2010년 2월 시행) - '저작권법 실시조례'(1991년 제정 이후 2002년 8월 개정 시행)	- '상표법'(1983년 3월 제정 이후 세 차례 개정; 2014년 5월 시행 예정) - '상표법시행세칙'(2002년 8월 3일 시행)	- '특허법'(1984년 3월 제정 이후 세 차례 개정; 2008년 12월 시행) - '특허법시행세칙'(1992년 12월 제정 이후 2차 개정; 2001년 7월 1일 시행
담당 부서	- 소재지 국가판권국	- 소재지 국가공상행정관리국 상표국	- 소재지 특허국(專利局)
권한 존속 기간	- 저작권 관련 베른협약의 내용에 따름(2013년 7월 이후는 저작자 생존기간 + 사후 70년 그 전은 생존기간 + 사후 50년)	- 상표 출원일로부터 20년	- 발명특허: 출원일로부터 20년 - 실용신안특허 및 의장특허: 출원일로부터 10년

자료: 상표법, 특허법 및 동 실시세칙, 저작권법 및 동 실시조례 등을 참조하여 작성

다만, 중국 내 지재권 활용 빈도와 보호 필요성 측면에서 볼 때 미공개 정보(영업 비밀), 인터넷 도메인 명, 전통 지식·문화·중의학 등은 아직도 보호 초기 단계에 있는데다가 관련 규정도 불완전하고 침해 및 분쟁 사례를 구하기도 용이하지 않기 때문에 본서에서는 지재권 분야에서 비교적 비중이 큰 저작권, 상표권, 특허권의 3대 지재권 분야를 중심으로 중국 내 침해 실태, 원인과 과정, 그리고 대응전략을 살펴보기로 한다.

2. 중국 내 지재권 침해 실태

1) 지재권 침해 실태 개관

앞의 절에서 중국 내 보호 대상이 되는 지재권의 개념과 범위를 살펴보았다. 그러면 과연 중국 내 지재권 침해 실태는 어느 정도인가?

결론부터 얘기하자면, 관련 법규의 개정과 간헐적인 유관부서에 의한 대규모 합동 단속에도 불구하고 중국 내 지재권 침해 상황은 '위조경제'(僞造經濟)라는 신조어가 나올 정도로 매우 심각하다. 또한 위·모조품과 지재권 침해품은 국내에서만 유통되지 않고 대량으로 수출되어 세계 유통질서를 문란케 하고 있다. 중국 내 지재권 분쟁 관련 소송도 급증하고 있는 추세인데, 최고인민검찰원의 업무 보고 자료에 따르면 지재권과 관련한 고소·고발 사건은 2012년에 27만 8,000건에 달하였는데, 이는 2008년 대비 284.2%나 증가한 수치다.[3]

EIU(2007)는 1994~2005년 기간 동안 중국의 지재권 보호 수준이 전혀 나아지지 않았으며, 2006년 이후 미미한 개선이 있긴 하나 개선 폭과 속도는 만족스럽지 못하다고 조사 결과를 공개하였다.[4] 중국 내 지재권을

3_http://www.yonhapnews.co.kr/international/2013/03/10/0603000000AKR20130310083400009.HTML

4_Economic Intelligence Unit(2007)에 따르면, 1~5의 리커트(Likert) 스케일에서 중국의 지재권 보호 수준은 1994년 이후 2005년까지 2.0 내외에 머물렀으며, 2006년 이후 개선되고 있으나 3.0을 넘지 못하고 있다. EIU 홈페이지 http://www.eiu.com의 "Degree of IPR Protection in China" 등 관련 자료.

많이 보유한 150개 국내외 업체를 회원으로 두고 있는 '국가명품보호위원회'도 유사한 결과를 공개했는데, 전체 회원의 70%가 "중국 내 현지기업 경영의 가장 큰 우려 중의 하나가 지재권 침해"라고 토로했다. 또한 회원의 41%가 "자사 브랜드 제품의 11% 가량이 중국 내 위·모조품으로 인해 피해"를 입고 있으며, 회원 중의 절반 이상은 "위·모조품 출현 비율이 전체의 13%에 달한다"고 불만을 표시했다.

미국 상공회의소 역시 매년 해외의 지재권 침해 실태를 조사·발표하고 있다 2005년의 경우, 등록된 회원 기업의 41%가 "중국의 위·모조품 생산이 증가했다"고 답했고, 응답자의 55%는 "지재권을 침해당한 적이 있다"고 하였다.[5]

피해 업종과 제품 분야도 점차 다양해지고 있다. 80년대만 해도 중국 내 지재권 침해는 시계, 사치품, 화장품, 패션 의류, 가죽 제품 등의 짝퉁 제품, 서적의 불법 복사, OS 불법 다운로드에 머물러 있었다. 그러나 90년대 들어서면서 컴퓨터 OS, 응용 소프트웨어, 음악 CD, 영화와 드라마 DVD의 불법 복제 등 디지털 콘텐츠 분야로 확대되고 있으며, 정밀기계, 자동차, 가전, 반도체, 이동통신기기, 의약품 등 자본·기술 집약적 제품 분야까지 확산·고도화되고 있다. 제품의 성격도 중국으로 수입되는 외국 브랜드는 물론, 외자기업이 현지에서 생산한 상품조차 불법 복제, 위조 대상이 되는 경우가 늘어나고 있다.

그러면 중국 내 상표권 분야의 침해 실태부터 보다 구체적으로 살펴보자. 주관 부서인 공상행정관리국의 조사 자료에 따르면, 2011년 한 해 동

5_대외경제정책연구원(2006), "최근 중국의 지적재산권 보호 정책의 현황과 과제," 5쪽.

안 중국에서 적발된 짝퉁 제품의 판매액은 53억 3,000만 위안(8억 4,700만 달러 상당)에 달하고, 같은 해 미국에서 단속된 1억 2,470만 달러어치 상당의 모조품의 62%가 중국산인 것으로 밝혀졌다.[6] 국별로는, 일본산 제품의 상표권 피침 피해가 가장 많은 것으로 나타났다. 예컨대, 일본의 글로벌 유명 SPA(Specialty Retailer of Private-Level Apparel) 의류 브랜드인 유니클로의 'Uniqlo'가 'Uniklo'로 바뀌거나 '블랙앤화이트'(Black & White)가 '블록앤호트'(Block and Whote)라는 어설픈 유사명으로 둔갑되어 주요 대도시 온라인 및 오프라인 시장에서 유통되고 있다.

미 통상대표부인 USTR(2007a) 자료 역시, 연도별로 상이한 규모의 침해 정도를 보여주고 있긴 하지만, 중국 내 상표법 위반 상황이 매우 심각함을 확인시켜 주고 있다. 1997~2006년까지 미국으로 수입된 중국산 제품의 85~95% 가량이 위·모조품이고, 그 후에도 상표권 침해 상황이 크게 개선되지 않은 것으로 나타났다. 2005년 한 해 동안 미(美) 관세·국경관리국(The U.S. Customs and Border Protection)이 몰수한 상표권 침해 상품(주로 유사품 및 위조품)의 69%가 중국산, 6%가 홍콩산이었고,[7] 2004년 한 해 동안 EU관세청(The E.U. Customs and Taxation)이 압수한 위·모조품의 54%, 3%가 각각 중국, 홍콩 원산지였다.[8] 업종별로는 압수된 유사·모조품 중 의

6_"Chinese Shoppers Lose Taste for Fakes," *The Wall Street Journal*, Feb. 14, 2012; "짝퉁 천국 중국서 이젠 진품이 좋다," 연합뉴스, 2012. 2. 16.

7_Chaudhry, Peggy E.(2006), pp. 464-465.

8_U.S. Customs and Border Protection(2004), "Comparison of Yearly Domestic Value of IPR Seizures(FY 2000 – FY 2004)," retreived Nov. 1, 2005, from http://www.cbp.gov/xp/cgov/import/commercial_enforcement/ipr/seizure/seizure_stats.xml; European Commission(2005), "International Customs Operation 'Fake'," retrieved Jan. 5, 2006, from http://europa.eu.int/rapid/pressReleaseAction.

류가 가장 많은 비중을 점하고 있고, 그 다음이 섬유직물, 완구, 전자제품 등이었다.

저작권 침해 상황도 심각하기는 마찬가지다. 글로벌 지재권 피해 조사 전문업체인 '해벅스코프닷컴'(http://www.havocscope.com/)은 중국 내 짝퉁 및 불법 복제품 시장 규모가 총 600억 달러에 달하는 것으로 발표하고 있다(〈그림 2-1〉 참조). '국제비지니스 소프트웨어 연합단체'인 BSA(Business Software Alliance)도 2010년 발표 자료에서 중국의 소프트웨어 불법 복제율이 2009년 기준으로 79%라고 발표했다. 이는, 대만(38%), 한국(41%)은 물론, 브라질(56%), 인도(65%), 러시아(67%)에 비해서도 높은 수치이다.[9]

2010년 6월에 출범한 '중국저작권보호센터'의 조사 자료도 중국 내 저작권법 위반 관행의 심각성을 확인시켜 주고 있다. 2011년 한 해 동안 인터넷을 통한 동영상과 음악파일 불법 다운로드 건수가 41만 건인데, 이는 전체 인터넷 콘텐츠 유통량의 97%에 달하는 높은 비중이다.[10] 미국 국제무역위원회(ITC) 역시 2011년 11월 5일의 보고서에서, "중국 내 소프트웨어 불법 복제로 인해 미국 내 지식기반 산업이 2009년 한 해에만 480억 달러의 피해를 봤고 200만 개의 일자리가 없어졌다"고 주장하고 있다. 2013년 8월 초에는 미국과 중국 정부가 양국 주요 항구에서 위·모조품 수·출입 공동 단속 작업을 펼쳤는데, 삼성전자·블랙베리·닥터드레(Dr.Dre) 등 스마트폰과 헤드폰을 포함한 24만 3,000여 개 주요 전자제품이 압수되었다. 위·

9_BSA(2010), " The 7th Annual BSA/IDC Global Software 2009 Piracy Study in Brief," pp. 1-4.

10_연합뉴스, 2011. 11. 10.; www.yonhapnews.co.kr/internaional/2011/11/10/0603000000AKR20111110067900083.HTML

그림 2-1 | 세계 짝퉁 시장 규모(단위: 억 미 달러; 2010년 기준)

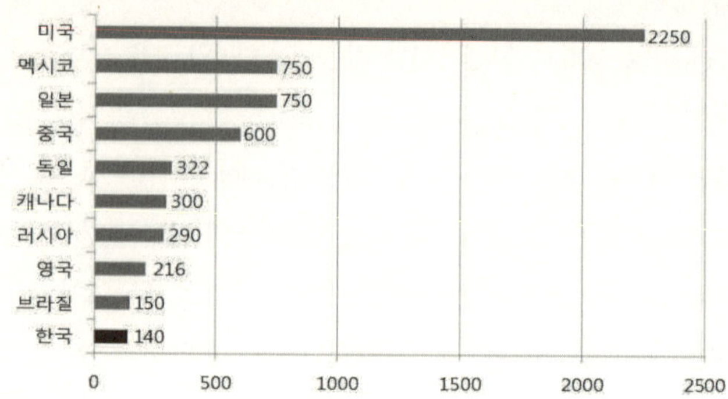

자료: 글로벌 위조 제품 전문조사 사이트 해벅스코프닷컴(http://www.havocscope.com/)

표 2-2 | 중국의 저작권·상표권 침해로 인한 피해 규모(2010년 기준)

분야별 침해	시장 규모 (단위: 백만 미 달러 (% 비중))
저작권·상표권 침해로 인한 전체 피해액 규모	60,000 (100.00)
짝퉁 와인	685 (1.14)
소프트웨어 저작권 침해	20,100 (33.50)
서적 저작권 침해	52 (0.09)
영화 저작권 침해	565 (0.94)
음악 저작권 침해	466.3 (0.78)
비디오 게임 저작권 침해	589.9 (0.98)

자료: http://www.havocscope.com/regions-main/asia/china/

모조품 단속 규모로서는 미국 내 최대였던 이 단속 캠페인 도중 중국산 닥터드레 헤드폰 모조품을 수입해 미국 내 온라인 벼룩시장에 판매해 온 뉴올리언스의 모조품 전문 수입 사업자가 체포되기도 했다.

미국 정부도 자국에서 압수된 위·모조품과 해적판 제품 등 침해 제품의 72%가 중국산인 것을 보고 위·모조품 단속 미국 지식재산침해협회는 미국의 연간 침해 손실을 3,200억 달러(약 358조 5,000억 원)로 추정하고 있다. 이는 아시아로 수출되는 한 해 미국 전체 제품 수출 액수와 맞먹는 규모다.

중국정부의 자체적인 단속 결과도 저작권 침해의 심각성을 확인시켜 주고 있다. 저작권 주무부서인 판권국(版權局) 발표에 따르면, 성·시·자치구, 시, 현 등 각급 지방정부가 2001년부터 2010년까지의 10년 동안 몰수한 해적판 제품 총 7억 700만 건 중 9만 3,000건에 대해서는 벌금을 부과하고, 2,500건에 대해서는 사법기관에 형사 고발한 것으로 알려졌다.[11] 그러나 이 같은 단속 이후에도 저작권 침해가 재발하고 있어 이벤트성 단속의 실효성에 대한 의구심이 제기되고 있다.

이처럼 중국의 지재권 보호 상황은 그 동안 정부의 법제도적 보완 노력에도 불구하고 여전히 열악하다. 막대한 연구개발 투자 자금을 투입·개발하고 출원·등록에 평균 2~3년이 걸리는 중국의 복잡한 관료적 절차를 거쳤음에도 불구하고, 외국기업의 저작권, 특허권, 상표권이 너무 쉽게 침해당하거나 도용당하고 있는 것이다.

이와 관련, 미국과 EU 등은 중국과의 쌍무 간 혹은 다자 간 통상 협상이 있을 때마다 보다 강력한 단속과 처벌을 촉구하고 있다. 그러나 중국정부는, ① 자국이 아직은 개발도상국 단계에 있어 기술력과 브랜드 파워가 취약하다는 점, ② 1인당 소득 수준이 이제 막 6,000달러를 돌파해 비싼 다국적 브랜드 제품에 대한 소비자의 구매력이 부족하다는 점, ③ 미국 등 선

11_"China confiscates 700 million pirated items in ten years," in The Socialist System of Laws with Chinese Characteristics, a white paper published by Information Office of the State Council; Xinhua(영문판; English.news.cn), Oct. 27, 2011; http://news.xinhuanet.com/english2010/china/2011-10/27/c_131215388.htm

진국도 과거에 기술 추격을 하던 시절에는 지재권 침해가 만연했다는 점 등의 방어 논리를 제시하면서 외부 압력의 강도, 대내의 산업기술 발전 수준, 경제 상황을 봐가면서 단속의 수위, 빈도 등을 유효적절하게 조절하고 있다.

2) 분야별 침해 상황과 사례

(1) 특허권

중국 내 침해 상황을 특허권부터 분야별로 구체적인 실례를 들어가며 보다 상세히 살펴보도록 하자. 앞에서 얘기한 것처럼, 중국의 특허법은 특허권을 광의로 해석하여 발명특허 이외에 의장권(外觀設計), 실용신안권(實用新型)을 특허권 범주에 넣어 관리하고 있다. 따라서 의장권 침해도 일종의 '외관 디자인' 침해로 특허권 침해의 한 유형으로 볼 수 있다. 이에 관해서는, 치루이(奇瑞)사의 GM대우 마티즈 디자인 도용이 그 좋은 예이다.

2000년대 들어서는 복제·모방 기술이 발달하여 1년도 안 된 벤츠, BMW 새 모델까지 감쪽같이 복제되고 있다. 가장 많이 쓰는 정밀 복제 방법은 소위 '리버스 엔지니어링'(reverse engineering) 기술인데, 자동차를 분해한 후 재조립하는 것이다. 자동차 설계도면은, 기계 설계용 소프트웨어와 3차원 스캐너 기술을 활용, 제작 과정을 역추적 하여 원래 것과 똑같이 그려내고,[12] 이렇게 해서 복제된 차량은 자체 모델로 둔갑해 모터쇼에 버젓이 전시된다. 2006년 11월 베이징 모터쇼에 출품된 두 개의 SUV 모델도 한국의 신형차 모델을 그대로 베낀 것인데, 그 중 하나인 '치성'(旗勝)이란 이름의 황

하이(黃海) 자동차 SUV 차량은 앞모습이 현대차 신형 싼타페와 쌍둥이처럼 완전히 닮았고, 텐마(天馬) 자동차사가 전시한 SUV도 기아차의 쏘렌토 디자인을 그대로 베낀 것이어서 한국 업계 관계자들을 놀라게 했다.

2010년 이후에는 자동차 외관뿐만 아니라 내장 부품까지도 똑같이 복제한 제품들이 출현하기 시작했는데, 복제 설계 기술이 워낙 정교해 순정품 부품을 끼워 넣어도 잘 맞을 정도다. 전문가들은 2~3년 후면 한국 차의 차체, 엔진, 변속기 등 핵심 부품까지 완벽하게 복제되어 대량 생산될 가능성이 높다고 우려하고 있다.

(2) 상표권

상표권 침해도 방식 면에서 다양해지고, 규모·범위 면에서 점차 확대되고 있다. 실제로 2000년에 160억 달러에 불과하던 위·모조품 시장 규모는 2012년에는 800억 달러 이상으로 커졌을 것으로 추정되고 있다.[13]

위조 상품(counterfeit goods) 분야도 90년대까지는 주로 시계, 패션 의류, DVD, 컴퓨터 소프트웨어 등에 국한되어 있었으나, 2000년대 들어서서는 유아용품, 의약품, 전기전자 부품, 반도체, 자동차 부품, 이동통신기기, 의료기기 등 고부가가치·하이테크 제품과 소재·부품 분야로 그 영역이 점차 넓어지고 있다. 다임러의 글라츠(Glatz) 이사는 "중국산 짝퉁과 모조 부품이 에어 필터, 브레이크 패드, 배터리, 엔진 블록, 범퍼 등 거의 모든 부

12_"중국 짝퉁차의 진화," 조선일보, 2007. 1. 15, A3.

13_Behar, R.(2000), "Beijing's Phony War on Fakes," *Fortune(Europe)*, Vol. 142, No. 10, pp. 98-110.

품 분야에 걸쳐 있고, 진품과 구별이 안 될 정도로 정교해지고 있으며, 전체 자동차 부품 시장 매출액의 30% 가량을 점하고 있다"고 말했다.[14] 폭스바겐(Volkswagen)도 중국에서 생산된 자동차 부품의 60%가 짝퉁이라고 토로한 바 있다.[15] 일본의 혼다사는 CG125라는 오토바이 모델을 중국에서 런칭하였는데, 얼마 안 돼 이를 모방한 짝퉁 브랜드가 300달러 이하에 중국 전역에서 팔리고 있어 막대한 피해를 보았다. 세계적인 일용품 메이커인 P&G 역시 중국에서 자사 브랜드로 팔리는 상표의 약 1/4이 유사 제품이거나 위·모조품이라고 지적하였다.

2010년 이후에는 가짜 인터넷 검색엔진까지 등장하였다. '파이구후'(www.paigoohoo.com/)와 '바이구후'(百谷虎; www.baigoohoo.com/)가 그 좋은 예다. 이들 두 짝퉁 검색엔진은 일반인들에게 널리 알려진 야후(雅虎; http://cn.yahoo.com/), 구글(谷歌; www.google.com/), 그리고 토종 검색엔진 바이두(百度; http://www.baidu.com/)의 이름을 조합하여 만들어 낸 합성 브랜드로, 파이구후가 먼저 생겨났고, 바이구후가 그 뒤에 생겨났기 때문에 '짝퉁의 짝퉁'이라 할 수 있다. 이들 사이트가 중국에서 인기몰이를 하고 있는 이유는 어느 사이트에 들어가든 바이두, 구글, 야후의 검색창이 초기 화면에 자동으로 뜨게 되어 있어 필요 시 3개의 검색엔진을 두루 이용할 수 있고 시간도 절약할 수 있다는 장점 때문이다.

2000년대 이후 나타난 또 하나의 특징은 중국산 짝퉁 문제가 중국에 진출한 외자기업의 외국 비용(liabilities of foreignness) 증가 혹은 성가심

14_Hanns Glatz, DaimlerChrysler 간부의 말 "Counterfeiting Has Gone from a Local Nuisance to a Global Threat". Balfour et al.(2005), "Fakes!" 참조.

15_"Getting IP Right," *The China Business Review*, January, 1999.

(local nuisance) 차원을 넘어 글로벌 SCM 체인망을 통해 해외에 수출되어 전 지구적 위협(global threat)이 되고 있다는 점이다. 실제로 중국산은 전 세계 짝퉁 제품(fakes)과 저작권 침해 제품(pirated goods)의 2/3 이상을 점하고 있다. EU 집행위원회가 2004~2005년 기간 동안에 적발한 각종 짝퉁 수입제품을 원산지별로 구분해 보면, 중국이 60%로 1위를 점하고 있고, 그 뒤를 대만(7.5%; 2위), 홍콩(6.0%), 인도(3.5%), UAE(3.0%), 말레이시아(2.5%), 잠비아(2.5%), 루마니아(2.0%) 등이 점하고 있다.[16]

위·모조품으로 인한 피해도 중국 진출 기업에 한정되지 않고 토종기업, 외국 소매업체인, 외국 소비자에게까지 확산되고 있다. 수출기업이 밀집되어 있는 광둥성 선전(深圳)을 예로 들면, 지역 내 수출기업의 상당수가 이미 미국의 경기 부진과 유럽의 재정위기의 여파로 수출 부진에 허덕이고 있는 와중에 다른 중국기업에 의한 지재권 침해까지 늘고 있어 자사 시장의 시장점유율과 이익률이 빠른 속도로 잠식되고 있다.

외국 소매체인인 월마트(Wal-Mart)나 튜스데이 모닝(Tuesday Morning)의 경우, 짝퉁이나 위조품인줄 모르고 중국산 수입 상품을 진열했다가 진열대에서 내리기도 하였다. 전자밥솥 등 부엌용품에 도자기 기술을 접목하여 신제품을 출시한 크래스털 테크놀로지는 2004년 초 자사 제품과 유사한 중국산 짝퉁 제품이 수입되어 팔린 사실을 확인하고 중국 모조품 메이커를 상대로 소송을 진행 중에 있다.[17]

중국산 짝퉁 제품에 대한 외국 측의 항의가 거세어지자 중국 경찰과 세

16_"중국 짝퉁차의 진화," 조선일보, 2007. 1. 15, A3.

17_"'짝퉁천국' 中, '짝퉁' 중국산에 고민," 연합뉴스, 2010. 4. 28; 環球時報, 2010. 4. 26; *The Global Times*, April 27, 2010.

관(海關總署)도 단속을 강화하고 있다. 광둥성 선전 세관의 경우, 2003년 한 해에만 약 1억 개 가량의 짝퉁 제품을 압류한 바 있다. 다만, 짝퉁 제품 압류의 혜택을 받으려면 외국 혹은 외자기업이 관할 지역 세관의 지재권 관련 부서에 상표권이나 특허권을 미리 신고해야 하는데, 이 같은 절차를 잘 몰라 제때에 피해를 구제받지 못하는 기업들이 상당수 존재한다.

(3) 저작권

중국 내 저작권 침해 역시 매우 심각하다. 국제음반협회(International Federation of the Phonographic Industry)가 조사한 자료에 따르면, 2009년도 중국 내 정품 음반판매(CD 및 다운로드 포함) 매출액은 8,200만 달러에 불과한데, 이는 3억 명의 인구를 가진 미국 음반 판매액(49억 달러)의 1.67%에 해당하는 액수이다.[18] 중국에서 음반이나 음원의 대부분은 불법 복제되거나 다운로드 되어 시중에 유통되고 있으며 컴퓨터 소프트웨어나 동영상 DVD도 유사한 상황에 처해 있다. MS CEO인 스티브 발머는 2011년 1월 17~19일 동안 미국을 국빈 방문한 후진타오 주석에게 "중국에서 쓰는 MS 제품 사용자 10명 중 1명만 제값을 주고 정품을 사용하고 있다"는 불만을 털어 놓았다.[19]

보다 객관적인 자료는 글로벌 시장조사 및 예측 회사인 IDA(International Data Agency)와 세계 비즈니스 소프트웨어 협회인 BSA(Business

18_Eihhorn, Bruce(2009), "China's New Piracy Cops: Web Sites," *The Businessweek*, Nov. 2, 2009, p.32.

19_매일경제신문, 2011. 1. 21, A4.

표 2-3 | 중국의 연도별 소프트웨어 불법 복제율과 복제 피해액의 변화(2004~2008)

	불법 복제율(Piracy Rates) 단위: %					불법 복제 손실(Piracy Losses) 단위: 백만 미 달러				
연도별	2008	2007	2006	2005	2004	2008	2007	2006	2005	2004
중국	80	82	82	86	90	6,677	6,664	5,429	3,884	3,565
홍콩	48	51	53	54	52	225	224	180	112	116
대만	39	40	41	43	43	201	215	182	111	161
미국	20	20	21	21	21	9,143	8,040	7,289	6,895	6,645
일본	21	23	25	28	28	1,495	1,791	1,781	1,621	1,787
한국	43	43	45	46	46	622	549	440	400	506
싱가포르	36	37	39	40	42	163	159	125	86	96
인도	68	69	71	72	74	2,768	2,025	1,275	566	519
러시아	68	73	80	83	87	4,215	4,123	2,197	1,625	1,362
브라질	58	59	60	64	64	1,645	1,617	1,148	766	659
BRICs	73	75	77	81	85	15,305	14,429	10,049	6,841	6,105
EU	35	35	36	35	35	13,981	12,383	11,003	12,048	12,151

자료: The Sixth Annual BSA-IDC Global Software Piracy Study, May 2009, BSA and IDC, pp. 12-13; www.bsa.org/

주: 불법 복제율은 [전체 SW판매개수 - (SW시장판매액/개당 평균판매단가)]/설치된 SW개수 X 100

불법 복제 피해액은 시장 전체 판매액 X 불법 복제율 =(정품매출액/정품판매 비율)X불법 복제비율

Software Alliance)가 매년 공표하는 국별 '저작권 침해율'(piracy rates)을 보면 알 수 있다. 〈표 2-4〉는 2005~2009년의 5년간 중국을 비롯한 주요국의 PC 소프트웨어 저작권 침해율을 비교해 놓은 것인데,[20] 침해율은 각국이 컴퓨터 등 단말기에 설치한 소프트웨어 건수 중에서 해적판 혹은 불법

20_소프트웨어 침해율은 "불법 소프트웨어 건수 / 전체 소프트웨어 판매 설치 건수 × 100"의 공식으로 계산하는데, 데스크탑, 랩탑, 넷북 등에 설치되는 OS, 시스템 소프트웨어(데이터베이스, 보안), 응용 소프트웨어는 포함되지만 메인 프레임이나 서버용 소프트웨어는 제외되며, 116개국의 182개 독자적인 데이터 set를 기초로 분석된다. www.bsa.org/globalstudy 참조.

표 2-4 | 중국 및 주요국의 PC 소프트웨어 저작권 침해율 및 상업적 피해 규모의 변화(2005~2009년)

	저작권 침해비율					불법 소프트웨어의 상업적 가치($M)				
	2005	2006	2007	2008	2009	2005	2006	2007	2008	2009
중국	86%	82%	82%	80%	79%	$3,884	$5,429	$6,664	$6,677	$7,583
인도	72%	71%	69%	68%	65%	$566	$1,275	$2,025	$2,768	$2,003
인도네시아	87%	85%	84%	85%	86%	$280	$350	$411	$544	$886
러시아	83%	80%	73%	68%	67%	$1,625	$2,197	$4,123	$4,215	$2,613
브라질	64%	60%	59%	58%	56%	$766	$1,148	$1,617	$1,645	$2,254
한국	46%	45%	43%	43%	41%	$400	$440	$549	$622	$575
일본	28%	25%	23%	21%	21%	$1,621	$1,781	$1,791	$1,495	$1,838
대만	43%	41%	40%	39%	38%	$111	$182	$215	$201	$227
홍콩	54%	53%	51%	48%	47%	$112	$180	$224	$225	$218

자료: BSA(2010), "The 7th Annual BSA/IDC Global Software 2009 Piracy Study in Brief", PP. 1-4.

소프트웨어가 점하는 비중을 말한다.[21] 여기서 알 수 있는 바와 같이 중국의 저작권 침해율은 2009년 현재 79%로 2003년(91%), 2005년(86%)보다는 많이 낮아졌지만, 아시아태평양지구 평균(59%), 일본(21%), 대만(38%),

21_IDA는 기술 관련 미디어, 연구 조사 및 이벤트 그룹인 IDG(International Data Group)의 자회사로서 IT, 통신, 소비자 가전 등에 관한 시장조사, 자문 서비스를 행하고 있다. 한편 BSA는 세계 각국의 대형 소프트웨어 제조업체들이 자신들의 저작권을 지키기 위해 1988년에 설립한 단체로 회원들로부터 소프트웨어 판매 수입의 일부를 회비로 받고, 회원을 대신해 저작권 침해 소송 당사자로 나서며, 승소할 경우 소송가액의 일부를 소송 수수료로 받기도 한다. BSA는 국제지재권동맹(International Intellectual Property Alliance)의 회원으로도 가입되어 있다. www.idc.com/; www.bsa.org/; http://en.wikipedia.org/wiki/Business_Software_Alliance.

표 2-5 | 2009년도 국가별 저작권 침해율(Piracy rates) 순위

순위	국가	침해비율	순위	국가	침해비율
1	그루지야	95	11	카메룬	83
2	짐바브웨	92		나이지리아	83
3	방글라데시	91	12	파라과이	82
	몰도바	91		잠비아	82
4	아르메니아	90	13	몬테네그로	81
	예멘	90	14	볼리비아	80
5	스리랑카	89		엘살바도르	80
6	아제르바이잔	88		과테말라	80
	리비아	88	15	보츠와나	79
7	벨라루스	87		중국	79
	베네수엘라	87		코트디부아르	79
8	인도네시아	86		케냐	79
9	이라크	85		니카라과	79
	우크라이나	85			
	베트남	85			
10	알제리	84			
	파키스탄	84			

자료: BSA(2010), "The 7th Annual BSA/IDC Global Software 2009 Piracy Study in Brief", PP. 1-4.

홍콩(47%), 한국(41%)은 물론, 같은 신흥시장 국가인 브라질(56%), 인도(65%), 러시아(67%)에 비해서도 현저히 높다. 인도네시아만이 86%로 중국보다 침해율이 높을 뿐이다.

중국과 비슷한 침해율(공동 15위)을 보여주는 나라로는 보츠와나, 케냐, 코트디브와르, 니카라과가 있는데, 이들은 모두 소득 수준이 중국보다 낮은 아프리카나 중남미 저개발 국가들이다(〈표 2-5〉 참조). 불법 소프트웨어로 인한 중국의 피해액은 2009년 기준으로 75억 8,300만 달러로 미국(83억 9,000만 달러) 다음으로 크며, 인도(20억 달러)의 3.79배, 러시아(26억 1,300만 달러)의 2.9배, 한국(5억 4,500만 달러)의 13.2배에 이르고 있다(〈표 2-6〉 참조). 그러나 2005년부터 2009년까지의 5년 동안 소프트웨어 상업가

표 2-6 | 저작권 침해로 피해를 입은 소프트웨어의 상업적 가치 규모(2009년 기준)

순위	국가	손실액($M)	순위	국가	손실액($M)
1	미국	$8,390	16	베네수엘라	$686
2	중국	$7,583	17	아르헨티나	$645
3	러시아	$2,613	18	대한민국	$545
4	프랑스	$2,544	19	호주	$550
5	브라질	$2,254	20	네덜란드	$525
6	독일	$2,023	21	폴란드	$506
7	인도	$2,003	22	말레이시아	$453
8	일본	$1,838	23	터키	$415
9	이탈리아	$1,733	24	베트남	$353
10	영국	$1,581	25	스위스	$344
11	멕시코	$1,056	26	남아공	$324
12	스페인	$1,014	27	칠레	$315
13	캐나다	$943	28	스웨덴	$304
14	인도네시아	$886	29	사우디아라비아	$304
15	태국	$694	30	우크라이나	$272

자료: BSA(2010), "The 7th Annual BSA/IDC Global Software 2009 Piracy Study in Brief", PP. 1-4.

표 2-7 | 저작권 침해로 피해를 입은 소프트웨어 상업적 가치 증가폭 순위(2005~2009년)

순위	국가	증가액($M)	순위	국가	증가액($M)
1	중국	$3,699	16	호주	$189
2	미국	$1,495	17	대한민국	$175
3	브라질	$1,488	18	이탈리아	$169
4	인도	$1,437	19	캐나다	$164
5	러시아	$988	20	콜롬비아	$154
6	인도네시아	$606	21	터키	$147
7	멕시코	$531	22	필리핀	$141
8	베네수엘라	$512	23	이라크	$129
9	아르헨티나	$463	24	방글라데시	$127
10	태국	$435	25	사우디아라비아	$126
11	베트남	$315			
12	말레이시아	$304			
13	스페인	$249			
14	일본	$217			
15	칠레	$206			

자료: BSA(2010), "The 7th Annual BSA/IDC Global Software 2009 Piracy Study in Brief", PP. 1-4.

치 피해액의 증가폭에 있어서는 중국이 1위로 무려 36억 9,900만 달러나 되었다. 우리나라는 17위(1억 7,500만 달러)로 선진국에 비해서는 침해율이 높지만 중국보다는 나은 편이다(〈표 2-7〉 참조).

이상을 종합해 보면, 중국정부의 저작권 관련 법규의 개정에도 불구하고 불법 복제·다운로드 등 저작권 침해 문제는 여전히 심각하다는 것을 알 수 있다. 중국정부도 소프트웨어나 게임, 애니메이션 관련 상품들의 대부분이 저작권법을 위반한 불법 복제품이라는 것을 인정하고 있다. 특히 외자기업의 경우, 애니메이션이나 게임 소프트웨어를 중국 현지에서 개발했을 경우, 저작권의 법적 귀속처를 잘 몰라 기술 유출이 발생해도 적기에 효과적으로 대응하지 못하는 경우가 많다. 중국의 저작권 관련 법규에 의하면, "외자기업 기술자나 소프트웨어 엔지니어가 중국 기술자에게 위탁하여 어떤 애니메이션이나 게임 소프트웨어를 개발했을 경우, 저작권은 위·수탁자 간의 계약에 의해 결정되고, 만일 계약서가 없거나 계약서에 관련 규정이 없으면 저작권은 수탁자에게 귀속된다"고 규정하고 있다. 공동 개발의 경우에도 "사전에 작성한 서면 합의에 따르되, 서면 합의가 없을 경우 공동으로 개발한 소프트웨어는 각자가 개발에 기여한 부분에 대해 분할 사용할 수 있고, 분할 사용조차 불가능할 경우에는 공동 개발자끼리 협의하여 권리를 행사"하도록 하고 있다.[22]

지역별로는, 2008년도 지재권 보호 지수를 기준으로 광둥성이 3.3394로 보호 수준이 가장 높고, 상하이(2.969), 베이징(2.696), 장수성(2.172), 저장성(2.0929), 톈진(1.560), 산둥성(1.380)이 그 뒤를 따르고 있다. 반면, 가난

22_中國文化報, 2012. 12. 5; www.chinaiprlaw.cn, 2012. 12. 5.

한 연해 성·자치구나 중서부 내륙 지역의 성과 자치구들은 대부분 1.0 미만의 열악한 보호 수준을 보여주고 있다. 이는 1인당 GDP 수준이 높은 지역일수록 자체적인 지식재산 산출물이 많아 보호 동기가 강하고 관련 법규를 위반한 침해 사범을 단속 적발할 수 있는 인력 자원과 인프라가 발달된 반면, 1인당 GDP 수준이 낮은 지역은 보호 의식과 관련 자원 및 인프라도 약하지만 창작물이나 발명품이 적어 권리 보호의 필요성을 별로 못 느끼기 때문인 것으로 풀이된다.

3) 기술 유출 및 영업 비밀 침해의 심각성

앞에서 중국 내 특허권, 상표권, 저작권 침해의 실태를 살펴보았다. 그런데 이들 지재권은 보유 기업의 입장에서 보면 경쟁우위(competitive advantage)의 원천인 동시에 일정 보호 기간 동안 초과이윤을 얻을 수 있는 시장 지배력(market power)의 기초라 할 수 있다. 따라서 지재권을 침해당하게 되면, 원 개발자나 혁신자, 상표권자는 자신의 발명품과 영업 비밀, 상표가 제대로 보호되지 못한 것을 알고 추가적 혁신과 발명의 유인을 덜 느끼게 되고 그로 인해 기업의 기술 및 브랜드 경쟁력이 약해지게 되며, 정품인 줄 알고 상품·서비스를 구입한 소비자들도 피해를 입게 된다.

90년대 후반부터는 자체적인 R&D 노력이나 인수·합병(M&A), 외자기업들과의 합자·합작 등 합법적 경로를 이용하지 않고 중국기업이 불법적으로 외국·외자 기업의 기술을 탈취하거나 빼돌리는 사례도 늘어나고 있다. 주요 희생자는 한국기업과 다국적기업들인데, 이들은 고기술·고부가 가치품을 중국시장에 판매하거나 R&D를 현지화 하는 과정에서 기술 유출에 대한 대비책이나 기술 보호에 대한 보안 장치가 미흡해 피해를 보는 경우가 많다.

반면, 중국기업은 외국기술 학습 의지와 열망이 강해 구조 조정 당하거나 이직한 임직원들로부터 어렵게 개발한 기술을 쉽게 습득하려는 성향이 강하다. 특히 섬유·의류, 완구, 식품처럼 제품의 제조기술 자체가 간단한 산업, 기계 자동차 업종이라 할지라도 모듈(module)화 되어 있지 않은 부품의 경우, 현지 생산품들은 위조·모조 리스크에 노출되어 있다고 해도 과언이 아니다. 반도체, 이동통신, 정밀전자, TFT-LCD, 자동차 등 고기술 산업의 경우 중국 지방정부나 관련부서가 의도적으로 중외 합자·합작 계약 내용에 대중 기술 이전이나 부품 국산화 일정과 비율을 제시하지 않으면 허가를 해주지 않기 때문에, 합자·합작 기업의 경우 외국 파트너로부터 핵심 기술을 덤으로 편취 습득할 수 있다.

그러나 중국시장에 진입한 많은 외국기업들은 원가절감과 시장 개척에만 신경을 쓴 나머지 회사 내·외부에서 기술이 유출되거나 저작권이 침해되는 것을 모르거나, 알더라도 중국시장 내 교두보 확보에 급급한 나머지 보호에 제대로 신경을 쓰지 못하는 경우가 많다. 실제로 어렵게 개발한 기술이 싼 값에 합자·합작 파트너에 매각되는 경우가 많은데, 조사에 따르면, 중국 내 한국업체들은 물론, 미국, EU 및 일본 업체들조차도 기술 유출이나 저작권 침해 가능성에 대해 효과적으로 대비하지 못하고 있는 것으로 나타났다. 애플의 일부 고부가가치 생산라인, 일본의 캐논이 중국시장에서 철수한 것도 불법적 기술 유출 내지는 지재권 피침과 무관하지 않다.

4) 지재권 침해 제품의 4가지 유형

중국 내 지재권 보호가 어려운 것은 단순히 침해 규모가 크기 때문만은 아니다. 침해의 범위·분야가 날로 확산·광역화되고 있고, 침해 방식이 날로 현대화·지능화되고 있어, 적발과 단속이 갈수록 어려워지고 있다는 점에 주목할 필요가 있다. Barry Berman(2008)은 지재권 침해의 유형을 상표 위조(counterfeiting)를 중심으로 구분하였는데, 소비자의 인지 여부와 구매 패턴, 불법 복제 혹은 위조의 정도와 방법 등의 기준에 입각하여 4~5가지 유형으로 구분하였다.[23]

(1) 위조의 방법·정도에 따른 유형 구분

B. Berman(2008)은 위조의 방법·정도로 침해 제품의 유형을 구분하고 있다. Berman에 의하면, 가장 흔한 복제품은 'knockoff', 'look-alike', 'sound-alike'라고 불리는 짝퉁 제품(counterfeit goods)이다.[24] '녹오프'(knockoff)는 품질에 비해 값이 싸고 기능도 쓸 만하기 때문에 길거리나 전문 짝퉁상가, 온라인 쇼핑몰에서 잘 팔린다. 가짜 롤렉스 시계, 짝퉁 구찌 혹은 루이비통 핸드백, 가짜 펜디(Fendi) 액세서리 등이 그 예이다. 일반적으로 이 같은 짝퉁 제품은 비공식적인 경로를 통해 유통되지만 중국의 경우, 베이징의 쇼우쉐이(秀水), 상하이 상양루(襄陽路) 시장에서 버젓이 공식

23_이 같은 지재권 침해 제품의 유형에 관해서는 Berman, B.(2008), pp. 191-192 참조.

24_윤대현(2010), "신성장정책: 중국 진출 우리 기업, 지재권 보호방안은," KOTRA 글로벌 Window(http://www.globalwindow.org/) 해외시장정보, 경제산업 동향 자료, 2010. 8. 12.

적으로 판매되고 있다.

문제는 중국의 소비자들이 짝퉁 제품인 줄 알면서도 기능에 손색이 없고 값이 싸면 이 같은 'knockoff'나 'look-alike'를 즐겨 산다는 점이다. 아이폰 열풍을 틈타 한때 매년 겨울철 크리스마스 시즌에 불티나게 팔렸던 '진핑궈'(金苹果; Golden Apple 혹은 G-Apple) 휴대폰이 그 좋은 예이다.

두 번째 침해 유형은 명품 브랜드에 편승해 외국 브랜드와 유사한 상표명을 지은 다음 고유 브랜드인 것처럼 제조·판매하는 유사품이다. 이 경우, 소비자는 유사품 구입 후 열악한 품질·기능과 디자인, 고장 등으로 인해 불만과 배신감을 느끼게 된다. 일본 화장품 브랜드인 '시세이도'(自生堂)의 한자명을 약간 바꾼 '즈란탕'(自然堂), 홋카이도 과자 브랜드인 '시로이 고이비도'(白い恋人, 하얀 연인)의 색깔만 바꾼 '구로이 고이비도'(黑い恋人, 까만 연인), 남성용 골프웨어 등 스포츠웨어 명품 브랜드로 유명한 '크로커다일'(Crocodile)의 영어 철자를 약간 변형한 '클리오 코들'(Clio Coddle), 삼성(Samsung)이 아닌 'Samsong' 혹은 'Sammeng' 등이 여기에 해당한다.

이 경우, 소비자는 딜러상이나 대리점으로부터 유사·모조품인 줄 모르고 구매하기 때문에 배신감을 느끼고 일정 요건에 해당되면 정품 제조·판매 업체에 대해 손해배상 소송을 제기할 수도 있다. 정품 생산업체나 관련 지역본사가 유사·모조품을 판매한 유통업체나 대리점들을 철저히 감독하지 못했기 때문에 대부분이 민사상의 책임을 면하기 어렵다.

세 번째 경우는 진품의 분해(tear-down) 이후 리버스 엔지니어링(reverse engineering), 산업 스파이를 통한 설계도 절도, 스카우트한 엔지니어를 이용한 복제 등의 방식을 통해 정교하게 진품·정품을 복제·위조하는 경우다. 불법 다운로드 된 윈도우스XP나, 해적판 음반 CD, 불법 복제된 할리우드 영화 DVD, 가짜 캘러웨이 골프클럽, 키위(Kiwi) 구두광택제 등이 여기에 해당된다. 세 번째 침해 방식은 복제 방식이 매우 다양하다는 점에서 두 번째 유형과는 다르나 소비자가 진품인 줄 알고 구입해 피해를 본다는 점에서는 동일하다.

네 번째 유형은 외주 오더를 받은 아웃소싱(outsourcing) 업체가 정품 제조업체(내지는 원 발주자)와 체결한 외주 계약을 위반하거나 계약 만료 이후에 동일한 생산 장비·기술을 이용해 원 외주품과 동일한 사양, 디자인의 제품을 제조·판매하는 경우이다. 중국 OEM 공장에서 많이 쓰는 방법은 잔업 시간에 세 번째 교대자를 투입해 원 발주자 모르게 생산하는 것이다. 뉴밸런스(New Balance)라는 운동화 복제품이 이 같은 사례인데, 침해 제품의 외관과 품질이 정품과 너무 똑같아 정품 메이커에게 막대한 피해를 주었다.[25] 발주업체의 입장에서는 아웃소싱 업체에 대한 사후 관리를 강화하거나 복수의 아웃소싱 업체를 선정함으로써 피해를 줄일 수 있을 것이다.

마지막 유형은, 원 발주업체(혹은 판매자)의 품질 기준이나 표준에 맞지 않아 불합격 처리되거나 폐기 처리 되었어야 할 하급품을 아웃소싱 업체가 합격한 정품으로 속여 유통시키는 경우다. 이 경우는 구입자는 물론 정품 메이커조차도 식별이 어려울 정도로 정교해 4가지 모조품 유형 중 가장 구분이 어려운 경우라고 할 수 있다. 이 경우, 원 발주업체의 입장에서 계약 위반업체를 상대로 손해배상 소송을 제기해 승소하면 피해의 일부를 보상받을 수는 있으나, 원인 행위 자체를 차단하는 것이 불가능하다는 점이 문제이다.

25_Parloff, R., Chandler, C., & Fung, A.(2006). "Not Exactly Counterfeit," *Fortune*, 153(8), 108-116.

(2) 중국 내 출원 여부에 따른 침해 유형 구분

지재권 침해는 출원 여부와 등록 방식에 따라서도 그 유형이 다르다.

우선, 특허 및 상표가 본국에만 등록되어 판매·수출되고는 있지만, 중국에 등록되지 않은 것을 역이용하여 중국업자가 중국에 선(先) 출원·등록하여 모조품·복제품을 대량 제조·판매하는 경우이다. 중국 상표법이 선(先) 출원·등록자 우선원칙을 채택하고 있기 때문에 생기는 현상인데, KT&G의 정관장(正官庄) 홍삼이 그 대표적인 피해 사례이다. KT&G는 정관장을 해외에 수출하고 있음에도 불구하고 중국 현지에는 상표를 등록하지 않았었다. 다행히 홍콩에서 정관장 광고를 한 증거가 있어 상표권 침해 소송에서 승리하긴 하였지만 이미 막대한 피해가 발생한 후였다. 만약 패소하였다면 그 피해는 막대하였을 것이다. 상표 복제를 위해 중국기업이 가장 자주 이용하는 방법은 무역박람회에 참석하여 인기리에 판매되는 신상품·장비를 탐색·발굴하여 상표를 현지 공상행정관리국에 출원·등록한 다음, 중국에 진입한 원 상표권으로부터 등록 취소의 대가로 막대한 금품을 요구하는 경우이다.

두 번째 유형은 상표권, 특허권을 중국에 적법하게 출원 등록하였음에도 불구하고 중국기업이 법을 위반하는 경우이다. 현지기업의 외국 브랜드 편승 심리, 중국 소비자의 구매력 부족과 명품 브랜드 구입 욕구, 지재권 침해에 관대한 문화, 형식적 단속과 처벌 등의 요인들이 복합적으로 작용하기 때문에 전자의 경우보다 침해 방지가 어렵고 피해도 더 지속적이고 반복적인 것이 특징이다.

(3) 지능적 침해 수법의 내용과 수준에 따른 구분

침해 수법의 내용·수준에 따라서도 침해 유형을 구분할 수 있다. 지재권 침해자들은 일차적으로는 적발이 잘 안 되도록 노력하고 일단 붙잡히면 손실과 페널티를 최소화하기 위한 다양한 전략을 구사한다.

가장 많이 쓰는 방법은, 제조업체의 정체를 드러내지 않고 형식적인 '유령(大門) 회사'(front companies)나 '유령 직원'(front personnel)을 설립한 다음, 이들을 전면에 내세워 해적판 제품이나 짝퉁 제품을 판매·유통시키는 것이다.

두 번째 방법은 침해자나 범법자 자신은 유통 과정에서 완전히 빠지고, 물류업체를 통해 하청업체로부터 침해 물품을 최종 소비자에게 직접 배송하는 수법이다. 판매대금도 범법자 본인의 계좌가 아닌 제3자의 계좌에 입금토록 함으로써 철저히 자신의 신분을 감추고 입금된 돈은 바로 사용하거나 홍콩·마카오 등지로 보내 세탁한다.

세 번째 방식은 침해 제품의 제조·판매·유통 시 정품과 다른 유사 상표명을 쓰고, 침해 제품 배송 시 비공식적 경로를 통해 구입한 회색시장 제품 혹은 무자료 제품과 함께 배송하는 수법이다. 중국에서도 민형사상의 기소를 하려면 반드시 물적 증거가 필요한데, 이 같은 방식을 쓰면 증거 수집이 어렵고 압수물품의 증거 능력도 약해져 처벌이 어렵다.

마지막으로, 단속 직원이나 경찰의 불시 급습에 대비해 항상 침해 제품의 재고를 최저 수준으로 유지하고, 실제 단속 시에는 물건만 남기고 위조업자는 현장에서 도주하는 수법이다. 또한 장소를 바꿔가면서 위조품을 제조하기도 하는데 스킨케어 화장품과 같은 간단한 상품은 움직이는 트럭이나 SUV 등의 자동차 안에서도 제조가 가능한 것으로 알려져 있다.

3. 중국 내 지재권 침해 사례

[사례 1] 미디어텍 소프트웨어를 이용한 짝퉁 '산짜이 폰'의 범람

중국의 '산짜이' 문화는 휴대폰에서 시작

중국의 짝퉁 문화를 상징하는 '산짜이'(山寨) 문화는 휴대폰에서 시작되었다. 휴대폰 분야에서의 '산짜이' 문화는 중국정부가 2005년 휴대폰 제조업 면허를 허가제에서 생산 심사제로 바꾸면서 급속히 확산되었는데, 누구든지 형식적 요건만 갖추면 제조·판매가 가능해 졌기 때문이다. 산짜이 폰 문제가 심각해지자, 2007년 생산 심사제에서 다시 허가제로 다시 복귀되었지만, 한번 시작된 산짜이 폰의 기세를 멈출 수는 없었다. 산짜이 폰으로 피해를 입은 업체는 애플 아이폰이나 삼성 갤럭시폰 등 브랜드 파워와 기술력이 뛰어난 제품이 아니라 브랜드 인지도가 떨어지는 닝뽀버드, TCL, 아모이 등 로컬 브랜드였다. 실제로 산짜이 폰의 습격으로 인해 토종 브랜드의 시장점유율은 2003년의 55%에서 서서히 하락하기 시작하여 2007년에는 30%까지 떨어졌다.[26]

'산짜이 폰' 제조업체들은 종업원 10인 미만의 영세한 업체가 대부분이다. 이들은 주로 광둥성 선전 근처에 밀집해 있는데 지하공장에서 국내외의 싼 부품에 해적판 소프트웨어를 조합해서 산짜이 폰을 만들어 낸다. 가장 많이 사용되는 칩과 솔루션은 대만 미디어텍(MediaTek) 등의 모바일

26_임태윤(2011), 4~5쪽 참조

그림 2-2 | Gray Market Handset Shipment(Millions of Units)

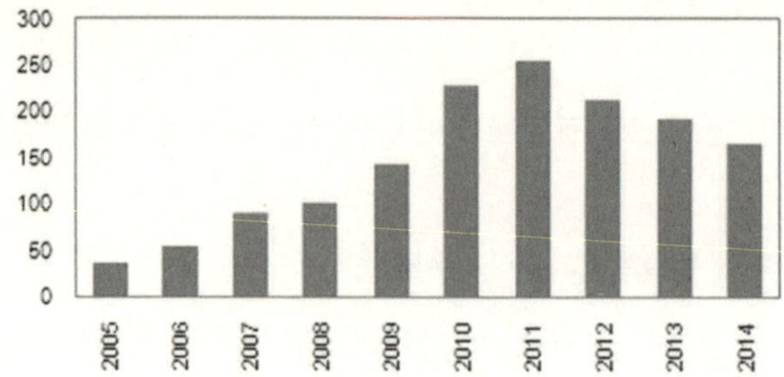

그림 2-3 | Global Grey Handset Shipment Type(Millions of Units)

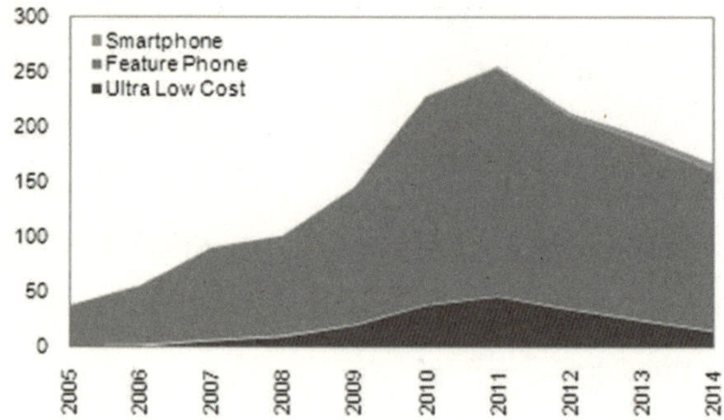

칩과 턴키 소프트웨어 솔루션인데, 밀수하거나 싼 값에 공급받아 사용한다. 사실, Oppo전자, BBK Communications, 지오니(Gionee), 쿨패드(Coolpad), 톈위(Tianyu; 天宇) 등의 인기 휴대폰 브랜드도 과거에는 미디어텍으로부터 저가 칩과 솔루션을 제공받아 만든 '산짜이' 2G 피처폰 메이

그림 2-4 | 중국 휴대폰 내수시장에서의 '산짜이 폰'의 시장점유율(2011년 1분기 말 현재)

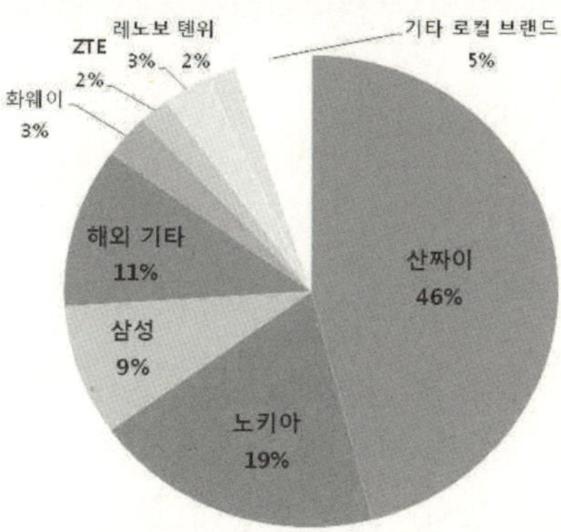

자료: Gartner, Nomura(2011. 7. 29.), "China Smart Phone"; 임태욱(2011), "글로벌 브랜드 도약의 시험대에 선 중국 휴대폰 산업," SERI 주최 "한국의 주력산업을 위협하는 중국" 심포지엄(2011. 11. 23) 발표 자료에서 재인용

커들이었다.

중국의 휴대폰 시장은 6억 대를 넘었고 스마트폰 사용자만도 2012년 2분기 말 현재 2억 9,000만 명에 달한다. 통계에는 나타나지 않지만, 모조 휴대폰 시장 규모도 4,000만 대 이상인 것으로 추정된다. 신규 스마트폰 가입자의 45.8%가 중저가(1,001~2,000위안), 값이 싼 스마트폰을 선호하는데 산짜이 폰도 여기에 포함된다.[27] 실제로 산짜이 폰의 주요 고객은 소득 수준이 낮은 도시 청년층, 시골의 중산층, 내륙에서 도시에 일하러 온 이주 노동자 혹은 농민공들이다. 산짜이 폰에 대항하기 위해 외자기업과 토종 대형업체들도 보급형 저가 스마트폰을 출시하고는 있지만, 아직은 그다지 큰 효과를 보지 못 하고 있다.[28] 실제로 〈그림 2-4〉에서 보는 바와 같이,

27_뉴스토마토(www.newstomato.com/), 2012. 8. 4

2011년 1분기 말 현재 산짜이 폰은 전체 휴대폰 내수시장의 46%나 점하고 있다. 반면, 외국 브랜드가 39%를, 화웨이(華爲), 중싱(ZTE), 텐위(天語) 등 토종 브랜드 등이 15%를 점하는 데 그치고 있다.

수출되는 '산짜이 폰'들

문제는 이들 산짜이 폰들이 중국 본토에서만 유통되지 않고 외국으로 수출되고 있다는 점이다. IT제품 시장조사 연구에 특화된 '아이서플라이닷컴'(www.isuppli.com/) 그룹에 따르면, 글로벌 시장 휴대폰 판매량의 약 13%가 신흥 시장에서 수입되는 짝퉁 폰인데, 중국이 최대 공급국이라는 것이다. 실제로 중국 내 짝퉁 이동통신 단말기의 회색시장(grey market) 규모는 2009년의 1억 4,500만 대에서 2010년 말에는 2억 2,800만 대로 늘어났으며, 2011년 말에는 11.8%가 증가한 2억 5,500만 대에 달한 것으로 집계되고 있다(〈그림 2-2〉, 〈그림 2-3〉 참조). 이중 내수시장에 판매된 양만 해도 2009년의 3,320만 대에서 2010년에는 4,420만 대로 늘어났다.

회색시장의 휴대폰들은, 영세한 업체들이 외부의 휴대폰 설계업체로부터 회로기판, 서킷보드 등의 핵심 부품을 공급받아 조립하여 수출하는데, 국내 유통 시나 대외 거래 시에 17%의 증치세(增値稅; 한국의 부가가치세에 해당)를 내지 않기 위해 밀수출입하는 것이 보통이다. 대부분이 유사 브랜드 로고를 쓰고, 산업기술정보부로부터 관련 기술 인증이나 통신망 진입 및 사용 허가를 받지 않으며, 국제공인기관(IMEI; International Mobile Equipment Identity Number) 번호도 없다.

28_"アップルもサムスンも勝てない「山寨機」" 日本經濟新聞, 2012. 8. 29.

다만 2009년부터 우량 토종 메이커들이 자체 브랜드 혹은 OEM으로 가격 및 품질 경쟁력 있는 신제품을 지속적으로 개발·출시하고 있는데다가 중국 지재권 관련부서가 경찰(公安)과 합동으로 불법 폰 단속을 벌이고 있어 산짜이 폰 판매 증가율은 둔화되고 있다. 실제로 불법 폰의 연도별 출고 선적량(shipment volume)의 전년대비 증가율은 2008년의 44%, 2009년의 43.6%에서 2010년에는 11.8%로 뚝 떨어졌다.

반면 수출 물량은 2008년의 6,000만 대에서 2009년에는 1억 1,000만 대로 급증하고 있다. 그 이유는 국내 기관들의 합동 단속이 심해지고, 더 이상 싼 가격이 통하지 않자 이들 불법 폰 메이커들이 파키스탄, 태국, 베트남, 인도네시아, 필리핀 등 저소득층 아시아 태평양 지역으로 수출 물량을 늘리고 있기 때문이다. 실제로 이들 아태 지역 국가에 수출된 불법 폰 물량은 총 1억 5,440만 대에 달하며, 일부는 동중부 유럽에까지 수출되고 있는 것으로 알려지고 있다. 'White-box handset makers'라고 일컬어지는 이들 짝퉁 폰 수출 물량 때문에 중저가 보급 피처폰이 주력인 노키아(Nokia)가 가장 큰 타격을 입었는데, 2013년 10월 노키아가 MS에 인수된 것도 전 세계 시장에서의 중국산 짝퉁 폰의 범람과 무관하지 않다.

실제로 중국 경찰과 세무서 등 유관부서 관리들은 2011년 상반기부터 단속을 강화하고 있는데, 장수성 쑤저우와 선전에 공장을 갖고 화룽무역(Hualong Trade Co.)과 상하이나 선전, 광저우의 판매 유통대리점 등을 급습해 짝퉁 폰을 압수한 바 있다.

짝퉁 폰 제조업체에 핵심 소프트웨어와 부품을 공급하는 업체들이 많은 대만과의 공조도 강화되고 있다. 실제로 미디어텍(Media Tek Inc.) 등 대만업체들은 핵심 소프트웨어와 모바일 칩(가장 인기 있는 사양은 MT6223)의 80% 가량을 산짜이 폰 업체에게 공급·판매하고 있는데, 2011년 상반기부터 조사가 강화된 이후 미디어텍의 모바일 칩 선적량이 2011년 5월의 4,000만 개에서 6월에는 3,000만 개로 감소한 것으로 나타났다.

이 같은 모바일 칩 선적량 감소에는, 강도 높은 조사 이외에도, 중국 내 휴대폰 사용자의 3G, 4G폰으로의 이동, 퀄컴(Qualcomm)과의 특허 사용료 문제 미타결 등이 영향을 미친것으로 판단된다. 3G 혹은 4G 시대에 맞는 모바일 칩이 White-box 단말기 업체들에게 적기에 필요량만큼 공급되지 못할 경우, 조업 자체가 어렵기 때문이다. 이 같은 복합적 요인으로 인해 산짜이 폰 메이커들의 입지는 2012년을 정점으로 선적 판매량(1억 9,200만대), 점유율 등의 면에서 점차 약해지고 있는 추세이다. 실제로 2013년 이후 레노버(Lenovo), 화웨이(華爲), 중싱(ZTE; 中興), 위롱(宇龍), 샤오미(小米) 등 토종 브랜드들이 300~3000위안 대의 품질 좋은 중저가 휴대폰을 만들어 판매하면서 중국시장 내 '산짜이 폰'의 입지가 점차 약해지고 있다.

그럼에도 불구하고 도시 근교나 농촌의 저소득층들은 여전히 2G 피처폰에 만족하고 있기 때문에 산짜이 폰 메이커들은 앞으로도 상당 기간 동안 틈새시장에서 생존하면서 정품 메이커들을 괴롭힐 것으로 보인다. 더욱이 산짜이 폰 메이커들도 나름대로 새로운 기술을 흡수하기 위해 노력하고 있고, 새로운 부품 발주처를 물색하면서 진화하고 있기 때문에 부품 공급의 일시적 부족으로 짝퉁 폰이 와해될 것으로 보는 것은 지나친 속단이다.

진짜와 구별이 안 되는 짝퉁 아이폰4

실제로 2011년 9월 말 상하이 경찰(公安)은 진짜와 거의 구분이 안 될 정도의 가짜 아이폰4를 적발하고, 모조품을 제조·유통시킨 일당 5명을 체포하였다. 이들은 상하이에 근거지를 두고 짝퉁 휴대폰을 박스에 담아 오프라인 시장과 '타오바오', '징둥상청' 등 온라인 쇼핑몰에서 팔아 왔는데,

아이폰4의 디자인과 기능을 잘 모르는 고객들은 거의 구별할 수 없을 정도로 정교하게 만들어져 있다.

가격 또한 저렴해 2011년 9월 말 당시 진품 아이폰4의 소매가는 80만원대인데 반해 짝퉁 아이폰4는 4,000위안(73만 5,000원)으로 9.2% 가량 저렴했다. 심지어 제조원가가 2,000위안(36만 7,500원)에 불과한 위·모조품도 많아, 이들 업체들은 거의 100%의 마진을 남길 수 있었다.

2011년 이후에는 위조 폰의 유통 경로가 오프라인에서 인터넷 쇼핑몰이나 모바일을 통한 온라인 판매로 급속히 재편되고 있다. 실제로 알리바바(阿里巴巴) 그룹의 중국 최대 C2C 온라인 쇼핑몰인 타오바오(淘寶)와 B2C 쇼핑몰인 티몰(天猫)에서는 2011년 8월 신제품 아이폰5가 출시되기도 전에, 값이 210위안(3만 8,500원)밖에 되지 않는 '하이폰5'라는 짝퉁 폰이 팔리기 시작했다.

(자료: Wang, Kevin(2010a), "China Gray-Market Cell Phone Shipments Slow in 2011," December 16, 2010; Wang, Kevin(2010b), "Gray-Market Handset Shipments to Bounce Back in 2011 Euphoria to be Short Lived, however, as Market Begins to Falter in 2012," November 25, 2010; Wang, Kevin(2010c), "Gray-Market Cell Phones Impacted by Chinese Government Investigation Shipments will Fall 25 percent in June," July 8, 2010; Hille, Kathrine(2009), "Fake Chinese Handsets Threaten Brands in Emerging Markets," *The Financial Times*, Nov. 5, 2011, p.18; 임태윤(2011), "글로벌 브랜드 도약의 시험대에 선 중국 휴대폰 산업, SERI 주최 "한국의 주력산업을 위협하는 중국" 심포지엄(2011. 11. 23) PPT 발표자료; "アップルもサムスンも勝てない" 「山寨機」 日本經濟新聞, 2012. 08. 29).

[사례 2] MS의 신경전과 중국정부의 리눅스 채택

MS, 중국 전자공업부와의 합자

세계적인 컴퓨터 운영 시스템(OS: operation system) 메이커인 마이크로소프트(MS: Microsoft)는 중국 컴퓨터 시장이 성장기에 있다고 보고, 90년대 초반 OS 시장 진입을 시도하였다. 지재권 보호에는 단독 투자가 유리하다고 보고 100% 독자 투자 방식의 진입을 우선 검토했으나, 중국정부는 기술 습득을 목적으로 IT 업종에 대해서는 단독 투자 방식의 진입을 허용하지 않았다. 할 수 없이 MS는 전자공업부와의 합자(合資)를 통해 중국 OS 시장에 진입하였는데, 힘 있는 정부 관련부서와 합자 계약을 체결했기 때문에 소프트웨어 불법 복제 행위에 대해 철저한 단속·처벌이 이루어질 것으로 기대했고, 그에 따라 중장기적으로 중국 내 OS 시장 지배력도 향상될 것으로 믿었다.

불법 복제와 90%의 시장점유율

그러나 이 같은 기대는 크게 어긋나고 말았다. 당시 전자공업부와의 합자에도 불구하고, 민간 이용자의 90% 이상은 OS를 불법적으로 설치하였으며, 그 비율은 좀처럼 줄어들지 않았다. 심각한 저작권 침해 상황에 직면한 마이클 로딩 MS 중국 지사장은 "중국 MS의 최대 경쟁자는 경쟁사의 다른 OS 제품이 아니라 불법 복제품"이라고 하면서, 중국정부에 대해 보다 강력한 단속을 요구했다. 빌 게이츠도 중국 고위층을 만날 기회가 있을 때마다 저작권 침해에 대한 불만을 토로했다.

중국 당정 지도부는 MS의 강력한 단속 요청에 처음에는 매우 곤혹스러워하였다. WTO 가입을 추진하고 있는 상황에서 빌 게이츠의 요구를 무시할 수 없었기 때문이다. 그러나 MS의 요구가 거세어지고 반복되자, 중국정부도 대응 논리 개발에 힘을 쏟기 시작했다. 반박 논리 중 하나는, MS 윈도우의 가격이 중국인 소득 수준에 비해 터무니없이 비싸 불법 복제할 수밖에 없다는 논리였다. 예컨대, 중국의 유명한 시사평론가인 팡싱뚱(方興東)은 윈도우98과 오피스97의 가격이 중국 1인당 월소득의 2배라고 지적하면서, 불법 복제 문제의 상당 부분은 중국 실정을 감안하지 않고 고가격 책정을 통해 이윤을 극대화하려는 MS의 전략에도 책임이 있다고 비판했다. 그리고 그는 빌 게이츠의 오만스런 태도를 지적하면서, 미국의 기술 헤게모니에 대항하여 중국도 중국어 OS를 독자 개발해야 한다고 주장하였다.

중국의 공세적 대응과 공공 부문의 리눅스 채택

수세적으로 대응하던 중국정부의 태도도 공세로 전환되었다. 방어적 대응은 MS의 협상력을 높여 주어 중국정부의 입지만 더 좁아진다는 사실을 깨닫고, 각급 공공기관에 대체 OS인 '리눅스'(Linux)를 보급시키겠다는 뜻을 내비쳤다. 그러나 MS는 이를 실행 가능성이 희박한 '믿을 수 없는 위협'(incredible threat)이라고 생각하고 무시했다.

그러나 빌 게이츠가 간과한 것은 중국 사회주의 체제의 당 우위성과 일원화된 창구가 갖는 협상력, 그리고 '중화(中華)의 영예'를 부흥시키기 위해 중국정부가 그 동안 독자적 기술 표준을 수립하려고 조용히 노력해 왔다는 사실이다. 중국의 입장에서 볼 때, 디지털 정보시대 적응을 위해 당장은 MS사의 선진 기술과 지식이 필요하지만, 언제까지 외국 다국적기업에게 기술적으로 종속될 수는 없다고 생각하고 있었다. 즉 기술 흡수와 학습이 절실히 필요할 때에는 외국기업에게 중국의 현실을 이해해 달라고 읍소하면서도 지방 민간기업에 의한 지재권 침해를 묵인하거나 형식적인 단속을 하는 편법을 사용하였다. 그러다가 외국기업이 강력히 항의하면 단속을 강화하는 척하다가, 경쟁자나 경쟁 제품을 중국에 불러들여 외국기업끼리 경쟁을 붙여 기술 이전을 촉진하는 대신, 먼저 고급 기술을 건네 준 외국기업에게 내수시장 접근권을 확대하는 소위 '시장-기술 맞바꾸기'(以市場換技術) 전략을 추구했던 것이다.

실제로 중국정부는 빌 게이츠가 돌아가자, '홍치(紅旗; Red Flag) 리눅스' 같은 대체 운영 OS 프로그램의 개발을 적극화하는 한편, 정부 산하기관에 대해 윈도우 OS 시스템과 병행해 소스 코드가 공개되어 있고 여러 사람에 의해 공동 개발되고 있는 리눅스 시스템을 병행 사용하라는 지침을 하달하였다. 2004년 4월 열린 한·중·일 정보통신국장 회의에서도 당시 신식산업부 전자신식산품관리국장은 "리눅스는 중국 정보통신 산업 발전의 근간이며 리눅스를 발전·보급시켜 동북아를 리눅스 시장의 메카로 변환시키는데 주도적 역할을 해나갈 것"이라는 의지를 표출하였다.[29] 실제로 중국에는 '홍치 리눅스' 이외에도 금산소프트(Kingsoft), Co-Create, 베이징 SW촉진센터, 서생(書生)전자 등 리눅스 운영체제 개발에 종사하는 기업이 다수 존재하며 OS 시장점유율도 서버 시장의 경우 10%를 상회하고 있다.

중국정부의 소스 코드 완전 공개 요구

2000년 1월 중국정부는 외국 소프트웨어 개발업체를 매우 당혹스럽게 하는 규정을 공포했다. 그것은 다름이 아니라, "중국에서 상업적 목적으로 웹사이트를 운영하거나 소프트웨어 개발·판매 비즈니스를 하는 업체는 데

29_전자신문, 2004. 4. 8.

이터의 도청·변경을 막는 암호화 기술(encryption technology)을 공개해야 한다"는 규정을 제정한 것이다. 이는 미국·EU 등 선진국 IT업체에게는 사실상 기술을 무상으로 달라는 요구나 다름이 없었다.

윈도우2000 출시 준비를 하던 MS사는 충격에 휩싸였다. 왜냐하면 이 같은 조치는 사실상 중국 내 윈도우의 판매 금지 명령이나 다름없었기 때문이다. 이후 MS는 미국의 다른 소프트웨어사들과 공동보조를 취하면서 미 국무부, 미 무역대표부(USTR), 상무부 등을 통해 중국의 WTO 가입 전제 조건으로 지재권 보호를 보다 강력히 하겠다는 약속을 받아 내도록 로비를 강화하게 되었다. 다행히 2000년 3월 20일 윈도우2000 출시를 불과 며칠 앞두고, 중국정부가 이 규정의 완화를 선언하면서 양국 간 통상 분쟁으로까지 비화되지는 않았다.

MS 측이 받은 또 하나의 위안은 중국정부의 리눅스 OS 보급 정책에도 불구하고 중국 내 OS 시장이 크게 불리하게 변화되지 않았다는 점이다. 공공기관·단체·협회의 경우 리눅스를 사용할 수밖에 없었지만 민간기업은 여전히 호환성과 확장성, 범용성이 뛰어난 윈도우 시스템을 선호하였기 때문이다. 개인들도 이미 윈도우에 익숙해 진데다가, 리눅스에 맞는 응용 소프트웨어가 적어 브랜드 스위칭(brand switching)에 따른 리스크가 커지진 않았다. 그제야 중국정부는 MS에 대한 의존도를 획기적으로 줄이는 것이 생각하는 것만큼 쉽지 않다는 것을 깨닫게 되었다.

MS의 완전한 소스 코드 공개

그럼에도 불구하고, 기술 보호 수준을 낮추고 소스 코드(source code)를 공개하라는 기존의 압박 전략을 중지하지는 않았다. 중국 사회주의 체제의 특성상 소프트웨어 개발 외자업체 시장 진입 및 영업 성패에 관한 최종 결정권은 당·정 지도부가 움켜쥐고 있는데다가 협상 창구가 하나여서 MS로서도 다른 뾰족한 대안이 없다는 것을 잘 알고 있었기 때문이다.

이 같은 상황 하에서 설상가상으로 오라클, 선마이크로시스템, 구글 등 다른 소프트웨어 업체들이 시장 확대 잠재력이 큰 중국 OS 시장에 대한 진입 노력을 확대하고 있었다. MS는 점차 초조해지기 시작했다. 마침내 2003년 3월 13일 MS는 윈도우 OS의 중간 수준의 핵심 기술에 대한 소스 코드 접근권을 중국정부에 내주기로 결정하였다. 소스 코드를 공개하더라도 중국 측이 핵심 노하우를 획득하는 데는 상당한 시간이 필요할 것으로 보고, 리눅스와 정면 승부를 펼치기로 마음먹은 것이다. 소스 코드 공개로 인해 기술특허 로열티는 받을 수 없게 되었지만, OS 분야에서 양보한 만큼 이동통신 솔루션 분야에서는 그 손해를 만회하고 남을 만큼의 상당한 이익을 취할 수 있을 것이라는 기대도 작용했다. 실제로 빌 게이츠는 2003년 3월 방문 시 중국에 이틀 머무르는 동안 중국정부의 알선과 협조로 롄퉁(聯通; China Unicom), 공상은행, 중국석유(PetroChina) 등과 솔루션 수출 관련 빅딜을 성사시킬 수 있었다.

(자료: "Microsoft Gives Beijing Source Code," *Far Eastern Economic Review*, March 13 2003, p. 34; Robyn Meredith(2003), "Long March," *Forbes*, February 17, 2003, 78-86쪽, 기타 자료를 보고 작성).

[사례 3] 야쇼우 의류 시장(雅秀服裝市場)과 '쇼우쉐이지에'(秀水街)

베이징 최대의 짝퉁 시장 '산리툰 야쇼우'

베이징 조양구(潮楊區)에 위치한 '산리툰 야쇼우 의류 시장'(三里屯 雅秀服裝市場; 이하 '야쇼우')은 베이징 짝퉁 의류 매장의 메카다. '야쇼유'의 공식 상호만 보면, '우아한 명품 브랜드 패션 의류' 제품만 파는 것으로 착각할 수 있으나, 사실 의류는 물론 액세서리, 지갑, 가방, 신발, 전자제품 등 다양한 소비재 분야의 짝퉁 제품을 팔고 있다. 지갑, 가방만 봐도 프라다, 구찌, 루이비통, 베르사체 등 내로라하는 명품 브랜드의 짝퉁이 판매되고 있다.

짝퉁 제품만을 전문적으로 판다는 말은 어디에도 없다. 하지만 야쇼우는 짝퉁 제품을 찾는 외국인과 중국 타 지역 관광객들로 항상 북적인다. 구미 명품 브랜드 메이커들의 비판이 고조되면서 '야쇼우'도 곧 철거될 것이라는 소문이 돌자 오히려 철거 전에 떨이 물건을 사려는 고객들로 북새통을 이룬 적도 있다. "가짜 위조 상품을 팔 경우 엄벌에 처한다"는 백화점 입구 공상행정관리국의 경고판이 무색할 정도다.

'야쇼우' 짝퉁 제품 매장은 지하 1층에서 지상 4층까지 있다. 지하 1층 매장은 액세서리, 신발, 가방, 지갑, 혁대 등을 팔고 있고, 지상 1층에서 지상 3층까지는 청바지, 남녀 의류, 스포츠 및 아동 의류 전문 매장이다. 지상 4층은 각종 DVD 플레이어 등 소형 가전기기와 휴대폰을 팔고 있다. 5층은 식당가다. 외국 관광객들은 서류가방, 지갑, 등에 메는 백, 손목시계, 신발 등을 선호하는데 가짜라는 것을 알지만 싼 맛으로 산다.

가격 흥정에는 중국어 실력이 필수

전문 매장임에도 불구하고 야쇼우에서의 소매가격은 매매 쌍방 간의 가격 홍정(討價還價)을 통해 가격이 결정된다. 같은 물건이라도 가게에 따라, 사는 사람의 홍정 기술, 가짜의 등급, 사는 시점 등에 따라 가격은 천차만별이다. 중국 판매원들은 고객이 깎을 것을 미리 예상하고 있기 때문인데, 예정 판매가의 2~3배를 부르는 것이 보통이다. 따라서 매매 쌍방은 서로의 눈치를 보면서 가격을 접근해 간다.

이때 중요한 것은 중국어 회화 능력이다. 한국 관광객들이 많이 들르기 때문에 점원들도 "싸다", "물건 좋아" 등 간단한 한국어는 할 줄 알지만, 일단 한국어나 영어로 가격 홍정을 시작하면 매우 불리하다. 중국인들이 매우 높은 값을 부르면서 홍정을 시작하기 때문이다. 한국인들은 10~30%를 깎았다는 데 대해 행복감을 느끼지만, 현지인들이 샀다면 그보다 훨씬 싼 값에 샀을 것이다. 이처럼 중국 짝퉁 제품 판매 상인들은 외국인들로부터 높은 마진을 챙겨 현지 중국인들과의 거래에서 생기는 저 마진을 만회하려는 매매 전략을 쓰고 있다

'칸자'는 필수적 흥정 과정

일단 가격 홍정에 들어가면, 먼저 살 가격을 얘기하지 않고 판매 점원으로 하여금 가격을 제시하도록 해야 홍정에서 유리하다. 그 다음에는 점원이 부르는 값에서 일단 최고 2/3에서 최저 1/2까지 값을 후려쳐야 한다. 이처럼 '도끼로 찍듯이 가격을 후려치는 것'을 중국에서는 '칸자'(戡價)라고 한다. '다저코우'(打折口) 혹은 '젠자'(減價) 등 '가격을 깎는다'는 뜻보다 훨씬 느낌이 강한 단어다. 실제로 저자는 560위안, 480위안 부르는 가방을 150위안, 200위안에 산 적이 있다.

문제는 품질이다. 한 번은 흔들면 태엽이 감기는 손목시계를 샀는데, 시곗줄 이음새 부분의 핀이 빠져 아예 손목에 찰 수가 없었다. 그래서 관광

버스가 출발하기 전에 샀던 가게에 가서 항의했더니 시계를 고쳐 줬는데 내놓자마자 이번에는 시계 본판과 연결되는 부분의 핀이 빠져 버렸다. 다른 동반자도 손목시계를 샀는데, 계속 흔들어도 2분 뒤에는 시계가 아예 가지 않았다. 다시 화급히 돌아가서 다른 시계로 바꾸긴 했는데, 내구성에 확신이 들지 않았다. 그냥 재미로 사본 사람은 "바꾼 시계가 두 달 정도만 버텨 준다면, 자기로서는 만족"이라고 하였다. 이처럼 일부 외국 관광객이나 심지어는 중국 사람조차도 가짜 상품을 '재미'(Fun)를 위해 혹은 '호기심' 때문에 소비하기도 한다.

또 다른 짝퉁 시장 '쇼우쉐이지에'(秀水街)

물론 베이징 시에 짝퉁 판매장이 '야쇼우'만 있는 것은 아니다. '야쇼우'와 쌍벽을 이루는 짝퉁 명품 시장으로는 '쇼우쉐이지에'(秀水街 이하 '쇼우쉐이')가 있다. 거리명을 번역하자면 '아름다운 물길'이란 뜻인데, 지리적으로는 베이징 지하철 1호선 융안리(永安里) 역에서부터 궈마오따사(국제무역중심) 서쪽에 이르는 약 2km의 거리를 말한다. 이곳은 미국 대사관 등 외국 공관 밀집 지역으로 80년대 후반부터 두 개의 상점에서 외국 공관 직원과 가족들을 대상으로 중국의 전통 실크 제품과 의류 제품을 판 것이 효시이다. 그러나 나중에 주변에 노점상들이 들어서면서 '비단 시장'으로 불리게 되었고, 그 후 90년대 중반부터는 액세서리, 의류, 신발, 가방, 지갑 등의 품목을 파는 가게들이 즐비하게 늘어서 '쇼우쉐이지에', 즉 '물 좋은 거리'로 불리게 되었다. 여러 차례 시정부와 지구정부가 단속을 벌였지만, 점주와 단속 공무원 간에 유착 관계가 형성되어 있어서 단속·처벌이 형식적이어서 단속 시의 일시적 침체를 제외하고는 번영을 구가해 왔다.

그러다가 베이징이 2008년 올림픽 개최지로 선정되면서 이 지역이 재개발 대상 지역으로 선정되었고, 길거리 가두점 형식의 '쇼우쉐이'는 2005년 1월부터 자취를 감추었다. 쇼우쉐이는 2007년 초에 백화점 빌딩으로 재개장되었다. 지금은 베이징시 정부가 관광객 유치 차원에서 모조품이나 위조 상품의 판매를 일정 수준 묵인하고 있는 짝퉁 시장으로 유명하다. 실제로 이곳은 베이징 시민뿐만 아니라, 외지 중국인과 외국인 관광객들이 싸구려 가짜 명품을 구입하기 위해 즐겨 찾는 관광 명소가 되었다.

'야쇼우' 등 다른 짝퉁 전문 매장도 그렇지만 '쇼우쉐이'에는 정찰가가 없기 때문에 중국어 구사 능력이 떨어지거나 가이드를 대동하지 않는 외국인들, 중국어를 조금 하더라도 흥정에 서투른 외지인들은 비싸게 살 수밖에 없다. 특히 단체 관광객들의 경우 버스에 돌아가야 하는 시간 제약이 있기 때문에 자기보다 앞서 산 사람보다 싸게 사면 행복감에 젖지만, 사실은 현지인들의 구입가에 비해서는 훨씬 비싸게 산 경우가 대부분이다.

'진짜' 같은 '가짜'도 있다

흥미로운 것은, 가짜에도 등급(class) 차이가 있어 '진품' 같은 '짝퉁'도 팔리고 있다는 사실이다. 일부는 홍콩에서 직수입된 모조품도 있고, 일부는 품질 검수 과정에서 불합격 처리된 수출품도 있다. 그러나 대부분은 하청 공장에서 만들어져 불법으로 빼돌려진 것들이다. 상표 마크가 아예 없거나 자주 떨어진다는 단점이 있으나 구찌 브랜드의 짝퉁 지갑도 40~50위안만 주면 살 수 있다. 상품 마크가 단단히 부착된 짝퉁 제품은 값이 훨씬 더 비싸다.

지하 1층에서 지상 6층으로 구성된 '쇼우쉐이' 백화상점에는 약 410여 개의 개인 점포와 매장이 즐비하게 들어서 있는데, 〈표 2-8〉은 판매되고 있는 주요 상품을 층별로 보여주고 있다. 지하 1층은 핸드백과 가죽 제품,

표 2-8 | '쇼우쉐이'의 매장별 주요 판매상품과 입점 짝퉁 브랜드

	주력 상품분야	판매되는 유명 짝퉁 브랜드
지하 1층	핸드백, 가방, 신발, 기타 가죽 제품	샤넬, 루이뷔통, 구찌, 크리스찬디올, 버버리, 탠디, 베르사체, 버버리, 프라다, 보스
지상 1층	비단 제품과 의류	주로 쑤저우, 항저우, 상하이 비단제품, 의류
지상 2층	의류, 신발	나이키, 아디다스, 아식스, 폴로, 아베 크롬비, 휠라, MCM, 입생로랑
지상 3층	일반 잡화, 액세서리	
지상 4층	완구, 인형, 시계	피아제, 롤렉스, 오메가, 까르띠에, 론진
지상 5층	수공예품, 특산품	
지상 6층	상동	

자료: 저자의 '쇼우쉐이' 방문 (2013년 8월)

신발, 지상 1, 2층은 비단 제품, 의류, 3층은 일반 잡화 및 액세서리류, 4층은 가정용품과 완구, 인형, 시계 등에 특화되어 있고, 5, 6층은 중국의 중국산 특산품, 수공예품, 조각품이 진열 판매되고 있다. 지상 1층의 비단 제품 코너는 원래 진품을 팔았지만, 지금은 지상 5, 6층을 제외하고 지하 1층부터 지상 4층까지의 매장 대부분이 짝퉁 혹은 이미테이션 제품을 주로 판매하고 있다.

특히 2, 3층에서 판매되는 버버리, St.Johns 등 짝퉁 명품 패션 의류의 품질은 정품에 가까운데, 수출 및 영업담당 간부들이 빼돌린 상품이 대부분이다. 흥미로운 것은 짝퉁이라 할지라도 나이키, 아디다스, 폴로, 샤넬, 루이비통, 구찌, 오메가, 롤렉스 등 원 브랜드 품질에 가까운 것일수록 비싸게 팔리고 있다는 점이다. 이 같은 제품들은 사소한 결함 때문에 불합격 처리된 수출품을 생산기업의 임직원이 시장에 몰래 내다 파는 것들이다. 실제로 버버리 공장의 한 영업담당 간부는 영국 본사 구매부로부터 1만 착

의 오더를 받은 다음, 2만 착을 생산해, 그 중 1만 착 가량은 짝퉁 시장에 빼돌려 사익을 챙긴 것으로 조사되었다. 그러나 이 같은 짝퉁 제품을 사는 고객은 수출품과 거의 유사한 품질의 짝퉁 제품을 싼 값에 소비하는 혜택을 누리게 되는 것으로 해석할 수 있다.

외국회사에 의해 피소되기도

물론 '쇼우쉐이'도 구찌, 프라다, 샤넬, 버버리, 루이뷔통 등 외국의 유명 브랜드 상표를 도용한 '짝퉁' 제품을 판매한 혐의로 5개 가두점과 함께 제소된 적이 있다. 원고 측은 '쇼우쉐이'와 5개 점포에 대해 상표권 침해에 대한 손해배상으로 250만 위안(30만 달러)의 지급을 요구했다. 원고 측 변호사는 "쇼핑몰과 시장 운영자가 상표 도용 제품의 판매 근절 약속을 지키지 않고 오히려 상표 도용과 가짜 제품 판매를 부추기고 있다"고 주장하면서 수백 개의 가짜 제품이 담긴 6개 박스를 법원에 증거품으로 제출했다. 비록 '쇼우쉐이' 측이 패소하여 손해배상을 하긴 했지만, 중국·외국인 소비자들이 짝퉁인 줄 알고 소비한 점, 이 지역이 관광 지역화 되어 있다는 점을 감안, 영업 정지는 시키지 않고 손해배상액도 감내 가능한 수준에서 부과하였다.

(자료: 2006년 7월 및 2013년 8월 저자의 '산리툰 야쇼우 의류 시장' 및 '쇼우쉐이지에' 여러 차례 방문 결과; "베이징 쇼핑몰, '짝퉁' 팔다 피소", www.yonhapnews. net/news/20051104; The China Daily, Nov. 3, 2005; www.bj8282.com; http://cafe.daum.net/bj8282-tour; http://link beijing.net/).

[사례 4] SAIC의 GM 스파크 모델 디자인 도용 의혹

2003년 6월 초, 제너럴 모터스(GM)는 중국 측 합자 파트너인 상하이자동차공업(上海汽車工業有限公司; SAIC)과 특허권(그 중 의장권) 분쟁에 휘말리게 되었다. 분쟁의 발단은 SAIC 그룹의 계열사인 '치루이 자동차'(奇瑞汽車; Chery Automotive)가 미니카인 QQ 모델을 설계·제작하는 과정에서 GM의 '시보레 스파크'(Chevrolet Spark) 모델 디자인을 도용했다는 의혹을 받게 된 것이다.

당시 GM 본사는 중국시장 진입을 염두에 두고 소형차 모델인 '시보레 스파크' 모델을 개발, 출시 전 점검을 하고 있었는데, 거의 비슷한 시기에 스파크 디자인과 유사한 '체리 오토 모빌'이란 경차 모델이 출시된 것이다. 문제는 '체리' 모델의 앞뒤 양 옆 외관이 GM대우가 생산하는 '마티즈' 모델과 너무나 흡사하다는 데 있었다. 그럼에도 불구하고 이 QQ 모델은 2003년 한 해 동안 상하이, 베이징, 광저우, 선전 등 대도시에서 가장 잘 팔린 경차 모델 중의 하나가 되었다. 당시 중국을 방문했던 미국 도날드 에반스(Donald Evans) 상무부 장관도 '체리의 QQ 모델' 사례를 거론하면서 SAIC 그룹과 중국정부 유관부서에 보다 철저한 지재권 보호를 요청했다.

그러나 SAIC 그룹 측은 GM과 미국정부의 이 같은 침해 주장을 받아들이지 않았다. 자사의 신모델 '체리'는 GM 스파크와 콘셉트 및 디자인이 다르며 디자인을 도용한 사실이 전혀 없다고 침해 사실 자체를 부인하였다. 그러나 GM 측은 합자 파트너인 SAIC가 자사 모델의 디자인을 도용한 혐의가 짙다면서 공상행정관리국 관련부서에 조사를 의뢰했다.

그러나 GM 측은, SAIC가 상하이 GM 지분의 20%를 보유하고 있는 합자 파트너인데다가 갈등의 골이 깊어질 경우 향후 중국 자동차 사업에 악영향을 미칠 것을 우려하여, 법원에 고소를 하지는 않았다. 그리고 현실적으로 보아도 중국 당정의 사법부 지배, 정치 우위 논리, 법조 인력의 전문성 부족과 자의적 판결 관행 등을 감안할 때 승소하는 것도 쉽지 않다고 보았다. 결국 GM 측은 의장권 침해 혐의가 언론에 보도된 것만으로도 합자 파트너에게 향후 지재권 침해에 대한 경각심을 충분히 심어 주었다고 보고 관련 기업에 경고 서한을 보낸 후 향후 재발 방지를 위해 노력한다는 답을 얻어 내고 SAIC 측과 화해하였다.

(자료: *The Asian Wall Street Journal*, June 19, 2003; "중국 업체가 마티스 디자인 도용" www.yonhapnews.net/news/20030619).

[사례 5] 영국 다이슨 회장의 불만 토로

다이슨사의 제임스 다이슨 회장은 '영국의 스티브 잡스'로 불린다. 다이슨 회장은 세계 최초로 먼지봉투 없는 진공청소기, 날개 없는 선풍기 등을 만든 신제품 발명가로 유명하다. 그는 데이비드 캐머런 영국 총리의 경제 자문위원으로도 활동 중이다.

그런 그가 2011년 12월 8일 런던에서 열리는 영국과 중국의 지식재산권 토론회를 앞두고 "중국이 외국기업의 지재권을 업신여기고 외국회사를 차별한다"며 강도 높게 비난하면서, "중국의 세계무역기구(WTO) 회원 자격 박탈도 고려해야 한다"고 강력히 주장했다.

다이슨 회장은 "최근 중국회사가 허락도 없이 자신의 특허 제품인 날개 없는 선풍기를 만들어 팔았다"며 "사설탐정을 고용해 해당 회사 공장 내부의 사진을 찍어 고소한 뒤 승소했다"고 소개했다. 그는 "하지만 가해자 회사는 7,500달러의 벌금도 내지 않았고 아직도 제품을 계속 생산하고 있다"고 불만을 터뜨렸다. 다이슨 회장은 "우리는 전 세계에서 20여 건의 특허 관련 소송을 벌이고 있는데 그 대부분은 중국기업을 상대로 한 것"이라며 "지금까지 소송비용으로만 300만 달러를 썼다"고 주장했다.

그는 "중국기업뿐만 아니라 중국정부도 특허권 도용의 공범"이라고 목소리를 높였다. 중국정부가 외국회사와 자국회사를 차별하여 중국기업들이 외국 특허를 정당한 대가 지급 없이 마음대로 갖다 쓰는 것을 묵인함으로써 지재권 침해 관행의 확산에 일조하고 있다는 것이다. 특허 등록 절차상의 외국기업 차별도 지적했다. 그는 "중국 토종기업의 경우 특허 등록에 1년도 안 걸리는 데 반해 외국기업은 5년이나 걸린다"며 "외국기업들이 특허 등록을 기다리는 동안 중국기업들이 기술을 마음대로 베껴 간다"고 비판했다.

다이슨 회장은, 이 같은 중국정부의 태도가 국내외 기업 간의 차별을 금지한 WTO 협정을 정면으로 위반한 것이라며 신속하고 강력한 시정 조치를 요구했다. 다이슨 회장은 2012년 3월에도 "중국인 유학생들이 영국 대학연구소에 연구원으로 취업해 첨단 기술을 빼돌리고 있다"며 "이들은 연구소 컴퓨터에 버그를 심어 놓고 고국으로 돌아가서 해킹하는 방법으로 그 정보를 훔쳐 간다"고 주장하기도 했다.

(자료: 영국 *The Guardian*, Dec. 5, 2011; "중국, 지재권 무시하고 외국회사 차별하는 나라," 한국경제신문, 2011. 12. 6, A14).

3장

사회문화적 요인: 유물론과 '산짜이 문화'

1. 유교적 인(仁) 개념과 '발명의 사회적 공유' 전통

중국에서 지재권 침해가 재발하는 데는 법제도적, 경제적, 기업 전략적 요인 이외에도, 다양한 사회문화적 요인이 적지 않은 영향을 미치고 있다. 여기서는 ① 유교적 인(仁) 개념에 따른 '발명의 사회적 공유' 전통, ② 사회주의적 '유물론'에 입각한 무형자산에 대한 보호 의식 결여, ③ 체면(面子) 중시 문화와 '짝퉁' 제품 선호 관행, ④ '꽌시'(關係) 문화가 초래하는 느슨한 감독과 처벌, ⑤ '산짜이'(山寨) 문화와 창업 욕구 간의 결합 효과 등 다섯 가지의 사회문화적 요인이 지재권 침해에 어떠한 영향을 미치는지 검토하려고 한다.

우선, 중국의 경우 유교적 인(仁) 개념과 사상이 중국 사회와 가정의 기저를 이루고 있다. 마오쩌둥(毛澤東)이 문화혁명 기간(1966~1976년) 동안 유교를 '굴종의 철학·종교'라며 공자·맹자 사상을 비판하고 관련 유적을 파괴했지만, 인(仁) 개념과 관습까지 파괴하지는 못 했다. 실제로 중국인들은 춘추전국 시대 이래 공산화되기 직전까지 다른 사람에게 덕(德)을 베풀고(仁) 의롭게 생활하는(義) 소위 '인의정신'을 숭상하였다. 비록 한국처럼 의식(ritual)을 강조하지는 않지만, 신의와 충절, 효를 중시하고 부족한 자에게 베푸는 것을 중시하는 것은 우리와 비슷하다. 문제는 '인'의 개념이 지적 재산권법이 인정하는 '독점적 소유권'(proprietary ownership)의 개념과 상호 배치되는 측면이 있다는 점이다. 청나라까지의 옛 중국 왕조에서 종이, 화약, 나침반, 금속활자 등이 발명되었지만, 이를 발명한 개인이 황제로부터 경제적 보상을 받았다는 증거는 없다.

관련 발명품의 소유권과 이용권은 왕조와 국가에 귀속된 이유인즉, 중국에서 개인의 발명은 자신만의 노력과 아이디어의 산물이 아니라, 역사에서 명멸한 수많은 조상이 축적한 지혜와 결합해서 생긴 산물이고, 가급적 많은 백성이 쓰도록 하는 것이 통치에 유리하기 때문에 발명가 개인의 소유권 독점을 인정하지 않았던 것이다.

2. 사회주의 '유물론'에 입각한 무형자산에 대한 보호 의식 결여

발명 성과의 배타적 독점권을 인정하지 않는 유교적 공유 사상과 덕(德)과 인(仁)의 개념은 중국이 공산화된 이후 '공유'(共有)를 강조하는 마르크스 레닌주의적 유물사관과 복합 작용을 하면서 경제사회 시스템 내부에 천착하게 되었다. 1949년 건국 이후 계획경제체제 하에서 개인의 기본적

그림 3-1 | 중국에서 지재권 침해를 촉발하는 사회문화적 요인

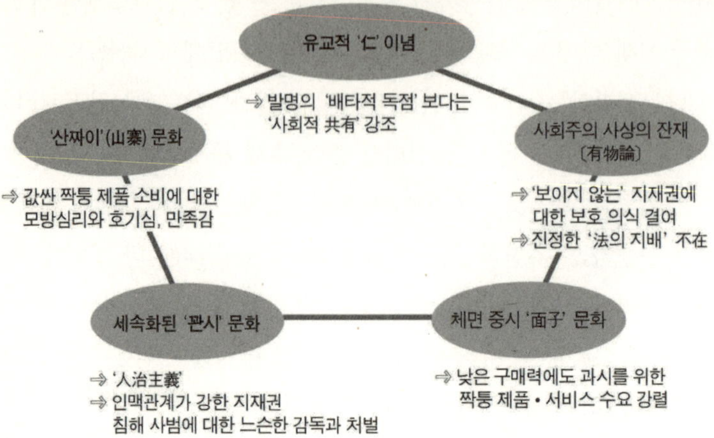

자료: 저자가 작성

인 사유재산권은 전혀 인정되지 않았고 농촌은 인민공사, 도시는 국유기업 중심으로 생산수단을 공유하는 구조였기 때문에 저작물, 영화, 연극 등 무형자산을 보호할 필요성을 느끼지 못했다. 대부분의 저작물과 영화, 연극 등 창작물도 사회주의 이념 홍보나 정치적 선전 목적으로 쓰였기 때문에 재산가치가 인정되지 않았다.

발명 성과의 사회적 공유 관행은 개혁·개방 이후 80년대 중반까지도 상당 기간 동안 지속되었으며 국유기업이나 개인들도 자신의 발명 성과에 대한 엄격한 지재권 보호의 필요성을 인식하지 못하였고, 인식했더라도 법적 권익을 적극적으로 추구하지는 않았다. 사회주의 계획경제체제의 잔재와 '유물론적' 사고에 갇혀 있었던 중앙 및 지방정부 간부들은 심지어 대학

이나 연구소의 기술 개발 연구 성과조차도 특허로 인정해 주지 않았다. 실제로 중국 국가통계국이 특허권, 상표권, 저작권 등 무형자산(invisible assets) 통계를 집계하기 시작한 것은 80년대 중반 이후의 일이다.

중국에서 사회적으로 혁신자, 발명자, 개발자의 이익이 무시당하고 타인의 지재권 침해에 죄의식을 느끼지 못하는 것도 이 같은 사회주의적 '유물론' 사상의 잔재와 무관하지 않다. 지재권 보호 필요성과 보호 의식은 80년대 중반에 관련 법규가 제정되면서부터 고양되기 시작했다. 그러나 공식적인 보호 의지 천명에도 불구하고 관련 법규는 완벽하지 않았고 소비자들의 민도 또한 낮아 보호의 실효를 거두지 못했다.

중국 문화계의 대표적인 신문인 『중국문화보』(中國文化報)조차 출판물, 드라마, 애니메이션 등 각종 창작물의 대량 불법 복제 관행을 개탄했다. 특히 애니메이션의 경우 일본, 한국에 비해 산업이 늦게 시작된 데다가, 기업들의 규모도 영세해 피침 사실을 알면서도 저작권 보호에 자금과 인적 자원을 투입할 여력이 없는 경우가 많았다.[1] 심지어 일부 기업들은 증거 자료 수집, 조사 의뢰, 소송 준비 등 지재권 보호에 관리 비용이 많이 드는 것 자체를 귀찮아하기도 하였다.

이는 2006년을 기준으로 중국의 전체 기업 중 지재권을 소유한 기업이 0.0003%에 불과하고, 99%의 기업은 특허 신청 경험이 전혀 없는 것을 보아도 알 수 있다. 이 같은 통념이 사회를 지배하고 있는 상황 하에서 정부 당국이 범법자를 강력히 처벌하거나 무거운 벌금을 부과하는 것이 사실상 어려웠을 것이다.

1_中國文化報, 2012. 12. 5; www.chinaiprlaw.cn, 2012. 12. 5.

3. 체면(面子) 중시 문화와 '짝퉁' 제품 구매

'체면 중시' 문화도 지재권 침해에 일조하고 있다. 체면은 중국어로 '롄'(臉) 혹은 '미엔즈'(面子)라고 하는데, 사회적 체면 중시 성향은 자동차·하이테크 가전, 스마트폰 등 고관여제품이나 혼수품·교육·여행 등의 서비스 소비에 있어 필요 이상의 과시적 소비(conspicuous consumption)를 부추기는 요인이 된다.

즉 중산층의 경우 부유층이나 고소득층과는 달리, 고가 제품·서비스를 소비할 수 있는 경제적 능력은 부족하지만, '산짜이' 제품을 구입해서라도 체면을 유지하려는 성향이 강하다는 것이다. 실제로 중국 대도시에는 짝퉁 제품을 소비하면서도 진짜 명품 구입 시에 느끼는 만족감을 느끼는 소비자들이 많다. 물론 이 같은 체면 중시 문화는 한국에도 있지만, 중국의 경우 사회 저변에 더 광범하고 깊게 자리 잡고 있다고 할 수 있다.

4. '꽌시(關係)' 문화가 초래하는 느슨한 감독과 처벌

중국의 '꽌시'(關係) 문화 또한 '짝퉁 천국'의 오명에 기여하는 문화적 요인이다. 꽌시 문화는 가까운 친척, 친구, 이웃이 곤란을 겪을 때 도와 주는 상부상조 관행에서 출발했고, 인정(人情), 친분의 교환을 기초로 하였다. 그러나 개혁·개방 이후 물질만능주의와 배금주의가 팽배하고 돈을 벌 수 있는 기회가 늘어나면서, 인본주의적 꽌시 문화는 점차 세속화되고 변질되기 시작했다. "뒷문으로 들어가 꽌시를 동원해 이익을 추구한다"(走後門, 拉關

係, 占便宜)는 구절은 중국인의 일상어가 되어 있다.

중국의 분권화된 관리체계 하에서 이 같은 변질된 꽌시 문화는 기업–당·정 관료 간의 정경유착, 비리와 맞물려 지재권 보호에도 불리하게 작용하고 있다. 꽌시 문화는 기본적으로 인맥 형성 과정, 친소 관계, 반복적 만남의 빈도, 경제적 혜택 공유 정도 등에 따라 꽌시망(關係網) 내의 내부자(insiders)에 대해서는 법규 위반을 눈감아 주면서도 외부자(outsiders)에 대해서는 엄격한 잣대를 적용하는 단속·처벌 행태 상의 '비대칭성'과 '이중성'으로 나타난다. 그리고 이 같은 '불법 행위의 적발 및 처벌(양형)' 상의 비대칭성은 지방으로 내려 갈수록 더 심해지는데, 지방 당·정 관료들은 평소 친분이 있고, 자신과 경제적 이해를 공유하는 내부자적 지위에 있는 기업 혹은 개인의 지재권 침해 행위는 묵인하거나 형식적 단속을 벌이고, 처벌을 하더라도 법규가 허용하는 범위 내에서 최대한 낮은 벌금을 부과하는 성향이 강하다.[2]

이 같은 '꽌시 문화'의 부작용은 법·제도적 허점과 함께 지재권 침해의 재발을 지속시키는 원인의 하나가 되고 있다.

2_지재권 관련 법규 위반 행위의 단속 처벌에 관한 지방 당·정 간부들의 '지방주의', '지대 추구 성향', 도덕적 이반 형상에 관해서는 후술하는 "제6장 지방정부: 지재권 보호의 파수꾼인가 침해의 공범자인가?"에서 보다 자세히 다뤄질 것임.

5. '산짜이'(山寨) 문화와 창업 욕구의 결합 효과

1) 산짜이 문화의 개념과 유래

'산짜이'(山寨) 문화도 지재권 보호에 부정적 영향을 미치고 있다. 산짜이의 사전적(辭典的) 의미는 "울타리로 둘러싸인 산적들의 소굴"이란 뜻이다. 원래 간섭·통제가 심한 정부권력이나 행정당국의 감시를 피해 민간 저항세력이나 산적들이 마을에서 동떨어진 깊은 산 속에 근거지로 세운 데서 유래한 것인데, 수호지(水滸誌)에 나오는 '양산박'(梁山泊)이 이 같은 생활 근거지의 전형이라 할 수 있다.

개혁·개방 이후 중국에서 '산짜이'란 말이 본격적으로 통용되기 시작한 것은 저소득층용 짝퉁 휴대폰이 판매·보급되기 시작한 2004~2005년부터이다. 산짜이 휴대폰(山寨機)은 대부분 대만 미디어텍(聯發科技; Mediatech)의 MTK 플랫폼 솔루션과 칩을 이용해 만들어지는데, K-Touch(天語), Gionee(金立), Dopod(多普達) 등이 대표적이다. 이들 산짜이 폰은 아이폰, 삼성폰이나 노키아, 버드(波導), TCL, 아모이(夏新)보다는 값이 싸고 디자인이 조잡하지만, 통화나 SMS 통신 기능 등에는 아무런 문제가 없다. 나중에는 기능과 품질, 디자인이 개선되면서 중국 국가관리감독 당국의 품질검사 인증 기준을 통과한 산짜이 폰도 늘어나게 되었다.

산짜이 제품의 영역도 휴대폰에서, MP3, USB, 노트북, 디지털카메라, 게임기, 그리고 백색가전, 흑색가전, 자동차 등으로 퍼져 나갔다. 그리고 인터넷, 이메일, 휴대폰, 메신저, SNS 보급률이 높아지면서 산짜이 문화는 공산품에 그치지 않고 교육, 의료, 엔터테인먼트 등 서비스 영역에까지 침투·

확산되었는데, 탤런트, 배우, 노래, 방송 프로그램의 모조·모방 풍조가 그 좋은 예이다. 이때부터 산짜이 제품과 서비스는 도시 중국인들에게 값은 싸지만 '진짜 같은 가짜' 제품, 오락성(fun)을 갖춘 것으로 통용되게 되었다.

이제 현대 중국에서 산짜이 문화는 하나의 '메가트렌드'(mega-trend)가 되어 있다. 1950~60년대 영국 식민지 홍콩에는 공산 대륙에서 도망쳐 나온 사람들이 경영하는 가내 수공업 형태의 영세한 자영 공장들이 많았는데 완구, 조화, 플라스틱 제품 등 노동집약 제품이 주류를 이루었고 품질과 생산 방식도 조악했다. 홍콩인들은 이처럼 영세하고 지저분한 공장을 '산짜이창'(山寨廠), 여기서 생산되는 제품을 '산짜이훠'(山寨貨)라고 불렀다. 홍콩의 타이쿤인 리카싱(李嘉誠)도 대륙 공산화 직후에는 플라스틱 조화와 완구를 만들어 파는 산짜이창 창쿵(長江)실업의 사장이었다. 그 후 중국경제가 개방되고 홍콩과 근교에 영국과 동남아의 대규모 자본이 유입되면서 공장이 현대화되고 규모도 커지게 되었다. 제품도 화장품, 패션 의류, 구두, 핸드백 등으로 다양화되었으며, 짝퉁 제품이긴 하지만 품질이 점차 개선되었다.

그러다가 덩샤오핑이 1992년 초반 사회주의 시장경제 노선을 천명하고 정치적 불확실성이 제거되면서 제조원가 상승에 부담을 느낀 홍콩 제조업체들이 인건비가 싼 광둥성 선전(深圳), 푸젠성 샤먼(廈門), 쭈하이(珠海) 등지로 생산기지를 옮기기 시작했다. 이때부터 '산짜이' 공장, '산짜이' 제품이란 말이 중국 내에서도 쓰이기 시작했다. 그 후 2000년대 들어 도시 중국인의 소득 수준이 높아지고, 명품과 유명 브랜드에 대한 구매 욕구가 커지면서 중산층의 산짜이 제품 수요도 급팽창하게 되었다.

2) 산짜이 문화의 세 가지 속성

중국의 '산짜이' 문화는 다음의 여러 가지 속성을 지니고 있다.

첫째, 산짜이 문화는 폐쇄적 자급자족 생활권에서 출발한 것이라는 점이다. 반란을 꿈꾸는 산적들은 폐쇄적이고 독립적인 공동체 생활을 영위할 수밖에 없었다. 이들은 주로 지나가는 상인들이나 마을 주민들로부터 물건을 빼앗거나 훔치는 방법으로 생활을 영위하였고, 필요시에는 민간 마을로 내려가 구한 생활 도구나 용품을 모방해 급조한 물건으로 임시변통할 수밖에 없었다. 따라서 이들이 사용하는 도구나 생활자재는 품질이 조악할 수밖에 없었으며, 현대 중국에서 유사·모방 제품을 '산짜이' 제품이라 부르는 것도 기능이 간단하고 품질이 조악하기 때문이다. 산짜이 제품을 만드는 사람을 '산짜이런'(山寨人) 혹은 '산민'(山民), 가짜 제품 제조·판매를 위해 서로 연락하고 같이 활동하는 집단을 '산짜이빵'(山寨幇)이라고 부른다.

둘째, 산짜이 문화는 '경제·사회 권력을 독점하고 있는 주류(主流)에 대한 도전과 저항'의 성격이 강하다. '산민'들은 중앙권력의 감시를 피해 다녔고 주류세력과의 직접적 의사소통을 회피·거부했다. 그렇다고 민간사회나 민간경제의 발전 동향까지 도외시한 것은 아니었다. 자신들의 생존을 위해서는 적절하게 마을의 민간인들과 타협할 줄도 알았고 상업적인 거래도 했다. 즉 산짜이 문화는 주류(主流) 문화에 대한 반발과 저항의 형태로 시작되었지만 발전·확산 과정에서는 '민초에 뿌리박은 풀뿌리주의', 실용성, 저렴함, 편리성 등 다양한 민생경제의 가치를 반영하게 되었다. 법과 정책에의 순응을 강요하고, 값비싼 제품과 서비스의 구매를 유도하는 기존의 외국 다국적기업이나, 대형 국유기업, 대형 소매유통상의 시스템에 대항하여 중국 서민들은 가짜라도 실용적이고 저렴하면서도 필수 기능에 문제가 없는

'산짜이' 제품을 선호하게 되었다.

'산짜이' 제품의 대부분은 정부의 간섭과 관료적 통제 밖에 벗어나 있는 가족기업 혹은 개인 형태에 의해 생산·판매되고 있으며, 광둥성 선전(深圳), 쭈하이(珠海), 푸젠성 샤먼(廈門) 등지에 클러스터가 형성되어 있다. 산짜이 제품은 2000년대 초반 짝퉁 휴대폰으로부터 시작했지만, 이제는 자동차, 중장비 등은 물론이고, 영화, 방송 프로그램, 드라마, 전자상거래 사이트 등 서비스 업종에까지 확산되고 있다. 주로 인기 제품이나 서비스, 프로그램을 벤치마킹한 유사·모방 제품이지만, 저렴한 가격, 편리한 기능, 손색없는 디자인으로 서민들의 구매 심리를 자극한다.

셋째, 호기심(curiosity)과 재미(fun)를 바탕으로 젊은 층 신세대 소비자층에 빠른 속도로 파고들고 있다는 점도 산짜이 문화의 또 다른 특징이다. 젊은이들은 할리우드 영화나 한국 드라마를 패러디한 작품을 감상하면서 재미를 느낀다.[3] 비록 모방과 베끼기에서 시작되지만, 중국의 산짜이 문화는 이제 중국적 특색, 실용성과 재미를 동반하는 특유의 시장친화적 문화로 발전·정착되어 가고 있는 것이다. 이는 KOTRA의 설문조사 결과에도 잘 나타나고 있다. KOTRA가 중국 현지인 319명을 대상으로 조사한 결과에 따르면, 중국인들은 산짜이 제품 구입에 대해 별다른 죄의식이나 거부감을 느끼지 않으며, 품질에 관해서도 대체로 만족하고 있는 것으로 나타났다. 응답자들의 66%는 산짜이 제품에 관한 정보를 인터넷(36%)이나 TV·라디오 방송매체(30%) 등에서 얻고 있었고, 응답자의 90%는 산짜이 제

3_중국에는 산짜이춘절갈라쇼(山寨春節聯歡晩會), 산짜이포럼(山寨百家講壇), 산짜이노벨상(山寨諾貝爾獎)이 있고, 후난성TV가 최초로 런칭한 여가수 노래자랑 프로그램인 '슈퍼여가수'(初級女星)를 벤치마킹한 산짜이 프로그램이 타 지방TV에서 셀 수 없이 많이 등장하기도 했다.

품이 합법적인 제품이라고 인식하고 있었다. 더 놀라운 사실은, 모조품이라는 것을 알면서도 가격이 싸고 디자인과 성능도 정품 못지않게 좋기 때문에 구입한다고 응답하는 소비자가 전체의 60%를 넘었다. 실제로 품질에 대해서 응답자의 70%는 "만족한다"(16%)거나 "괜찮다"(54%)고 답했고, "불만족"은 19%, "후회한다"는 11%에 불과했다.

실제로 중국 산짜이 제품은 정품보다 10~30% 정도 저렴한 가격으로 판매되고 있으며, 주요 고객은 저소득층인 것으로 나타났다. '산짜이'의 유행 원인에 관한 질문에 대해서는 "풀뿌리 소비계층의 수요 충족"(40%), "혁신 과정에서 생기는 필연적 현상"(27%), "법·제도의 미비"(16%), "관리감독 미흡"(13%) 등 다양한 대답이 나왔다. 이상을 종합해 볼 때 중국의 '산짜이' 문화는 연령별·직업별·소득별 구분을 떠나 중국 서민들에게 경제사회 및 기술의 발전과 시장화 과정에서 나타나는 과도기적인 현상으로 이해되어야 할 것으로 판단된다.

3) 산짜이 문화는 정말로 해로운가?

마지막으로 언급해야 할 것은, '산짜이' 문화가 해로운가에 관한 논란이다. 산짜이 문화에 대해서는 비판적 시각과 우호적인 시각이 공존하는데, 비판자들의 대부분은 혁신이나 발명을 주도하는 기업이거나 음원, 영화, 드라마, 방송 프로그램 등 콘텐츠를 생산·공급하는 기업이나 방송 언론매체들이다. 이들은 80년대 중반 이후, 특허법, 저작권법 등 지재권 관련 법규와 조례가 제정되었음에도 불구하고, '산짜이'(山寨) 문화로 인해 원 개발자나 발명자의 이익이 침해당하고 있다면서 강력한 단속을 요구한다. 예컨대, 니

핑(倪萍)이란 중국 국영 CCTV의 여성 MC는 2011년 3월 개최된 양회(兩會)에서 "창조와 혁신을 저해하고 지재권을 침해하는 산짜이 문화를 뿌리 뽑도록 관련 법규를 재정비해야 한다"고 주장한 바 있다. 중앙정부도 WTO 가입 이후 지재권 보호 약속을 지켜야 하고 제11차 5개년 규획(2006~2010)에서 자주혁신의 필요성을 강조하고 있기 때문에 관련 법체계를 정비해 모조품 단속을 강화해야 한다는 입장이다.

물론, 산짜이 문화에 대해 관대한 입장을 견지하는 세력도 적지 않다.

이들은 산짜이 문화가 저렴성, 실용성, 편의성, 오락성 등의 장점을 바탕으로 2000년대 이후 중국의 새로운 메가트렌드로 자리 잡았고, 짝퉁 문화는 언어적 표현만 다를 뿐이지, 동유럽, 러시아, 멕시코, 인도 등 거의 모든 발전도상국 경제에 존재한다는 입장이다. 모방과 복제 문화도 혁신을 터득해 가는 과정에서 나타나는 과도기적 현상이라고 보며, 모방에 기초한 '카피 캣(copy cat)' 문화가 혁신 그 자체를 방해하지는 않는다고 주장한다. 오히려 이들은, 짝퉁 제품의 출현·범람이 기존 정품 업체의 혁신 모멘텀을 촉진시키고 브랜드 경쟁을 격화시켜 중장기적으로는 새로운 혁신 수요를 유발한다고 주장한다.

4) 짝퉁·해적판 제품의 패러독스

'해적판 제품의 패러독스'(Paradox of Piracy)가 이를 증명한다. 모방과 혁신 간의 관계(상호작용)를 강조한 UCLA 법대의 칼 라우스티알라(Kal Raustialla) 교수는 관련 연구(2006; 2009; 2012)에서 "모방이 반드시 혁신의 장애물은 아니며 오히려 혁신을 촉진할 수 있다"고 주장한다. 즉 혁신적

그림 3-2 | 모방과 혁신의 상호작용에 관한 루프 모델(Loop Model)

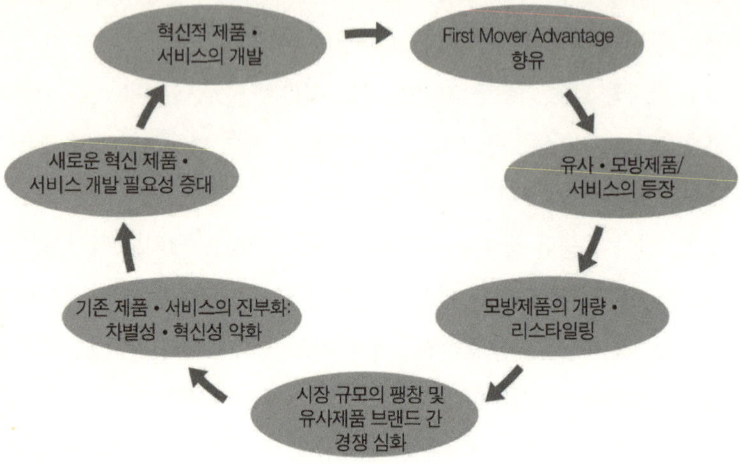

자료: UCLA 법대 칼 라우스티알라(Kal Raustialla) 교수의 'The Knockoff Economy' 논리에 기초하여 저자가 보완 작성

신제품이 초창기에는 모방자를 끌어 들이지만, 이들의 모방은 또 다른 제품・서비스 경쟁을 불러 들여 혁신을 촉진한다는 것이다. 실제로 진입장벽이 낮은 시장에는 기업들이 새로운 모방 제품으로 끊임없이 진입하기 때문에 가격・비가격 경쟁력이 없는 제품은 도태될 수밖에 없다고 강조한다.

결국 〈그림 3-2〉의 루프 모델(Loop Model)에서 보는 것처럼 모방은 혁신과 상호작용을 하면서 해당 업종의 시장 규모를 확장시키고, 제품의 유효 수명주기를 단축시켜 새로운 '파괴적 혁신'(disruptive innovation)을 촉진하게 된다. '해적판 제품의 패러독스'는 패션 의류 산업에서 가장 극명하게 나타나는데 새로운 패션 의류가 나오자마자 다른 브랜드와 부티크의 모방 제품이 나온다. 그 결과 독창적 패션을 선도했던 기업도 자사 패션의 유효 수명주기가 다했음을 알고 새로운 디자인의 패션 의류를 개발하기 위해 노력하게 된다는 것이다. 유사한 패러독스는 요식업, 금융산업에도 나타나는데, 시간의 경과에 따라 모방은 가격(price), 디자인(design), 품질(quality) 경쟁을 촉발시켜 장기적으로는 혁신을 촉진하는 순기능적 작용을 한다는 것이다.

5) 창업은 타사 전략과 제품 모방에서부터 시작

현대 중국도 사정이 유사하다. 중국인들은 비교문화론적으로 볼 때 한국인, 일본인보다도 '모험 감수형'(risk-taking)이라서 창업 욕구가 강하다. 더욱이 80년대 중반 이후 중국경제의 고성장에 따라 사업 기회가 증가하면서 유망 업종의 국내외 유명 브랜드와 비즈니스 모델을 모방한 후 창업하는 민간 기업가들이 늘고 있다.

즉 중국인들의 ① 모방 대상 업종·브랜드의 탐색 → ② 모방 → ③ 학습 → ④ 창업으로 이어지는 의사 결정 과정을 유용하다고 생각하는 긍정적인 인식이 강하다는 것이다. 따라서 이들의 창업은 시장 수요가 큰 틈새시장에 신속히 진입하여 처음에는 모방형 '산짜이' 제품을 생산하다가 나중에는 파괴적 혁신 제품을 출시하여 종국적으로는 업종 전체의 혁신 분위기 확산에 기여한다는 점이다. 실제로 상당수 '산짜이' 제품업체는 처음에는 '싸구려 모방 제품'(cheap copy)을 생산·판매하였지만 나중에는 불필요한 복잡한 기능의 제거, 필요한 새 기능의 추가, 비즈니스 전략의 변경 등을 통해 '고명한 모방자'(noble imitators)로 변신하는 경우가 많다. 이들은 타인의 아이디어에 자신의 노력을 추가해 모방 제품을 업그레이드시킨 다음 지재권을 등록해 소위 '아이디어 추가형', '기술혁신형' 기업으로 재탄생하고 있는 것이다.

산짜이 문화에 관한 중국 내 각급 지방정부의 입장은 대체로 동정적이다. 일부 지방 당·정 관료들은 산짜이 문화가 지재권자의 권익을 침해한다고 비판하기도 하지만, 중국과 같은 개발도상국 경제, 신흥 시장적인 상황에서는 '창조경제, 내지는 혁신경제'로 가는 발전 과정상의 성장통쯤으로 치부되는 경우가 많다. 이 같은 인식으로 인해 중앙정부의 엄격한 관련 법규 집행 요구에도 불구하고 지방정부의 단속과 처벌은 제6장에서 후술하는 바와 같이 매우 형식적인 경우가 많다.

이로 인해 중국에 진출한 많은 외자기업들은 유사 제품이나 위조 제품을 발생시키는 원인 행위 자체를 없애는 것은 불가능하다고 생각한다. 특히 중소기업의 경우, 알면서도 피해를 보는 경우가 많은데 이들이 종사하는 업종이 모방이 쉬운 섬유·의류, 봉제완구, 조립금속 등 노동집약적인 경공업이기 때문이다. 또한 경영 자원이 부족해 지재권 관련 전문 인력과 운영 자금, 법적 대응 능력도 미진한 상황이다. 에스보드(EssBoard) 브랜드의 스케이트보드로 유명한 슬로비(Slovie)라는 한국 스포츠용품 업체를 예로 들면, 중국산 모조품으로 인해 중국시장에서뿐만 아니라 국내 및 다른 해외 수출 시장까지 빼앗겨 1,000억 원 이상의 손실을 본 것으로 알려지고 있다.

4장

기업 요인: 침해자와 방어자의 공방 전략

1. 침해기업의 전략적 선택: 짝퉁 제품의 출시

중국 내 지재권 침해 발생과 재발의 원인은 침해기업과 방어기업의 입장에서도 나눠 살펴볼 수 있다. 침해기업은 신제품 개발과 모방 사이에서 전략적 선택을 하며, 방어기업은 지재권 관리와 보호에 관해 편익과 비용을 비교하고 나서 방어 여부를 결정하기 때문이다.

1) 신제품 개발과 모방 사이의 전략적 선택

우선, 지재권 침해는 침해기업의 모방 전략에 의해 촉발된다. 오데드 센카(Oded Shenkar) 오하이오 주립대 교수는 『카피 캣』(Copycats)이란 저서에서 현재는 '모방의 시대'(age of imitation)라고 얘기했다. 복사·복제 기술의 발달, 인터넷·무선통신 네트워크의 보급 등으로 인해 과거보다 모방이 쉬워졌고, 모방을 잘하는 기업들이 성공한다는 점을 강조했다. 실제로 인터넷에는 많은 범용화된 지식·기술, 관련 노하우 데이터가 공개되고 있어 암묵적 지식(tacit knowledge)도 개방형 기술혁신(open innovation)의 확산과 지식·기술의 부호화와 체계화(codification) 등을 통해 과거보다는 훨씬 용이하게 타 경제주체에게 이전되고 있다.

이러한 상황 하에서 후발 진입 기업은 학습·모방을 통해 선발주자를 쉽게 따라 잡을 수 있는 기회를 잡게 된다. 그러나 발명자나 원 저작권자의 입장에서 보면, 추격자의 모방으로 인한 피해 가능성이 오히려 커졌다. 특히 중국과 같은 신흥 시장의 경우, 앞의 사회문화적 요인에서 보았듯이, 유사·위조 제품의 생산 및 유통에 대한 도덕적·윤리적 제약이 약하기 때문에 합법적인 모방 이외에도 불법적·비윤리적 모방이 많다. 실제로 중국에서는 소프트웨어 불법 다운로드나 복제를 흔히 볼 수 있고 지역별로 위조품 제조·판매 클러스터도 늘어나고 있다.

그러면 중국기업들은 왜 혁신보다도 모방 전략을 더 선호하는가? 여기에는 초기 기술 수준이 낮다는 측면도 있지만 혁신에 비해 모방 전략이 갖고 있는 낮은 실패 리스크, 경제성, 수월성, 그리고 중국기업의 특수성이 상호 복합 작용을 하고 있다.

우선, 혁신의 최대 약점은, 오데드 센카(2011)가 얘기했듯이, '위험 감수'에 따른 실패 리스크이다. 혁신은 기술적 우위와 차별화 요소를 제공해주지만, 자체적인 연구개발을 통한 신제품, 신공정의 개발에는 많은 시간과 투자가 투입되어야 하고 성공 확률도 매우 낮다는 점이다. 설령 개발에 성공했다 할지라도 상업화에 성공할 것이라는 보장은 없다. 만일 출시된 신제품이 시장에서 실패하기라도 한다면, 연구개발비의 회수가 어려워질 뿐만 아니라 혁신자와 개발 책임자는 문책을 면하기 힘들다. 특히 중국 토종기업의 대부분은 휴대폰, 패션 의류 등의 후발주자이기 때문에 기술 추격(technological catch-up) 압박이 심해 긴 시간을 요하는 실패 리스크가 큰 혁신 전략을 선택하기 힘들다.

반면, 모방 전략은 감수해야 할 위험이 비교적 적을 뿐만 아니라, 시장 선도자가 행한 시행착오에서 배울 수 있다는 장점이 있다. 더욱이 중국의 지재권 보호 관련 법규의 집행 환경이, 제4장과 제5장에서 후술하는 바와 같이, 침해자에게 매우 유리하게 되어 있다.

따라서 브랜드 파워, 기술력, 자금력 모두가 약한 중국 중소기업이나 개인기업의 입장에게 '모방 전략'(imitation strategy)은 혁신 전략보다 훨씬 더 안전하고 경제적인 대안이라 아니 할 수 없다. 어느 기업도 다른 기업 제품을 베꼈다고 자백하지는 않지만, 가격 및 브랜드 경쟁이 격화되고 있는 중국과 같은 '레드 오션'(red ocean) 시장에서 민첩하게 모방하여 시장에 진입한 후 포화 상태에 이르면 재빨리 철수하는 소위 '히트 앤 런'(hit & run) 전략의 유혹을 뿌리치기는 힘들다. 특히 내수 경기가 좋지 않을수록, 관련 법규 집행 상의 누수가 많은 지방일수록, 그리고 주위에 베낄 수 있는 인기 브랜드가 많을수록, 불법적 모방은 기술력·자금력이 약한 현지기업들에게는 매력적인 경쟁 전략 대안으로 인식되게 된다.

2) 모방자의 진화

그러나 모방을 통해 일단 시장 진입과 교두보 확보에 성공했다 할지라도 살아남기는 쉽지 않다. 왜냐하면 용이한 모방은 또 다른 모방자가 금방 생겨날 정도로 진입 장벽(entry barriers)이 낮음을 시사해 주기 때문이다. 따라서 모방 전략을 택한 기업이라 할지라도, 모방 역량, 모방 방식과 태도, 시장 반응 등에 따라 그 후의 생존 가능성과 경영 성과는 크게 다를 것이며, 이는 다시 다음 단계의 '보다 고명한 모방'(noble imitation) 동기에도 영향을 미치게 된다. 기술 학습 이론에 따라 추종자 기업의 진화 과정을 분석해 보면, 〈표 4-1〉과 〈그림 4-1〉과 같이, 모방 역량(혹은 혁신 역량), 모방 방식(혹은 기술 추격 방식)에 따라 대체로 ① 불법·비윤리적 모방자 → ② 단순 모방자 → ③ 고명한(혁신적) 모방자 → ④ 혁신 선도자의 순서로 변모하며, 이 같은 발전 과정은 중국에서도 기본적으로 동일하다.

우선, 불법·비윤리적 모방자(IPR infiltrators)는 시장 내 이윤 획득 가능성만 보이면 타 기업 상호·상표의 위조, 저작권·특허의 침해, 산업 스파이를 통한 설계도면의 불법 획득 등 불법 행위를 해서라도 지재권을 획득하려 한다. 중국사회과학원이 19개 성(省)·시의 622개 기업을 조사한 결과에 기초해 펴낸『2012년 중국 사영기업 경쟁력 보고서』에 따르면, 조사 대상 기업의 36.4%가 2009년 이후 3년간에 걸쳐 자체 R&D팀을 운용하지 않으면서 국내외 동종 업체의 기술을 베껴 온 것으로 조사되었다. 또한 622개 조사 대상 사영기업의 64.8%는 자본력과 기술역량이 부족해 2009년 이후 3년간 노동집약 업종에서 첨단 업종으로 전환하는 데 실패한 것으로 드러났다.[1] 불법 모방자들의 대부분은 휴대폰, 화장품, 일용잡화, 의류 등의 업종에 종사하는 경우가 많은데, 산짜이 제품의 원류라 할 수 있는 휴대

표 4-1 | 기술 추격 방식과 혁신 능력으로 본 4가지 유형의 모방자

	불법·비윤리적 모방자	단순 모방자	고명한 모방자	혁신 선도자
주로 쓰는 방식	- 위변조 - 산업 스파이 등 불법적 기술 습득 - 기술 인재 스카우트	- 벤치마킹 + 모방 - 기술 인재 스카우트 - Licensing - J/V	- 모방 후 개선 - 리버스 엔지니어링 - Licensing - J/V, M&A - 전략적 제휴	- 자체 R&D 투자 - Cross-Licensing - J/V, M&A - 전략적 제휴
R&D 비용과 시간 투입 필요성	가장 적음	적음	비교적 큼	매우 큼
성공의 확률	가장 높음	높음	비교적 낮음	매우 낮음
위법 행위 여부	위법	위법, 합법	합법	합법
적발 및 처벌 받을 확률	적발 시 민·형사 처벌 가능성에 노출	모방 방식, 정도에 따라 처벌받을 가능성 존재	비교적 낮음	없음

폰 산업의 경우 5,000여 개의 제조업체 중 정식으로 영업허가를 받은 업체는 전체의 12%인 600여 개에 불과하다.[2]

모방과 복제를 촉진하는 또 다른 요인은 위조·해적판에 대한 중국 내 시장 수요가 항상 존재하고 제조·유통 업체의 입장에서도 이윤 마진이 높다는 점이다. '헤이(黑)폰'이라 불리는 무명 불법 폰을 예로 들면, 상표, 공장, 정식 직원이 없고(3無), 납부할 세금과 판매 후 서비스가 없는(2不) 소위 '3무2불'(3無2不)의 전략을 구사하고 있어 영업 마진율이 높다. 따라서 단 한 번만 대히트를 해도 모방을 위한 투자 자금을 쉽게 회수해 미래의 제2, 제3 모방을 준비할 수 있게 된다. 다국적 제약사 화이자(Pfizer)가 개발한

1_신화사통신, 2012. 12. 23; "中 사영기업 셋 중 하나, 기술 베끼기 의존" 연합통신, http://www.yonhapnews.co.kr/international/2012/12/23/0603000000AKR2012122 3048300083.HTML

2_중국 CCTV의 보도(2012. 3. 30).

그림 4-1 | 중국 내 추종자 기업의 모방 속성(역량과 태도)에 따른 모방 방식의 진화 궤적

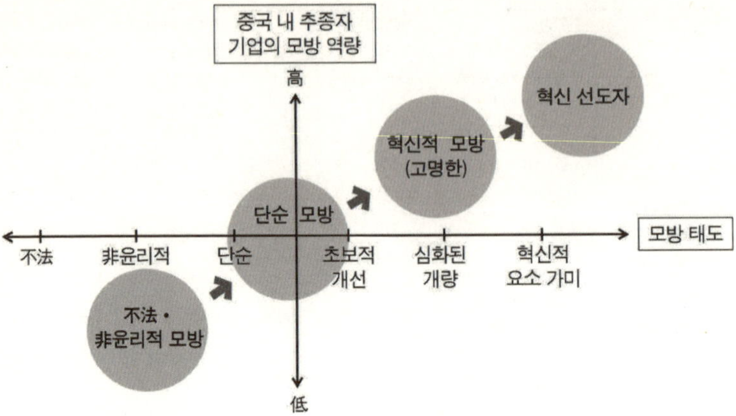

발기부전 치료제 '비아그라'(Viagra)가 그 좋은 예이다. 중국기업이 짝퉁 비아그라 한 알을 생산하는 데 드는 제조원가는 1위안(12센트)에 불과하지만 소매가는 98위안(약 12달러)이나 된다. 이 같은 엄청난 마진 때문에 오리지널 신약업체인 화이자조차도 중국에서는 제네릭 의약업체의 유사 브랜드와 불법 복제약에 밀려 고전하고 있다. 2000년대 들어서는 CD, DVD, 애니메이션, 소프트웨어 등으로도 불법 모방과 복제가 확산되고 있는데, IFPI(International Federation of the Phonographic Industry) 조사 결과에 따르면, 전 세계 해적판 CD 공급량의 40%가 중국산인 것으로 드러났다. 1994년의 경우 중국인들이 사들인 약 4,000만 개의 CD 중 정품은 12%에 불과하고 88%가 해적판인 반면, 전 세계 음반과 음악 CD의 30% 정도를 사들이는 미국의 경우 구입액의 13%만이 해적판인 것으로 조사되었다.

두 번째 단계는 '단순 모방자'(simple imitators)단계이다. 단순 모방자는 불법·비윤리적 모방 방식을 쓰기도 하지만 합법적 방식을 보다 많이 쓰려고 노력한다. 다만, 혁신 역량이 여전히 취약하므로 '카피 캣'(copy cats)의 행태를 보인다. 즉 유사·모방 제품을 만들어 정품 브랜드 이미지에 무임승차 하려는 편승 심리가 강하며, 원가절감을 위해 싼 소재 부품을 쓰거나 복잡한 디자인과 기능을 없앤다. 또한 신속한 기술 추격(fast catch-up)을 위해 리버스 엔지니어링(reverse engineering), 벤치마킹, 기술 인재 스카우트, 라이선싱, 합자·합작(joint venturing) 등의 합법적인 기술 습득 방식도 구사하기도 한다.

실제로 중국 민간기업들은 시장 진입 시나 업종 전환 시 단순 모방 전략을 많이 쓴다. 비교문화론적으로 중국인들은 다른 나라 사람들에 비해서 '모방' DNA가 뛰어난 데다가 모방에 관한 의사 결정과 실행력이 매우 뛰어나기 때문이다. 오데드 센카 교수도 『하버드 비즈니스 리뷰』(*The Harvard Business Review*)와의 인터뷰에서 "80년대 크라이슬러가 개발한 미니밴이 미국에서 모방되는 데는 9년이 걸렸지만, 90년대 GM이 개발한 소형차 디자인을 중국기업이 모방하는 데는 겨우 1년이 소요되었을 뿐"이라고 밝힌 바 있다. 단순 모방자는 '카피 캣' 오명(stigma)이 두려워 모방을 은밀히 진행하지만, 일정 수준의 기술력만 갖추고 나면 '고명한 모방자'(noble imitators)로의 변신을 시도하게 된다.

'혁신적 모방자'(innovative imitators)라고도 불리는 고명한 모방자는, 초창기 학습 과정에서 단순 모방을 하지만 개선과 개량을 통해 원 정품 제조업체의 기술 수준을 뛰어넘는 제품, 혹은 현지 사정에 맞는 디자인, 기술, 서비스를 개발하는 기업으로의 변신에 성공한 기업이다. 유통업계의 혁신기업으로 꼽히는 월마트나 스티브 잡스가 창업한 애플도 한때는 고명한 모

방자였다.[3]

오데드 센카 교수(2011)는 『카피 캣』(Copycats)이란 저서에서 이 같은 '고명한 모방자' 내지는 '혁신적 모방자'를 모방자(imitator)와 혁신가(innovator)의 합성어라고 할 수 있는 '이모베이터'(Imovator)라고 불렀다. 혁신적 모방자들은 원래의 제품보다 개선된 제품·서비스를 개발하는 과정에서 리엔지니어링을 많이 쓰는데 '카피 캣'이란 별칭까지 얻었던 60~70년대 도요타, 소니 등 일본기업들 역시 리엔지니어링을 통해 미국과 유럽의 자동차, 가전을 모방했으며 끊임없는 '가이젠'(改善)을 통해 원 제품보다 훨씬 나은 제품을 만들어 미국시장에 역수출한 바 있다. 한국, 대만 기업들 역시 유사한 '고명한 모방' 전략을 채택해 자동차, 가전, 반도체, LCD 부문에서 선진국과의 기술 격차를 줄인 빠른 추격자(fast followers)라고 할 수 있다.

중국의 경우 아직은 글로벌 시장을 선도하는 진정한 의미의 혁신 선도자는 없다. 그러나 '이모베이터'들은 많은데, 가전업계의 하이얼(海爾)과 TCL, 콩가(康佳) 등이 대표적이다. 이들은 소니, 마쓰시타, 삼성전자 등을 벤치마킹했으나, 지금은 중국과 아시아 태평양 가전업계를 선도하는 선도적 브랜드로 자리 잡았다. 특히 하이얼은 삼성전자도 만들지 못한 소형 와인 냉장고와 고구마·감자를 씻을 수 있는 일명 '고구마 세탁기'를 만들어

3_월마트를 창업한 샘 월튼(Sam Walton)은 자신의 자서, 『메이드 인 아메리카: 나의 이야기』에서 "내가 한 일의 대부분은 남이 한 일을 모방한 것이었다"라고 말한 바 있다. 실제로 월튼이 미국에서 처음 도입한 하이퍼마켓은 브라질 업체의 백화점과 슈퍼마켓 결합 모델을 모방한 것이었다. 삼성경제연구소 편(2012), 『리더의 인생수업: 위대한 리더를 만든 20가지 힘』, 정지은, "세번째 힘: 1달러의 소중함: 월마트 창업자 샘 월튼," 2012. 11. 16, 35~47쪽 중 40쪽 참조.

전 세계 시장을 휩쓴 바 있다.

컴퓨터 업계의 레노버(聯想), 통신장비와 단말기 업계의 화웨이(華爲)와 중싱통신(中興通信; ZTE) 역시 한때 삼성전자, IBM, 델, 에릭슨, 시스코시스템즈, 노키아를 단순 모방하는 업체였다. 또 샤오미(小米) 역시 애플의 모방자임을 자칭했으나 뒤의 사례에서 보는 것처럼 중국 스마트폰 시장에서는 2013년부터 애플의 시장점유율을 능가하는 강자가 되었다. 철강업계의 '바오철강'(宝山鋼鐵) 역시 포스코, 신일본제철을 벤치마킹해 성공한 혁신적 모방자이다.

중국의 혁신적 모방자들은 리엔지니어링과 같은 저렴한 방식을 쓰면서도 시장 수요에 맞고 고객이 필요로 하는 새로운 가치를 창출하기 위해 매출액의 일정 부분을 항상 R&D에 투자하는 동시에, 합자·합작(joint venturing), 인수·합병(M&A), 전략적 제휴, 크로스 라이선싱(cross-licensing) 등 비싼 방식도 사용한다. 중국의 이 같은 혁신적 모방자들은 '국가급 우량기업'(national champion) 수준을 벗어나 하나둘씩 '글로벌 포춘(Fortune) 500'의 대열에 들어서고 있다.

80년대 말 미국의 혁신 기업들이 '모방 후 개선 전략'을 편 일본기업에게 경제 패권의 주도권을 내주고, 90년대 일본 전자업계가 '이모베이터'(imovators)인 한국의 삼성전자, LG전자에게 글로벌 전자제품 시장의 주도권을 내주었듯이, 앞으로 수년 내에 한국업체들도 중국의 '이모베이터'(imovators)들에게 추월당할 가능성이 있음을 유의해야 할 것이다.

3) 'C-Strategy': 모방과 신속 진입을 통한 경쟁우위의 창출

이처럼, 중국기업들은 국유기업이건 비(非)국유기업이건 간에 법규 집행이 느슨하고 처벌이 가벼운 중국의 상황을 활용해 종사하는 업종 내 글로벌 선도자를 빠른 속도로 추격하고 있다. 저자는 이처럼 모방을 통해 경쟁우위를 창출하는 중국 토종기업들의 전략을 'C-Strategy'라고 명명한다. 'C-Strategy'는 중국의 법제도적·사회문화적 환경을 고려할 때 합리적인 전략적 선택이자 경제적인 생존 전략이라 할 수 있다. C-Strategy의 실행 과정은, 〈그림 4-2〉에서 나타난 바와 같이, '시장 수요의 관찰'에서 시작하여 모방과 '위조 후 개량'으로 끝난다. 즉 단시간 내에 시장의 선도자를 추격해야 하는 토종기업으로서 맨 처음 하는 일은 시장 수요를 관찰하여 성장 전망이 좋은 업종을 고르는 것이다. 그 다음에는 해당 업종 내에서 모방을 할 상품·기술·서비스를 고르는데, 주로 삼성 갤럭시노트3, 혹은 애플의 아이폰5S처럼 인기가 있는 브랜드를 모방 대상으로 삼는다.

모방 대상 제품과 브랜드 선정이 끝나면, 그 다음에는 본격적인 모방(외양 등)과 위조(디자인 로고와 상호, 원산지 표시 등) 작업에 들어간다. 보통은 상품의 외양, 색깔, 상표명을 약간 바꾸고 불필요한 기능을 제거한 다음, 저렴한 소재·부품·소프트웨어로 오리지널 제품에 버금가는 기능을 가진 모방품을 만든다. 그 다음에는 모방품의 가격을 정품보다 낮게 책정하여 시장의 관심을 끄는데 불법 휴대폰을 예로 들면, 동종 사양의 정품보다 500~1,000위안 싸게 파는 것이 보통이다.

모방자들은 월등한 가격 경쟁력을 바탕으로 경쟁자들보다 신속히 시장에 진입하여 유통망을 장악한다. 이때 중요한 것은 대리점, 양판점 등 유통업체와의 공생(共生) 전략인데, 보통은 이들에게 높은 유통 마진을 제공함

그림 4-2 | 모방을 통해 경쟁우위를 창출하는 중국 로컬기업의 'C-Strategy'의 실행 과정

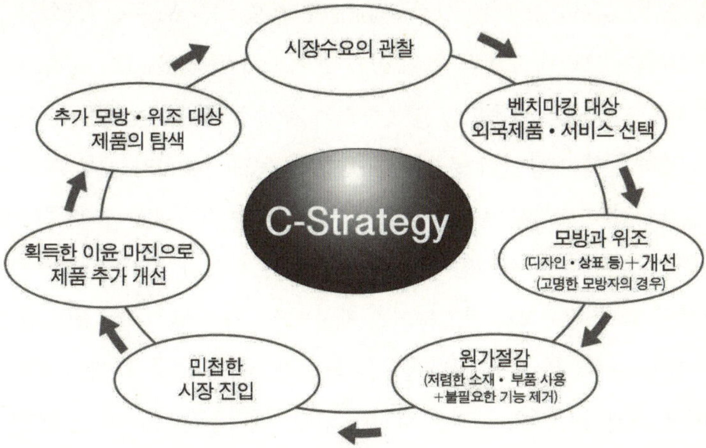

으로써 시장점유율을 획기적으로 높인다. 광둥성 남동부의 주강(珠江) 델타 유역에 밀집되어 있는 짝퉁 휴대폰 공장들을 예로 들면, 이들은 특정 상표를 불법 부착한 후 판매상에게 넘길 때, 판매상에게 1대당 약 400위안의 이윤을 보장해 준다.[4] 불법 폰의 가격이 1,000~2,000위안 대라는 것을 감안하면, 판매상이 최소 20% 이상의 유통 마진을 획득하는 셈이다. 그 후 제조업체는 획득한 이윤으로 제품 혁신·개선에 나서고 또 다른 모방 대상 브랜드를 선정하는 작업에 착수한다.

중국 로컬 업체의 이 같은 'C-Strategy'의 실행 과정은 시장 내 모방 대상 신제품을 발견할 때마다 반복되는데, '반복적 모방 과정'(iterative proc-

4_성병훈 (2005), "中, 불법 휴대폰 판매량 연간 1500만대", KOTRA 우한무역관 동향보고서 참조.

ess of imitation)에서 가장 중요한 것은 모방 대상 업종(where), 대상 기업과 브랜드(who & what), 모방 시점(when), 모방 방식(how) 등을 신속히 선정하는 것이다. 그런데 모방을 통해 인기 브랜드에 편승(free-riding)하고 신속히 시장에 진입해 경쟁우위를 창출하려는 중국 토종 민간업체들은 의사 결정 및 전략 실행(시장 진입 및 유통) 과정상의 속도(speed)가 매우 빠른 편이다. 민간기업의 대부분이 개인·사영 기업,[5] 가족기업 혹은 농촌 향진기업 형태를 띠고 있어 국유기업과는 달리 관료적 간섭과 통제가 없는데다가, 경영자가 곧 소유주이자 창업자이기 때문이다. 의사 결정 및 전략 집행 상의 민첩성(agility)은 위조·모방을 시도하다가 적발되었을 때에도 발휘되는데, 해당 업체의 대표와 모방 담당자는 모방·위조품만 남긴 채 도주하여 다른 장소에서 또 다시 모방과 위조를 행하는 소위 '치고 달리기'(hit & run) 전략을 구사하는 경우가 많다.

이들 모방 제품 생산업체들의 대부분은 광둥성 선전(深圳), 훼이저우(惠州), 동관(東莞), 저장성 원저우(溫州), 닝뽀(寧波) 등의 짝퉁 제품 클러스터에 모여 있는데, 주로 기술전문학교, 시장조사센터, 모조 부품·소재 기업 등과 공생(共生) 협력 관계를 이루고 있다. 선전의 경우, 짝퉁 폰 클러스터가 발달해 있고, 모방 악기 제품 생산지로 유명한 베이징 동가오춘(東高村) 공장의 경우 미국, 독일, 이탈리아의 바이올린·첼로 등의 질 좋은 현악기 복제품을 생산해 1/10의 가격에 팔고 있다.[6] 이렇게 생산된 모방 제품은

5_중국국가통계국의 정의에 의하면, 개인기업은 종업원 8인 미만, 사영기업은 종업원 8인 이상의 민간소유 기업을 말한다.

6_동가오춘(東高村)은 인구 3만 3,000명을 가진 광둥성의 소도시인데 정부는 1988년부터 초등학교·유치원 교사들을 가르쳐 바이올린을 만들게 했다. 20여 년에 걸친 시행착오와 노력 끝에 동가오춘은 광둥성 우산시 시챠오(西樵)에 이어 중국에서 두 번째로 큰 현악기 생산기

표 4-2 | 짝퉁 갤럭시 스마트폰 시리즈의 가격과 특징

삼성의 갤럭시 정품		중국시장에 출현한 주요 짝퉁 제품		
브랜드	가격	브랜드	가격	짝퉁 제품의 특징
갤럭시S3	80만원대	HDC갤럭시 S3	20만원대	- 사용자 환경(UI): S3와 동일 - 화면: 정품보다 약간 작음 - 디자인, 색깔 등이 정품과 유사해 구별 곤란할 정도
갤럭시 노트2	70~80만원 (650~750달러)	안드로이드 노트2	17~18만원 (150달러)	- 운영체제: '젤리빈'으로 동일 - 화면: 5.5인치의 큰 화면과 펜 탑재 - 디자인, 색깔 등이 정품과 유사해 구별 곤란할 정도 - 부품: 불필요한 부품 제거; 정품보다 떨어진 사양의 부품 사용

상하이, 베이징, 저장성 이우(義烏) 등에 있는 짝퉁 제품 전문 도매시장이나 가두점과 재래시장, 그리고 알리바바의 타오바오(B2C), 티몰(C2C) 등과 같은 온라인 쇼핑몰에서 판매된다. 품질이 좋은 진품 같은 짝퉁 제품은 수출되기도 하는데, 아이폰5는 중국시장에 출시되기도 전에 짝퉁 제품이 출현하여, 2012년 초에는 미국으로 수출되기도 했다.

그러나 시간이 경과하면 적지 않은 수의 단순 모방 업체나 불법 모방 기업들도 혁신적(고명한) 모방 기업으로 거듭나게 된다. 이 같은 변신에 가장 큰 영향을 미치는 것은 짝퉁 제조업체들 간의 치열한 경쟁 압력(competition pressure)이다. 같은 제품을 놓고도 수많은 불법 모방 업체들이 판매

지로 변해 2009년 5월 말 현재 전 세계 바이올린 생산량의 1/3을 공급하고 있다. 마을에는 9개의 현악기 공장과 150여 개의 소작업장, 500좌석의 콘서트홀, 그리고 바이올린 박물관이 있다. "From a Beijing Suburb, Vibrant String," *The New York Times*, June 26, 2009; CCTV 보도, 2010. 1. 4 참조

단가, 기능 등을 놓고 치열하게 경쟁하기 때문에 제품 유효 수명주기가 짧아지고, 짝퉁 업체라 할지라도 기술 개발과 원가절감 노력을 등한시하면 시장에서 도태된다. 물론 짝퉁 제조·판매를 통해 벌어 놓은 막대한 이윤은 이 같은 창조적 모방자로의 변신을 위한 재원이 된다. 사실 닝뽀버드(波導), 샤신(厦新) 등의 휴대폰 브랜드도 산짜이 업체였다가 집요한 품질 향상 노력을 통해 정품 휴대폰 제조업체로 거듭난 기업들이다.

[사례 1] 애플 모방자에서 혁신자로 변신한 샤오미(小米)

모방자에서 혁신자로 변신한 기업은 매우 많지만, 휴대폰 업종의 경우 2010년 창업된 '샤오미 테크놀로지'(小米科技)가 대표적이다. 이 민간기업의 창업자 겸 CEO는 '중국의 스티브 잡스'로 불리는 1969년생(44세)의 레이쥔(雷軍)이다.[7] 그는 중국판 트위터인 웨이보를 이끄는 찰스 차오, 텐센트를 창업한 마화텅, 알리바바 창업자 잭 마 등과 함께 중국의 '신인류 CEO'로 꼽힌다.

'좁쌀 폰'이란 별명을 갖고 있는 샤오미는 2010년 창업될 때만 해도 다른 산짜이 폰 업체와 크게 다르지 않았다, 그러나 불과 몇 년 안 되어 기능, 디자인, 품질의 개량과 소프트웨어 혁신을 통해 '중국의 애플'로 불릴 정도

7_샤오미는, 모건스탠리가 2011년 말 중국의 20대 소비자를 대상으로 실시한 휴대폰 브랜드 인지도 조사에서 화웨이, ZTE 등 중국 대기업을 제치고 토종 업체로서는 최고인 9위를 차지했다. 2012년 상반기에는 중국의 유수 통신사업자인 '롄통'(聯通)도 샤오미의 제품력을 인정, 2012년 100만대를 구입, 자체 유통망을 통해 팔고 있다. "좁쌀 스마트폰으로 중국인 300만 사로잡은 대륙의 스티브 잡스," 한국경제신문, 2012. 8. 24, B3.

로 매출액이 급증하고 있다. 애플 폰과 비슷하지만 가격이 저렴하고, 기능과 애프터서비스가 좋은 샤오미 폰을 젊은 청년층 소비자는 무척 좋아해 고객들의 충성도도 높은 편이다.

샤오미는 2011년 8월 첫 제품을 출시한 데 이어 곧바로 샤오미 M1, 2 시리즈를 내놓아 출시한 지 8개월 만에 중국 스마트폰 시장점유율을 약 4%(1위인 화웨이는 점유율 5.8%)까지 높였고, 2011년 한 해 동안에 100억 위안(한화 약 1조 7,052억 원)을 넘는 매출 실적을 올려 업계를 놀라게 했다. 아직 1대당 320달러(35만 7,000원) 내외의 저가 스마트폰 시장에 집중하고 있지만, CES 2013에서 공개한 '샤오미 M3'는 그 기본 기능과 사양이 갤럭시 폰에 비해서도 손색이 없을 정도라는 평가를 받은 바 있다.

그 결과, 샤오미는 창업한 지 3년도 안 되어 레노버, 화웨이, ZTE 등의 다른 토종 선도 브랜드들을 위협하게 되었고, 2013년 3분기에는 중국 현지 스마트폰 시장에서 원조 브랜드인 애플을 누르고 6.4%의 점유율로 5위로 올라섰다. 세계 스마트폰 시장에서의 점유율도 2.1%로 11위로 올라섰으며, 기업 가치도 100억 달러(약 11조 원)를 넘어섰다. 샤오미가 2013년 한 해 동안 판매한 스마트폰은 전년대비 무려 160%나 급증한 1,870만 대이다. 이 같은 급성장세는 현지 토종업체 가운데서도 가장 빠른 속도다. CEO인 레이 쥔은 자사 공식 트위터를 통해 "2014년에는 전년대비 2배 이상 늘어난 4,000만대를 팔겠다"고 하면서, "중국을 벗어나 미국과 유럽, 인도 등 세계 시장을 무대로 진출하겠다"고 공언하기도 했다.

흥미롭게도, 샤오미는 생산 라인이나 판매 조직이 없으며, 소프트웨어 개발, 스마트폰 디자인과 공급망 관리 등을 전담하는 1,200명의 직원으로 운용되고 있다. 자체 공장은 있지만 주문받은 물량 전량을 대만업체인 폭스콘(富士康; Foxconn)과 잉화다(英華達)에 위탁 생산하고 있고, 100% 인터넷 사전 예약제를 실시하고 있으며, 광고도 일체 하지 않고 있다.

샤오미가 이처럼 급성장한 데에는 애플, 구글, 삼성전자, 아마존(Amazon)과 델(Dell) 등 글로벌 선도 업체의 전략을 벤치마킹함과 동시에 자체적 혁신 노력을 가미해 중국 현지 시장 니즈에 맞는 현지화된 제품과 경영 방식을 실행하였기 때문이다.

출발 시점에서는 애플의 전략을 노골적으로 모방했다. 애플의 '1년 1모델' 신제품 출시 전략, 공개 직전까지 호기심을 불러일으키는 비밀스런 마케팅 전략, 스티브 잡스 생전의 검은색 터틀넥에 청바지와 운동화 차림의 프레젠테이션 등이 그 예이다. 바로 이런 이유 때문에 샤오미는 현지에서 '중국의 애플' 혹은 '애플 동생'이라고 공공연히 불린다.

물론 애플과 차별화시킨 전략도 있다. 우선, 기초 판매 물량 확보를 위해 애플, 삼성전자보다 훨씬 먼저 중국 최대 이동통신사인 차이나모바일과 손을 잡았다. 둘째, 1년에 단 1개의 스마트폰만 출시하는 것은 같지만, 평균 3~6개월 단위로 운영체제(OS)를 업데이트하는 애플, 구글과는 달리, 샤오미는 주 단위로 보다 자주 OS와 소프트웨어를 업데이트해 주고 있다. 기기 판매보다는 어플리케이션과 콘텐츠 판매를 통해 수익을 올리는 것에 더 많은 신경을 쓰고 있다.[8] 또 애플이 중국 내 애프터서비스 불량으로 매체에서 공격당하는 기간 동안에, 고객과의 긴밀한 의사소통, 대고객 서비스 향상을 위한 사내외 시스템 구축에 노력하는 한편, 혁신 모멘텀을 살리기 위해 개발 인력 간의 교류와 협력을 촉진했다.

이외에도, 아마존으로부터는 사전 인터넷 예약 및 판매 후 고객 평가

8_전자신문, 2013. 10. 15.

시스템을, 델로부터는 주문 생산, 직접 마케팅 방식 등을 배웠다. 그리고 중국판 트위터인 '웨이보'(微博) 등을 통한 입소문 마케팅에 주력하고 있는 것도 삼성전자 등으로부터 마케팅 방식을 배웠기 때문이다.

그러나 샤오미의 놀라운 성과를 모방 전략의 결과로만 봐서는 안 된다. 자체적 원가절감 노력, R&D 투자 확대 및 혁신을 통해 가격을 대폭 낮추면서도 품질과 애프터서비스는 강화하고 있다. 실제로 최근 스마트폰인 Mi3은 고급 사양임에도 불구하고 갤럭시S4나 아이폰5(90만 원대)보다 훨씬 낮은 36만 원대에 팔고 있으며, 온라인 판매에 대해서는 20~30%의 유통 수수료를 깎아주고 있다. 또한 샤오미 전체 직원 4,000명 중 1/4 이상(1,000명 이상)이 R&D 인력이다.[9]

샤오미가 비록 디자인과 특허 침해의 의혹을 받고 있지만 중국 내의 '단순 모방자'가 얼마나 빠른 시간 내에 '고명한 모방자'로 변신할 수 있는지를 보여주는 좋은 사례라고 할 수 있다.

(자료: 한국경제신문, 2012. 8. 24, B3; 전자신문, 2013. 10. 15; The Guardian, January 5, 2014; 조선일보, 2014. 1. 7; 매일경제신문, 2014. 1. 14, B2).

9_매일경제신문, 2014. 1. 14, B2.

2. 피해기업의 문제: 실효성, 거래비용, 꽌시를 고려한 절제된 대응

1) 제품 혁신을 통한 기술 격차 유지 노력 부족

중국에서 지재권 침해 현상이 계속 재발되는 데는 침해자의 모방 전략, 불법 행위뿐만 아니라, 방어자 입장에 있는 정품 생산기업의 소극적 태도와 비효과적인 대응에도 그 원인이 있다.

우선, 정품 생산업체의 입장에서는 지속적이고 잦은 기술혁신을 통해 모방자가 쉽게 따라올 수 없도록 제품·서비스의 차별성과 혁신성 격차를 유지하는 것이 중요하고, 그 필요성은 중국과 같은 신흥 시장에서는 더 크다고 하겠다.

그러나 상당수 중국 내 외자기업의 경우, 중국시장 진입 이후 인식 부족, 본사 지원의 미흡, 재원 부족 등의 사유로 기술혁신을 하지 않거나 그 주기를 너무 늦게 가져가는 경우가 많다. 포스너(D. V. Posner)와 허프보어(G. C. Hufbauer)는 '기술 격차'(technological gap) 때문에 국가 간에 무역이 발생한다고 하였는데, 이는 국가 간은 물론 기업 간에도 적용이 가능하다.

마치 기술 우위에 있는 국가가 기술 열위에 있는 국가에 수출을 지속할 수 있듯이, 특정 업종에서 기술 우위에 있는 외국기업은 기술 열위에 있는 기업에 대해 비가격 경쟁력을 유지함으로써 시장에서 생존 · 발전할 수 있다. 그러나 기술 격차가 축소되어 가격 경쟁에 돌입하게 되면 혁신자보다는 모방자나 추격자에게 더 상황이 유리하게 된다. 따라서 선도 업체는 혁신 격차와 혁신 모멘텀을 지속적으로 살려 나가는 것이 중요한데 중국 내

그림 4-3 | D. V. Posner의 기술 격차 이론으로 본 기술 모방 갭(Gap)

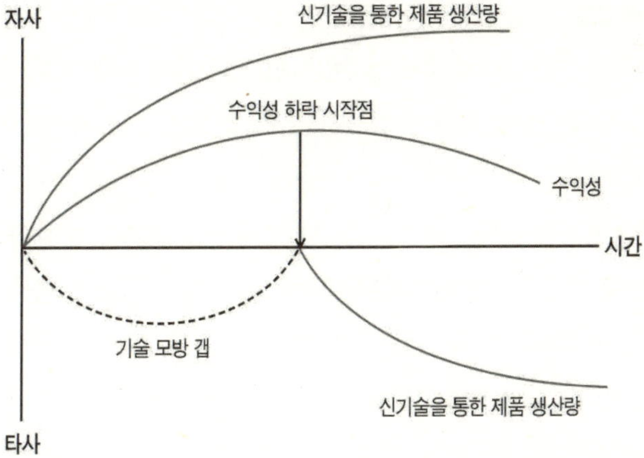

수시장에 진입한 일부 중소기업의 경우 초기의 성과에 안주하는 경우가 많다. 그러나 중국 로컬기업은 이때를 놓치지 않는다. 인기가 많고 수요가 늘어날 것으로 예상되는 상품 · 서비스를 골라 외국 측과 기술 라이선싱, 합자 · 합작, 인수 합병 등을 추진하는 동시에, 불법적 복제와 모방 전략을 사용해 선발 진입 기업과의 기술 격차를 빨리 줄이고자 노력한다.

그리하여 〈그림 4-3〉에서 보는 바와 같이 중국에 조기 진입한 선발 진입자라 할지라도 대담한 모방 전략을 쓰는 경쟁자가 나타나 '기술 모방 갭'이 줄어들게 되면 어느 시점부터는 시장점유율과 채산성이 급속히 하락하게 된다. 토종기업은 모방과 학습, 불법 복제를 통해 선도자의 기술 우위를 잠식하기 때문이다. 따라서 외자기업의 입장에서는 '기술 모방 갭'이 '0'이 되기 전에 신제품, 신기술을 개발해야 하는데, 만일 기존 제품의 시장 장악력에만 의존할 경우 시장에서 도태될 수 있다. 왜냐하면 로컬기업의 경우 상대적으로 인건비, 소재와 부품 가격경쟁력 면에서 우위에 있는데다가 다양한 합법·불법의 기술 추격 전략을 갖고 있기 때문이다. 따라서 현지에서 지속적으로 생존·발전하려면 진입 이후에도 본사의 기술 지원 및 현지 R&D 능력 강화를 통해 제품·모델 혁신 주기를 계속 단축시키는 것이 우선 매우 중요하다.

특히 중국시장의 경우, 소비 트렌드나 고객 선호는 빠르게 바뀌는데 본사의 기술 지원이나 R&D 현지화에는 상당한 시간이 걸리기 때문에 기술 격차 확대의 타이밍을 놓치는 경우가 많다. 기술 교육과 본·지사 간의 인재 교류를 촉진하고 현지 R&D 센터를 설립하여 중국의 기술 표준, 고객 니즈에 맞는 신제품·신모델 출시 간격을 줄이는 것이 기술 격차를 보다 오래 유지하고 유사·모방 제품에 의한 지재권 침해 피해를 줄이는 길일 것이다.

2) 대 정부관계 악화, 반(反) 외국기업 정서 자극에 대한 우려

외국계 정품 제조업체의 두 번째 문제는 중국 중앙·지방 정부와의 관계, 고객의 반(反) 외국기업 정서 자극 등을 우려하여, 지재권 침해에 대해 소극적으로 대응하는 경우이다. 사실 삼성전자나 LG전자 같은 대기업들의 경우, 경영 자원의 한계 때문에 중국 내 지재권 침해 시 대응을 포기하는 경우는 적다. 그러나 행정·사법적 구제의 실효성, 과도한 대응이 초래할 대 정부, 대 고객 관계의 악화 등의 우려 때문에 적극적이고 신속한 대응을 자제하는 경우가 많다. 삼성전자를 예로 들면, 갤럭시S3나 갤럭시노트2 스마트폰이 출시된 지 두 달도 안 되어 중국 가두점 휴대폰 전문 매장에서 짝퉁 제품과 모조품이 버젓이 팔리고 있다는 것을 알았지만, 단속과 처벌을 적극적으로 요구하지는 않았다. 세계 최대의 휴대폰 시장(2011년 기준 2억 5,510만 대)인 중국에서 가격 싼 짝퉁 제품을 소비하는 고객층의 민족주의 심리를 자극할 경우, 자칫 반(反) 외국기업 정서가 자극되어 얻는 것보다 잃는 것이 더 많은 상황이 초래될 수 있기 때문이다. 이 같은 삼성의 태도는 추격자인 화웨이, ZTE, 레노버, 샤오미(小米) 등 로컬 브랜드들에게는 분명히 유리한 시장점유율 추격 환경을 제공해 주었을 가능성이 크다.

3) 침해 예방·적발을 위한 비용 지출 여력 부족

셋째, 지재권 침해의 사전예방과 적발에 들어가는 막대한 거래비용 때문에 대응을 포기하거나 최선을 다하지 않는 기업도 적지 않다. 우선, 불법 특허 출원이나 상표 등록을 막기 위해서는 전리국(특허권), 상표국(상표권), 판권국(저작권) 등에 관련 증거와 서류를 기한 내에 제출해야 한다. 제품 디자인·포장 제조 방법을 위조나 복제가 어렵도록 바꾸는 것도 생각할 수 있는 방법인데 이에도 상당한 연구개발비가 들고 지재권 침해의 적발, 침해 사범의 추적, 관련 증거의 수집 등에도 막대한 모니터링 비용(monitoring costs)이 든다.

또한 지재권을 보다 잘 관리하기 위해서는 기존의 생산·판매 조직 이외에 기술 보안 등 지재권 보호 관련 조직과 시스템을 구축해야 하고, 전문 인력도 교육·훈련시켜 배치해야 한다. 그러나 경쟁 격화, 원부자재 값과 인건비의 상승에 허덕이는 중소기업의 입장에서 지재권 침해 예방과 관리 등에 추가적으로 투입할 인력과 자금 여력이 없는 경우가 많다.

4) 관련 당국에 대한 불신과 낮은 승소 확률

넷째, 지재권 침해에 대한 소극적 대응의 또 다른 이유는 중국의 비효율적이고 관료적인 행정처리 관행, 당·정 논리에 휘둘리는 사법적 시스템에 대한 불신과 관련이 있다. 적지 않은 수의 외자기업들은 자사 상표가 도용당하거나 특허가 침해당하더라도 행정적·사법적 대응을 하지 않는다. 관련 당국에 대한 이의제기 절차가 복잡한데다가, 해결에 많은 시간이 걸린다는 것을 잘 알고 있기 때문이다. 또한 사법적 대응을 위해서는 침해 현장의 증거를 수집해야 하는데, 경찰(公安), 세관(海關) 등 공권력의 협조를 받지 않고서는 지재권 침해 현장 접근 자체가 사실상 어렵고 자체적인 계획 하에 침해 현장에 대한 인력을 투입하는 것도 불법 구금, 협박, 안전사고의 위험이 있어 실행하기가 쉽지 않다.

설령 법원에 고소를 한다 하더라도 반드시 이긴다는 보장이 없고, 이긴다고 해도 소액의 벌금만 부과 받는 경우가 많아 피해 보상이 제대로 되지 않는다. 그리고 승소하더라도 패소한 피고가 즉시 중단 및 피해 보상을 하지 않을 경우에는 외국기업은 또 다른 소송을 제기해야 한다. 이 같은 상황 하에서 외자기업들은 승소의 불확실성이 크고 실효성이 담보되지 않는 재판에 사활을 걸기보다는 재발 방지 차원에서 구두 경고 혹은 서면 경고를 하거나 중재자를 통해 침해자 측과 조용히 합의하는 것을 선호하는 경우가 많다.

5) 짝퉁 제품의 출현을 성공의 징표로 생각

다섯째, 일부 기업은 위조 제품이나 짝퉁 제품의 출현을 중국시장 내

'성공의 징표'(sign of success)로 간주하는 경우도 더러 있다. 짝퉁 제품의 범람은 그만큼 소비자들이 자사 브랜드를 선호하고 있다는 것을 시장이 입증해 준 것이므로 짝퉁 제품 출현 규모가 아주 크지 않은 한 짝퉁 제품의 출현을 좋게 해석하기도 한다. 실제로 자동차, 화장품, 휴대폰 등의 업종에서 브랜드 파워, 기술 우위가 뛰어난 외자기업은 신제품 런칭 직후의 짝퉁 제품의 출현에 대해 심각한 침해가 아닌 이상 감정적인 반응을 하지는 않는 경우가 많다.

6) 좋은 짝퉁 업체는 도와주고 관리하는 '이이제이'(以夷制夷) 전략

더 놀랄만한 일은, 일부 중국기업의 경우 품질이 좋은 짝퉁 제품 제조업체를 살려 품질이 나쁜 짝퉁 제조업체를 고사시키는 소위 '이이제이'(以夷制夷)의 전략을 채택하는 경우도 있다는 사실이다. 이를 위해 정품 제조업체는 한정된 물량만 생산하는 한편, '품질이 좋은 짝퉁' 제조업체의 소재지, 생산, 판매, 유통량을 미리 파악해 놓고 있는 경우가 많다. 중국체제의 특성상 짝퉁 제품을 완전히 없앨 수 없을 바에야 차라리 품질 좋은 짝퉁 제품이 판매되도록 하는 것이 자사 정품의 브랜드 이미지의 훼손에 덜 위협이 된다고 생각하는 것이다. 이 같은 '이이제이' 식 전략을 쓰는 업체들로는 우량예(五糧液), 마오타이(茅苔酒), 쿵푸자쥬(孔府家酒) 등 바이쥬(白酒) 업체나 명품 차(茶) 제조·공급 업체 등 중국 업체들이다. 하지만 2005년 이후에는 '여우표' 울시 티셔츠, 골프웨어를 판매하는 제일모직, 투명 폰을 제조·판매하는 LG전자 등 한국기업도 유사한 전략을 채택한 바 있다.

7) 수요·공급 측 요인에 대한 종합적 분석 미흡

마지막으로, 지재권 침해가 지속적으로 재발하는 데에는 수요·공급 측 요인도 작용한다. P. Chaudhry & S. A. Stumpf(2007)는 설문조사를 통해 상품 위조(counterfeiting) 원인의 56.7%는 공급 측 요인, 35.7%는 수요 측 요인에 기인한다는 분석 결과를 공표한 바 있다.[10] 비록 공급 측 요인이 더 크긴 하지만, 수요·공급 양면을 종합 분석하여 지재권 침해 예방 혹은 사후 대응전략을 세우는 것이 매우 중요하다는 것을 시사해 준다.

문제는, 중소기업의 경우 이 같은 실태조사를 할 수 없는 경영 자원·역량 상의 제약이 있다는 점이다. 설령 조사를 했더라도 조사 결과의 해석, 정책 대응에 관한 부서별 입장이 달라 효과적인 대응을 하지 못하는 경우도 많다. 만일 수요 측 요인이 강해 중국인들이 짝퉁 제품인 줄 알면서도 구매를 선호한다면 기업이 소비자들에게 위조품 식별 방법을 교육·홍보하더라도 기대하는 만큼 정품의 매출액 증대 효과는 없을 것이다. 그보다는 오히려 동종 업계의 협회를 통하거나 다른 외자기업과 공동보조를 맞추어 지재권 관련 법규의 개정, 법규의 엄격한 집행, 위반자에 대한 민·형사상의 처벌 강화 등에 관해 중국 관련 당국에 건의를 하거나 한국정부에 자신들의 어려운 입장을 반영해 주도록 로비를 하는 편이 더 나을 수 있다.

10_P. Chaudhry & S.A. Stumpf(2007), p. 201.

5장

중앙정부의 보호 의지, 성과, 한계

1. 지재권 침해의 사회적 편익과 사회적 비용

1) 지재권 침해의 사회적 편익

중국 중앙정부는 지재권 침해에 관한 정책 수입과 제1차적 감독 책임을 지고 있다. 따라서 중국 중앙정부의 보호 의지와 성과, 한계를 논하기 전에 중앙정부가 왜 지재권 침해를 단속해야 하는가를 사회적 편익(social

*_본 장은 김익수·김병구(2013a), "중국의 지적재산권 정책에 관한 연구: 중앙 정부의 보호 의지, 성과, 한계점을 중심으로,"(김익수 제1저자), 『동북아경제연구』(한국동북아경제학회), 제25권 제3호, 2013. 9. 30, 63~108쪽의 내용을 연구총서의 편집방향과 형식에 맞게 내용을 수정·보완한 것임.

benefit)과 사회적 비용(social cost)의 관점에서 이론적으로 살펴볼 필요가 있다. 왜냐하면, 지재권 침해 단속은 중앙정부가 인식하는 사회적 비용이 사회적 편익보다 더 클 때만 정당화되기 때문이다.

우선, 중앙정부의 입장에서 지재권 침해가 가져다주는 사회적 편익에는 무엇이 있는지 살펴보자. 사회적 편익은 주로 발전도상국의 기술 추격자적 지위, 후발 공업국의 독자적 기술 개발 어려움, 법의 지배가 불완전한 신흥 시장의 특성 등과 많이 관련되어 있다.

중국의 경우, 개혁·개방 이후 연평균 9%를 넘는 고성장을 기록했음에도 불구하고 1인당 GDP는 2012년 말 현재 5,400달러로 선진국과 비교해서는 개인, 가계의 구매력 수준이 낮은 편이다. 그러나 외국 다국적기업들은 고급 브랜드 이미지를 유지하고 초기 R&D 투자비용을 회수하기 위해 개도국 시장에서는 진입 시부터 고가 전략(skimming price strategy)을 채택하는 경우가 많다. 따라서 구매력이 낮은 중산층과 일반 서민들은 정품과 품질·기능이 유사하면서도 값이 저렴한 짝퉁 제품·서비스에 관심을 가질 수밖에 없다. '산짜이' 짝퉁 제품이나 유사품이 인기인 것도 바로 이 때문이다. 토종 정품 업체들도 다국적기업의 제품을 모방하지만 불필요한 기능이나 지나치게 고급스러운 디자인을 없애는 등의 '복잡성 비용'(cost of complexities)을 축소함으로써 서민들의 짝퉁 제품 수요를 충족시키려고 노력하고 있다.

둘째, 지재권 침해는 불법이긴 하지만 적은 비용으로 선진국과의 기술 격차를 신속하게 축소시킬 수 있는 경제적인 대안이기도 하다. 사실 중국 기업은 우주·항공 등 일부 방위산업을 제외하고는 소비재 산업 전반의 기술 수준이 아직은 미국, EU, 일본 등 선진국에 뒤져 있다. 따라서 기업들은 합자·합작(joint venturing)이나, 라이선싱(licensing), 인수 합병(M&A), 기술 직원 스카우트 등 합법적인 수단을 통해 기술을 습득하면서도, 다른 한편으로는 불법적 모방·복제를 통해 기술 학습과 추격에 소요되는 시간·비용을 절감하려 한다. 중국정부도 이 같은 민간기업들의 고충을 잘 알고 있다. 일부 정부 관료들은 지재권 침해 행위가 '감내할 수 있는 범위'(tolerance limit) 내에서 이루어지고 정부가 이를 과도기적으로 눈감아 준다면 학습비용의 절감 등 사회적 이득이 크다고 인식한다. 위조품 제조업체의 입장에서도 연구개발비, 특허권과 상표권, 로열티, 등록비를 절약할 수 있고, 짝퉁 제품 제조·유통 업체는 정품 메이커의 광고와 판촉 활동에 무임승차함으로써 광고·홍보에 들어가는 판촉비를 절약할 수 있을 것이다.

마지막으로, 중앙정부 내에는 기업의 불법 모방과 지재권 침해를 경제발전 과정에서 일어나는 필연적이나 과도기적 현상으로 바라보는 시각도 있다. 기술의 모방과 특허 침해는, 바람직스럽지는 않지만, 관련 산업·기술의 확산, 관련 업종 시장 기반의 확대를 촉진한다는 점에서 장기적·거시적으로 보면 꼭 부정적인 측면만이 존재하는 것은 아니다. 90년대 초 중국에 진입한 MS, 구글 등 많은 외국 다국적 업체들은 선진 제품이나 기술을 출시한 이후 지재권 침해를 묵인·방관하는 소위 '카피 레프트'(copy-left) 전략을 써왔다. 이들은 불법 다운로드 등을 통해 자사 제품·기술의 시장 기반이 광범해지고 고객의 친밀도가 높아질수록 중국 고객이 자사 브랜드의 포로(prisoners)가 된다는 것을 알고, 진입 초창기에는 시장점유율의 빠른 확장을 위해 지재권 침해를 모르는 척하다가, 어느 정도 시장 기반이 다져지고, 충성도가 높아지면 고가 전략을 펼치면서 지재권 보호를 강화하게 된다.[1]

1_물론 신제품 런칭 이후 친숙화 과정이 끝나면 업그레이드(upgrade) 버전을 출시하여 가격을 인상시키는 것이 보통이므로 이 같은 사회적 편익은 영구적인 것이 아닌 단기적인 성격의 것이라 할 수 있다.

이 같은 상황 하에서, 중국정부는 고가 전략과 지재권 보호에 지나치게 집착하는 글로벌 기업들의 탐욕을 비판하면서, 과도기적으로 기업의 지재권 침해를 용인하고 단속을 느슨하게 하는 관대한 입장을 취하기도 한다(Correa, 2005; Shadlen, 2005a). 민간기업, 서민들로 하여금 외국기업의 제품·기술을 보다 싼 값에 이용할 수 있도록 압박하는 동시에, 외자기업에게 중국 내수시장에서의 독과점적 시장 지배자 지위 남용의 기회를 주지 않기 위해서다. 실제로 중국 중앙정부는 개혁·개방 이후 2004년까지 지재권 침해에 대해 비교적 관대한 입장을 견지해 왔다. 즉 ① 중국 소비자의 낮은 소득 수준과 예산 제약을 감안하지 않는 다국적기업의 지재권 보호 집착, ② 단기간 내에 외국의 선진 지식·기술을 흡수·이용해야만 하는 개발도상국 기업의 입장, ③ 성장 잠재력이 큰 특정 IT산업의 시장 기반의 신속한 확대 등의 명분을 내걸면서 일정 기술 수준에 이르기 전까지는 지재권 보호 관련 법규나 정책의 엄격한 집행을 자제해 온 것이다. 지재권 관련 법규를 집행하는 중앙정부 관료들도 공식적으로 언급은 하지 않지만 내부적으로는 지재권 침해의 이 같은 사회적 편익(social benefit) 인식을 인지하고 있다.

2) 지재권 침해의 사회적 비용

그러나 이상의 사회적 편익에도 불구하고, 지재권 침해는 발명자나 기술 개발자의 혁신 의지를 약화시키고 침해 방지 및 분쟁 해결과 관련되는 거래비용(transaction costs)을 증가시키는 등 중장기적으로는 사회적 비용의 증가를 초래한다. 따라서 중앙정부는 지재권 침해에 대해 일시적으로 관용 혹은 묵인의 입장을 취하더라도 이를 장기적으로는 유지할 수는 없다. 〈표 5-1〉은 사회 전체, 발명자, 혁신자, 소비자 등 각 당사자들의 입장에서 인식하는 지재권 침해의 사회적 비용을 개념적으로 정리해 사회적 편익과 대비시켜 놓은 것이다.

(1) 창작과 기술혁신 유인의 감소

우선, 불법적인 방법을 통한 기술 습득이나 상표권 침해는 침해자에게 일시적으로 단기적인 이익을 가져다주지만 위조, 복제, 불법 다운로드 등의 침해 행위는 장기적으로는 창작과 혁신의 유인을 약화시킴으로써 산업·기술 구조의 고도화를 방해하고, 국가경쟁력을 약화시킨다.

특히 발명자, 창작자, 상표권자, 정품 제조·판매 업체는 매출액과 이윤이 감소함에 따라 신기술 개발, 신 브랜드 출시를 위한 투자 자금을 확보할 수 없고 투입된 비용을 회수할 수 없어 경제적 어려움에 처하게 된다. 그러나 그 후에도 피침해 기업은 혁신 유인의 약화로 인한 신제품 출시의 지연, 브랜드 신뢰도의 추락과 이미지 손상(brand dilution), 고객의 이탈, 정품 공장의 조업률 하락에 따른 매출액과 이윤율 하락 등의 2차적인 타격을 입게 된다. 사회도 2차적으로 부정적 영향을 받게 되는데, IT, 바이오, 교육, 오락·문화 콘텐츠 산업 등 지재권 민감 산업의 경우, 시장 잠재력이 위축되고, 고용과 연구개발 투자가 감소한다. 정부 역시 재정수입(매출세, 부가가치세) 및 수출의 증가율 둔화 등으로 간접적으로 2차적 타격을 입게 된다.

과학기술 강국으로의 도약(科技興國)을 꿈꾸는 중국 중앙정부로서 이 같은 부정적 영향은 장기적으로 감내하기 힘든 사회적 비용이 아닐 수 없다.

(2) 보안 강화, 감시·단속, 소송 등 거래비용의 증가

또 다른 사회적 비용은 기업 내 기술 보안의 강화, 해적판 제품·위조품 감시·단속, 지재권 소송비용 등과 관련해 발생한다. 지재권 침해의 확산과 재발을 방지하기 위해서 경찰, 세관, 국가품질감독검사검역국 등 유관기관들은 감시·단속과 관련된 내부 조직과 시스템을 재정비해야 함은 물론, 관련 인원의 채용·교육·훈련에 더 많은 예산을 배정해야 한다.

정품 제조·유통 업체도 기업 내 기술 보안과 지재권 침해 모니터링 시스템의 구축, 짝퉁 제품 식별에 관한 대(對) 소비자 교육·홍보, 디자인과 포장의 개선과 차별화를 위해 보다 많은 비용을 투자해야 한다. 뿐만 아니라, 브랜드 가치 손상에 따른 매출액과 시장점유율 하락을 만회하기 위해 판매업자나 대리점을 구조 조정하고 사후 보상 등의 판매 후 서비스 비용을 지출해야 한다.

위조품이나 짝퉁 제품을 제조·판매한 업자의 경우, 일시적으로 큰 경제적 이득을 볼 수 있다. 그러나 적발되면 중재, 벌금, 민형사 소송 등에 막대한 사후 처리 비용을 지불해야 하고, 소송에서 패소할 경우 1년간의 영업이익을 초과하는 손해배상액을 지불해야 하는 경우가 많다. 이처럼 지재권 침해의 사전예방과 사후 처리를 위해 정부기관이나 지재권 침해기업, 방어기업이 지불해야 할 거래비용은 중앙정부가 지재권 보호 정책을 수립할 때 고려해야 할 사회적 비용이라 할 수 있다.

(3) 소비자의 '역선택'과 시장에 대한 신뢰 약화

소비자의 경우, 짝퉁 제품 구입·사용 이후 일시적으로 후생이 향상되었다고 느낄 수 있다. 예산 절감과 유사물품 소비를 통해 사회 심리적 만족감을 향유하기 때문이다.

그러나 짝퉁 제품인 줄 모르고 구입한 고객의 경우, 해당기업에 배신감을 느끼고 브랜드 전환 충동을 느낄 것이며, 품질 나쁜 유사 제품이나 위조품 구입으로 인해 보건·위생·안전이 위협받을 수도 있다. 정품 기업들이 위·모조품 출현으로 인해 늘어난 재고를 소진하기 위해 가격을 낮출 경우, 시장에 대한 불신과 맞물려 남아 있는 충성스런 고객조차 해당 브랜드에서 이탈할 수 있다.

G. Akerlof(1970)가 얘기한 비대칭적 정보(asymmetric information) 상황에서의 '잘못된 선택'(혹은 역선택; adverse selection)이 중국과 같은 신흥시장에서 자주 나타난다는 점이다. 중국의 경우, 소비자는 구입 대상 상품의 품질과 정품 여부에 관한 정보가 부족하기 때문에 가격 하락을 품질 악화의 신호(signal)로 해석하게 되어 오히려 혁신을 통해 가격을 인하한 정품의 거래가 줄어드는 자원 배분 왜곡 현상이 발생할 수 있다.[2] 이 경우, 정부가 판매 후 보상 제도를 강화하는 등의 법제도적 개입을 하거나 해당기업이 소비자의 불신을 제거·완화하는 소비자 보상 제도 등의 조치를 취하지 않는 한, 가격 인하에도 불구하고 수요가 증가하지 않고 오히려 감소할 수 있다. 결국 고품질 제품(peach, cherries)은 시장에서 사라지고 저질품(lemons)만 난무하는 '엷어진 시장'(thin market) 상황이 초래되는 것이다.

실제로 정보 열위에 있는 소비자가 저질 짝퉁 제품을 소비하는 '역선택'

2_비대칭적 정보 상황 하에서의 역선택과 고품질 제품 시장의 몰락에 관해 자세한 것은 G. Akerlof(1970), "The Market for Lemons: Quality Uncertainty and the Market Mechanism," *The Quarterly Journal of Economics*, 84(2), pp. 488-500 참조할 것.

표 5-1 | 지재권 침해와 관련된 사회적 비용과 사회적 편익

	사회적 비용	사회적 편익
사회 전체(국가)	- 고용, 재정수입(매출세, 부가가치세)의 감소 - 브랜드 공신력 약화로 인한 수출 감소 - 국민 보건 위생 안전의 위협	- 신제품에 대한 친숙화 진행됨에 따른 보급·확산과 시장·산업 기반의 확대 - 불법적 모방을 통한 신속한 기술 학습 및 선발자 기술 추격 시간의 단축
원 개발자/혁신자	- 혁신 유인의 감소	- 모방이 어려운 보다 혁신적인 제조 방법, 포장 방식의 개발 필요성 증대
정품 제조/유통 업체	- 매출액 감소, 시장점유율 하락 - 브랜드 충성도와 브랜드 가치의 약화 - 감시·단속 비용, 소송비 등 거래비용 증가	- 지재권 침해·묵인에 따른 IT, 디지털 콘텐츠 제품·기술에 대한 고객의 친밀도 증가
짝퉁 제조/유통 업체	- 분쟁 중재비, 소송비용의 증가 - 불법 복제의 장기 지속 가능성 희박	- 모방과 지재권 침해를 통한 연구개발비의 절약 - 정품 메이커의 광고, 판촉 활동에의 편승 - 저작권료, 특허권료, 상표권, 로열티, 의장권 등록비 절약
소비자	- 짝퉁 제품을 진품인 줄 알고 구입한 소비자의 시장에 대한 신뢰 약화 - 잘못된 구입으로 인한 보건·위생·안전 상의 리스크 증가	- 정품과 품질·기능이 유사한 값싼 짝퉁 제품, 서비스 구입을 통한 소비 예산의 절감 - 싼값을 주고 산 짝퉁을 외부자가 명품으로 오인하므로 인해 생기는 사회심리적 편익

상황은 중국에서 상시적으로 일어나고 있다. 의도하지 않은 위·모조품 구입, 저질 제품 구입으로 인한 소비자의 배신감은 시장에 대한 불신으로 이어지고, 이는 세일 대상 정품의 구입 외면과 해외에서의 사치재나 명품 소비 증가라는 이중성으로 나타나게 된다. 짝퉁 제품이 많은 국내 시장보다는 해외 명품이 가격이 비싸더라도 품질이 더 낫다고 생각하게 되는 것이고, 해외여행 기회가 많은 중상류층은 해외에서 고가 명품을 안심하고 구입하게 되는 것이다. 실제로 2012년 한 해 동안 중국인 명품 구입의 2/3는 해외에서 이루어진 것으로 알려졌으며, 해외여행자 8,350만 명이 지출한 1,020억 달러(약 115조 원) 중 상당 부분은 보석, 패션 의류, 핸드백, 고가 화장품 등 명품 구입에 쓰였을 것으로 알려지고 있다.[3]

물론 중국 당국도 소비자 불신을 없애고 '시장의 몰락'(collapse of quality-goods market)을 방지하기 위해 여러 가지 법제적·정책적 조치를 취하고 있다. 상무부, 공상행정관리국 등 유관부서는 '제조물책임법', '공평무역법', '영업비밀보호법' 등을 제정·공표, 지재권 보호를 강화하는 한편, 공급자의 품질 관리를 강화하고 자발적 리콜, 무상 수리, 환불, 교환 등 판매 후 서비스 등을 강제하고 있다. 하지만 시장의 신뢰를 회복하는 데는 역부족이다. 결국 시장에 대한 신뢰를 회복시키기 위한 이 같은 제도적·정책적 노력은 모두 사회적 비용이라 할 수 있다.

(4) 보건·위생, 안전에 대한 위협 초래

넷째, 품질이 불량한 소재나 부품을 쓴 유사품이나 위조품, 복제품은 국가의 안전·보건·위생에도 부정적 영향을 끼쳐 사회적 비용을 증가시키게 된다. 〈표 5-2〉는 위·모조품이나 유사 제품으로 인해 중국인이 입은 보건·위생·안전상의 피해 사례를 예시하고 있다.

우선, 국민 보건·위생을 위협했던 가짜 의약품과 저질 음식료품의 대표적인 사례로는 2004년에 발생한 저질 분유와 2008년에 발생한 멜라민 가짜 저질 분유 사건을 들 수 있다. 2004년 가짜 저질 분유 사건의 경우 영아의 머리가 정상 아동보다 2배 가까이 커지는 대두증(大頭症)이 발생해 15명의 영유아가 사망했으며, 산루(三鹿) 등 제조·판매 업체의 책임자는 8년의 징역형을 선고받았다, 그러나 얼마 되지 않아 2008년에는 보다 큰 규모로 허베이성 스좌장(石家庄)시에서 멜라민 성분의 저질 분유 사건이 또 터

3_이와 관련, 루이비통 등 중국에 매장을 개설한 명품 브랜드 업체들은 "중국 매장이 전시장화하고 있다"고 불만을 표출하고 있다. 한국경제신문, 2013. 4. 13일자

표 5-2 | 중국 내 위조·가짜 제품으로 인한 보건·위생 및 안전상의 피해 사례 예시

가짜 제품	날짜; 장소	보건상의 문제점	기타 가짜 제품 판매 및 유통 관련 사항
가짜 백주	2004년 1월; 광둥성	메탄올 중독으로 뇌와 장기 손상	- 폭리를 취할 목적으로 공업용 알코올인 메틸알코올을 곡주에 섞는 방법으로 50여 *l* 의 가짜 술을 만들어 '순(純)구이린(桂林) 곡주'라는 이름으로 판매
가짜 샤브샤브 양고기	2011년 1월 11일; 장수성 난징(南京)의 육류 도매시장	인체에 유해한 화학첨가제, 중금속 함유	- 훠궈(火锅) 음식점에서 판매하는 훠궈용 양고기 1인분은 15위안이지만 가짜 양고기는 4위안이면 구매 가능. - 훠궈 음식점 가운데 80%가 인체에 유해한 화학첨가제와 중금속, 마약까지 들어간 수프를 사용
멜라민 가짜 분유	2004년; 간수성 2008년 8~11월; 허베이성 스좌장시	유아 대두증, 신장 결석, 신부전증	- 산루(三鹿 奶粉), 멍뉴(蒙牛), 이리(伊利), 광명(光明) 등 21개 유명 분유 등 유제품에서 멜라민 검출, 7,000톤의 분유 폐기. - 5만 3,000명의 신장 결석, 신부전증 환자 발생, 15명의 영유아 사망, 수백 명 비뇨기과 질환으로 입원
짝퉁 엘리베이터	2004년; 상하이	추락 위험	- 조악한 부품을 사용해 만든 짝퉁 엘리베이터가 층 사이에 멈춰 안전사고 발생

자료: 매일경제신문, 2008년 10월 1일자; 연합뉴스, 2008년 10월 16일자; 기타 중국의 각종 언론매체 및 인터넷 자료를 참조하여 저자가 작성.

져 6명의 영유아가 사망하고 5만 3,000여 명이 신장 결석·신부전증에 시달려야 했다.

가짜 술과 담배로 인한 피해도 극심하다. 중국소비자협회가 2012년 중국 전역에서 접수한 총 54만 3,000건의 소비자 고발 사건을 분석한 결과, 가짜 술·담배로 인한 피해 비율이 전체 구입자의 20%에 달했다.[4] 2004년에는 광둥(廣東)성에서 공업용 알코올로 만든 가짜 백주(白酒)를 마신 사람 14명이 사망하는 사건이 발생했다. 둥완(東莞)시에서만 4명이 숨져 리주칭

4_新華網, 2013. 2. 20; 연합뉴스 2013. 2. 20.

(李久清)이라는 한 악덕업자는 2005년 12월 7일 둥완시 1심 법원인 중급인민법원으로부터 사형을 선고받기도 하였다. 이외에도 폐사한 동물의 내장으로 만든 가짜 식용유, 공업용 광택제를 입힌 묵은 쌀, 공업용 산소를 넣은 산소 호흡기 등 이루 헤아릴 수 없이 많은 유해 식품으로 인해 많은 인명 피해가 발생했는데, 대부분이 짝퉁 소재나 불량 재료를 쓴 것이다.

짝퉁 부품 사용으로 인해 안전이 위협받는 사태도 자주 발생하고 있다. 짝퉁 부품으로 조립한 자동차의 사고, 가짜 부품을 사용한 승강기 추락 등이 그 예이다. 2004년 상하이에서는 엘리베이터가 층 중간에 자주 선다는 연락을 받고 미쓰비시사가 자사 승강기를 보수하기 위해 검사원을 보냈는데, 조사 결과 불량·가짜 부품을 조립한 짝퉁 엘리베이터인 것으로 밝혀졌다.[5]

더 심각한 것은 중국산 지재권 침해 제품이 해외로 수출되어 외국인의 안전과 보건까지 위협하고 있다는 점이다. 파나마에 있는 파나마시티 병원은 1995년 9월 상하이 인근 도시인 헝샹(恒祥)의 한 화학약품 제조업체로부터 수입한 감기 시럽을 환자들에게 복용시켰는데, 환자들의 대부분이 신체 일부의 기능 정지와 마비, 호흡 곤란 증세를 겪었고, 이중 100여 명은 사망하였다. 조사 결과, 중국 악덕업체가 감기 시럽병의 성분 표시와는 달리 기침약이나 해열제용 '글리세린' 성분이 아니라 값이 절반에 불과하고 자동차 부동액 등에 쓰이는 독성 화학물질인 '디에틸렌 글리콜'(DEG)을 넣은 것으로 밝혀졌다.

2007년 발생한 미국 내 중국산 짝퉁 콜게이트 치약 사건은 '메이드 인 차이나' 상품 거부 운동을 확산시키는 계기가 되었다. 중남미 여러 국가에

5_Balfour et al.(2005), "Fakes!" 참조.

서 중국산 치약의 품질 문제가 보도되자 미 FDA는 뉴욕과 뉴저지, 펜실베이니아, 메릴랜드 주 등의 주요 대도시에서 판매되고 있던 중국산 짝퉁 콜게이트 치약의 샘플을 수거하여 화학성분을 조사·분석했다. 분석 결과, 치약 제품 중량의 3%까지 독성 화학물질인 DEG가 함유된 것이 확인되었다. FDA는 중국산 치약 사용의 즉각적인 중단을 권고하는 한편, DEG가 들어간 치약의 미국 내 반입을 막기 위해 긴급 수입 경고 조치까지 발동했다.[6]

같은 해 4월에는 중국에서 수입된 밀 단백이 들어간 펫 푸드(애완동물 사료)로 인해 미국에서 최소 100여 마리의 애완견과 고양이가 죽었다. 중국산 펫 푸드에 대한 대규모 리콜이 이어졌고 미–중 간 통상 분쟁의 원인이 되기도 했다.[7] 이들 펫 푸드의 상당량은 소규모의 중국 도시 근교의 영세한 가족기업이나 농촌의 향진기업이 저질 짝퉁 재료를 배합해서 만든 사료였다.

이처럼 명품 브랜드 위주로 이뤄져오던 '중국산 짝퉁' 문제가 이제는 국민과 반려동물의 보건·건강에 영향을 미치는 식·의약품과 일용품, 펫 푸드 등의 분야로까지 번지자 전 세계가 중국산 제품에 대한 우려의 시선을 보내고 있다. 품질 불량과 짝퉁 제품 문제가 잇달아 터지자 미국과 영국 등지에서는 소비자단체나 일부 블로거(bloggers)들이 중국산 구입을 거부하는 소위 '차이나프리'(China-free) 캠페인까지 벌였다.

문제는 가짜나 위조품 제조·유통 업체의 대부분이 정식 등록되지 않은

6_FDA는, "DEG에 지속적으로 노출되면 어린이는 물론이고 신장병 또는 간 기능 장애가 있는 사람들에게 잠재적인 위험이 발생할 수 있다"고 경고하였다.

7_멜라민은 유독성 화학물질로 플라스틱이나 화학비료를 만드는 데 주로 쓰인다. 매일경제신문, 2012. 4. 9; 연합뉴스 2007. 4. 25; 동 자료 2007. 5. 29.

무허가 업체이고 저질 짝퉁 식·의약품으로 인한 실제 피해는 언론에 보도된 것보다 훨씬 더 많을 것이라는 데 있다. 유사품이나 위·모조품이 많을수록 보건·안전상의 피해를 예방 혹은 해결하기 위한 의료비용과 산업재해비용, 보험료 등이 더 많이 지출된 것이므로 이 역시 지재권 침해의 사회적 비용이라 할 수 있다.

(5) 국격과 국가 브랜드 이미지의 추락

시장에 대한 신뢰의 붕괴, 보건·안전 위협 리스크의 증가 등과도 밀접히 관련되어 있지만, 지재권 침해는 궁극적으로는 국격과 국가 브랜드 이미지를 추락시키는 폐해를 낳는다. 짝퉁 제품의 수출, 소프트웨어나 영화, 드라마, 음악 등 문화콘텐츠 상품의 불법 다운로드는 1차적으로는 발명자나 원 창작자에도 피해를 끼친다. 또한 피침해 제품·서비스와 직간접적으로 연관된 전·후방 연관 산업의 발전 저해, 대체재 업종 혁신 유인 약화를 초래하고, 최종적으로는 그 같은 침해 제품을 생산·수출한 국가의 위신과 이미지까지 실추시키게 된다.

아이러니컬하게도, 중국은 2012년도 글로벌 포춘(Fortune) 500 목록에는 중국기업이 73개나 올라 있다. 이 같은 기업 숫자는 1위 미국(132개) 다음이며, 일본(68개), 독일, 프랑스(각 32개), 한국(13개)보다도 많은 숫자이다. 그러나 중국 밖의 해외 고객들 중 얼마나 많은 기업이 고객의 보건과 안전을 진정으로 존중하는 윤리·준법 경영을 통해 시장 가치를 창출하였는지에 대해 선진국이나 수입국 소비자들은 매우 낮은 신뢰를 갖고 있을 것이다. 글로벌 포춘 500 기업의 순위는 사회 공헌도, 기업 윤리, 혁신도, 창의성이 아니라 계량화가 쉬운 매출액과 순자산 규모에 의해 순위가 정해지는 맹점을 알고 있기 때문이다.

결론적으로 아직도 많은 사람들은 중국하면 '짝퉁의 천국' 혹은 '싸구려 불량 제품 수출 대국'을 연상하고 흔쾌히 '메이드 인 차이나'(Made in China) 제품을 안심하고 구입하는 선진국 중상류층 고객은 많지 않다는 점이다. 이 같은 짝퉁 국가 이미지는 2008년 베이징 올림픽을 계기로 G2 국가 중 하나로서의 국격을 고양하고 중국어와 중국 표준의 보급 및 문화상품 수출을 통해 소프트 파워(soft power)를 키우려는 중국정부에게는 재앙이 아닐 수 없다.

이상을 종합해 볼 때, 개념적으로 중국 내 지재권 침해는 사회적 편익보다 훨씬 더 많은 사회적 비용을 야기한다는 것이 명확해 졌다. 2012년을 기점으로 중국이 미국을 제치고 세계 제1의 무역 대국으로 부상한 이상, 중앙정부로서도 지재권 침해를 더 이상 소홀히 다루거나 묵인할 수 없는 문제라 할 수 있다.

2. 지재권 보호 강화의 직접적 계기

1) 제반 협정·협약 준수와 지재권 분쟁의 회피

앞에서는 사회적 비용·편익의 비교를 통해 지재권 침해 규제의 이론적 정당성을 도출했다. 그러나 실제로 정부가 지재권 침해에 대해 실질적인 대응 조치를 취하는 것은 별개의 문제이다. 중국을 비롯한 각국 중앙정부는 국내외 정치·경제적 상황을 종합적으로 감안하여 예방·시정·처벌 등의 대응 조치를 취하기 때문이다. 예컨대 중국 중앙정부는 90년대 후반부터 지재권 침해 단속을 대폭 강화하였는데 지재권 보호 강화에 관한 외부 압력도 있었지만 지재권 사회적 비용이 사회적 편익보다 크다고 판단했음은 분명하다.

그러나 정책 대응은 매우 느린 속도로 신중하고도 단계적으로 이루어졌다. 당·정 지도부의 대응 방향이 결정된 다음, 상무부, 국가지식산권국, 전리국(특허), 판권국(저작권), 공상행정관리국(상표) 등 유관부서 간의 정책 조율을 거쳐야 하기 때문이다. 다만, 중앙 차원의 법 개정과 단속 활동은 지속적으로 이루어지고 있는데, 1998년의 경우를 예로 들면 상표법 개정이 이루어진 뒤에 곧바로 특허법, 저작권법 및 동 시행세칙 개정안이 마련되었고 경찰, 세관, 국가품질관리감독검역국 등 중앙정부 유관부서를 통해 지재권 침해에 관한 대대적인 단속과 감독 강화 활동이 전개되었다.

중국 중앙정부가 이처럼 지재권 침해 단속에 대해 과거보다 적극적인 태도로 전환한 배경에는 다음의 다양한 요인이 작용하고 있다.

우선, 중앙정부는 WTO 협정과 지재권 관련 국제 협약·조약 등을 준수함으로써 국가 위신을 지키고 지재권 분쟁을 회피하려 한다. 국가 간의 지재권 분쟁은 분쟁 당사자가 어떤 제도적 틀 안에서 소를 제기하는가에 따라, ① 다자 간(multilateral)의 분쟁, ② 수자 간(plurilateral)의 분쟁, ③ FTA 등 지역통합체 내(regional)의 분쟁, ④ 쌍무 간(bilateral)의 분쟁으로 나뉜다. 한국과는 FTA가 체결되지 않았으므로 다자, 쌍무 간의 협의로 문제를 풀 수밖에 없고, 항공, 정부 조달 등에 관해서만 수자 간 협의를 통해 분쟁을 해결한다. 그러나 그 중에서도 WTO 분쟁해결기구(DSB: Dispute Settlement Body)를 이용한 해결을 가장 많이 쓰고 있다.

중국은 2001년 12월 11일에 WTO 공식 회원국이 되었으므로 지재권 보호 관련 국내 법규·정책·관행을 WTO의 무역 관련 지재권 협정인 TRIPs(Trade-Related Aspects of Intellectual Property Rights) 협정에 부합시켜야 할 의무를 진다. 특히 TRIPs 협정의 투명성 규정(transparency provisions)에 따라 국내 지재권 관련 법규·정책·관행과 그 변동 내용은 TPRM (Trade Policy Review Mechanism) 규정에 따라 2년마다 한 번씩 정례적으로 WTO 사무국에 보고하고 다른 회원국에도 고지해야 하며 효과적인 집행 메커니즘을 갖춰 지재권을 보호할 책무도 지닌다.[8] 또한 〈표 5-3〉에 보는 바와 같이, 저작권에 관한 베른협약(Berne Convention), 특허권 등 공업 소유권에 관한 파리협정, 상표권에 관한 마드리드(Madrid)협정 등 중국이 체약국으로 서명한 제반 지재권 관련 국제 협정을 준수해야 할 국제법적 의무도 있다.

또한 중국정부(지방정부 포함)나 기업이 '무역 관련 지재권 협정'(TRIPs) 등을 위반하였거나, 위반하지 않았더라도 잘못된 정책·관행으로 타 회원국의 이익을 침해하거나 무효화시켰을 때는 중재를 통해 해결을 시도해야 한다. 만일 중재 절차를 통해서도 합의에 이르지 못할 경우, 중국의 지재권 침해로 인해 이익이 무효화되거나 피해를 입은 회원국은 WTO 산하의 DSB에 관련 패널 구성을 요청할 수 있고, 패널은 규정된 시한 내에 평결을 내려야 한다. 물론 중국이 패널의 평결에 불복할 경우, 상소기구(Appellate Body)에 대한 항소가 가능하지만, 이를 수용하거나, 상소기구에서도 패소 판결을 받으면 반드시 보상 혹은 시정 혹은 원상회복 조치를 취해야 하고,

8_중국의 WTO 가입에 관한 자세한 내용은 http://www.wto.org/english/thewto_e/countries_e/china_e.htm을 참조할 것.

표 5-3 | 중국이 가입한 지재권 관련 국제 협약

조약/협약 명칭	관련 지재권 분야	가입일자	비고
Berne Convention	저작권	1992. 10. 15	
Budapest Treaty		1995. 7. 1	
Locarno Agreement		1996. 9. 19	
Madrid Agreement	상표권	1989. 10. 4	1995. 12. 1. 개정된 마드리드 협약에도 서명
Nice Agreement		1994. 8. 9	
Paris Convention	특허권	1985. 3. 19	
Patent Cooperation Treaty	특허권	1994. 1. 1	
Phonograms Convention		1993. 4. 30	
Singapore Treaty			
Strasbourg Agreement		1997. 6. 19	
Trademark Law Treaty	상표권		
UPOV Convention		1999. 4. 23	
Washington Treaty			
WIPO Convention	지적재산권 전체	1980. 6. 3	
WIPO Copyright Treaty	저작권	2007. 6. 9	
WIPO Performances and Phonograms Treaty	공연과 녹음	2007. 6. 9	

자료: WIPO 웹사이트(http://www.wipo.int/treaties/en/ShowResults.jsp?search_what=C&country_id=38C)

그렇지 않으면 상대국으로부터 보복을 받게 된다.

실제로 미국 정부는 2009년 1월 중국이 TRIPs 협정문 제61조에 나와 있는 '해적 행위(piracy)나 위조(counterfeiting)에 대한 형사처벌 의무'를 제대로 이행하지 않고 있다면서 중국을 DSB에 제소하였다. 비록 미국의 주장이 패널에 의해 전부 받아들여지지는 않았지만, 중국은 패널의 평결 내용에 따라 베른협약과 TRIPs 협정에 부합되도록 국내 저작권법과 관련 조

지재권 보호를 둘러싼 미·중 간의 신경전

미·중 간의 지재권 분쟁은 90년대 초부터 시작되었다. 미국 무역대표부(USTR)는 '종합무역법'(The Ombnibus Trade Act)의 스페셜 301조(Special 301) 규정에 따라 매년 주요 무역대상국을 조사하여 지재권 보호 내용을 평가한 다음 만족스럽지 못하면 우선협상대상국(PFC: Priority Foreign Country), 우선감시대상국(PWL: Priority Watch List), 감시대상국(WL: Watch List)으로 구분하도록 되어 있다. PFC로 지정된 국가는 USTR과 6~9개월에 걸쳐 지재권 보호 협상을 개시해야 하고 협상이 결렬되면 분야를 건너뛴 무차별 교차 보복(cross-retaliation)을 감수해야 한다. 중국의 경우 1991년 PFC로 분류된 이후, USTR과 1992, 1995년 두 차례에 걸쳐 지재권 침해 단속 미흡과 관련된 갈등과 분쟁 끝에 지재권 보호 협약을 체결한다. EU도 지재권 침해에 관한 한, 강도의 차이는 있으나, 미국과 같은 입장이었다. 결국 중국은 국내 지재권 법규를 보완하고 단속·처벌을 강화하였고, 이를 인정받아 2005년 4월 29일에는 한 단계 낮은 감시 단계인 PWL로 재분류되게 되었다.

그 후에도 미국정부는 중국에 대해 지재권 시장 접근에 관한 제반 제도의 개선과 지재권 침해 단속의 강화를 줄기차게 요구했다.[9] 이 같은 해외의 비판과 압력은 중국 자체의 필요와 맞물려 중국정부로 하여금 TRIPs 협정 의무를 충실히 이행하고 분쟁의 재발을 막도록 하는 다양한 정책적 조치의 도입·실행을 촉진하였다.

우선, 2011년 10월 국가지식산권국 산하에 지재권 보호 전담 부서를 설치, 위조품의 생산·유통을 방지하고 저작권 침해 단속을 위한 행정력 동원과 법적 통제를 강화했다. 실제로 당시 중국 상무부 부부장(차관) 장쩡웨이(姜增偉)는 관련 법규를 개정하고 법 집행 시스템을 개혁하는 한편, 2012년 초부터 가짜 의약품과 가짜 담배, 해적판 소프트웨어, CD 등을 보다 엄격히 단속하고 각 지방정부의 지적재산권 침해 단속 성과를 과거보다 면밀히 모니터링하기 시작했다.

그러나 중국의 이 같은 지재권 보호 노력에도 불구하고 미국과 EU 등 선진국 정부는 아직도 만족하지 못하고 있다. 미 소프트웨어산업협회(BSA; Business Software Association)의 2011년 10월 발표 자료에 의하면, 2010년 한 해 동안 중국에서 판매된 전체 소프트웨어의 78%가 불법 복제된 것으로 알려지고 있는데, 이 같은 수준은 전 세계 평균 불법 복제율(42%)을 크게 웃도는 수준이다. 소프트웨어 개발업체의 손실이 눈덩이처럼 커지자, 미국정부는 중국 당국에 대해 보다 엄격한 단속을 요구하고 있다.

(자료: 네이버 검색 결과; "中 '위조 상품' 대처 강화 약속," The Financial Times, Dec. 13, 2011; http://www.yonhapnews.co.kr/international/2011/12/14/0603000000AKR20111214108700009HTML)

례를 개정할 수밖에 없었다. 특히, "상표가 제거된 위조·복제품의 해외 수출 묵인 관행을 혁파하고 통관 절차를 강화하라"는 평결에 따라 이들 위·복제품의 수출을 금지하게 되었다.[10]

이외에도 중국은 아세안(ASEAN), 호주 등의 국가와 각종 무역자유화 협정을 체결하였으므로 자유무역협정(Free Trade Agreements), 관세동맹(Customs Union), CEPA(Closer Economic Promotion Agreement) 등에 포함

9_미국의 지재권 관련 통상 법규 'Special 301조'는 미국 국내법이면서도 역외국에까지 적용되는 특성을 지니고 있다. 동 조항은 WTO의 TRIPs가 요구하는 수준보다 훨씬 더 높은 수준의 지재권 보호를 상대국에게 요구한다. 미국 무역대표부(USTR)는 미 의회의 위임을 받아 매년 외국의 지재권 보호 실태를 조사한 다음, 조사 대상국을 우선협상대상국(PFC), 우선감시대상국(PWL), 감시대상국(WL)으로 분류한다. 중국은 1991~2004년 기간은 PFC로 분류되었다가 2005년부터 9년 연속 PWL 목록에 포함되어 있다.

10_WTO(2009), Dispute Settlement: Dispute DS362 China 참조.

된 지재권 보호 관련 협정 조문과 부속서를 지켜야 한다. 아·태 지역 6개국 간 무역협정(APTA: Asia Pacific Trade Arrangement) 혹은 방콕협정의 경우 한·중 양국이 회원국이긴 하나, 이 협정에는 특혜관세(preferential tariff)나 GSP(Generalized System of Preferences)만 규정돼 있고, 지재권 분쟁 해결 관련 조항이 없어 분쟁 해결에 도움이 되지 못한다.[11] 따라서 한·중 간에 지재권 분쟁이 발생할 경우에는 WTO 메커니즘을 통해 해결하거나 쌍무 간의 통상외교적 노력을 통해 해결하는 수밖에 없다.[12]

발생 빈도로만 보면, 지재권 분쟁은 쌍무 간에 더 자주 발생한다. 90년대 이후 미국, EU 등 서방 선진국은 여러 차례에 걸쳐 중국산 침해 제품으로 인한 피해에 대해 중국정부에 강력히 항의했고, 초·다국적기업들도 본국 정부를 통해 단속 강화를 요구한 바 있다. 선진국 다국적기업들이 이처럼 지재권 피해에 민감하게 반응하는 것은, 이들이 전 세계 특허의 86%를 보유하고 있고 특허 로열티의 97%를 수령하고 있어서 지재권 침해가 곧바

11_방콕협정은 ESCAP 주관 하에 한국, 중국, 인도, 방글라데시, 라오스, 스리랑카 등 아시아 6개국이 체결한 무역협정으로 2006년 9월 1일부로 그 명칭이 아시아·태평양 무역협정으로 변경되면서 협정 내용도 개정되었다. 개정 협정에 따르면, 한국, 중국을 포함한 협정 국가 기업은 원산지 증명을 제출할 경우 합의한 품목들에 대해 일반관세보다 낮은 특혜관세를 적용받도록 되어 있다.

12_중국이 ASEAN과 체결한 상품협정(2005. 7), 서비스협정(2007. 7), 투자협정(2010)은 발효 중이고, 홍콩, 마카오와는 경제긴밀화 협정(CEPA: Closer Economic Partnership Arrangement; 2003년 1월; 2011년 12월 보충 협상)을 체결했으며 대만과 체결한 경제협력 기본협정(ECFA: Economic Cooperation Framework Agreement; 2010년 9월 발효) 역시 발효 중이다. 이외에도, 중국은 칠레와 상품 및 서비스 협정을, 파키스탄과는 상품 투자 및 서비스 협정을 체결하였고, 뉴질랜드(2008년 10월 발효), 싱가포르(2009년 1월 발효), 페루(2010년 3월 발효), 코스타리카(2011년 8월 발효)와도 FTA 협정을 일괄 타결한 바 있다. KIEP 『오늘의 세계경제』, 2012. 5. 11, 4쪽 참조.

로 막대한 경제적 손실로 연결되기 때문이다. 특히 자신들의 지식 기술역량이 강한 IT서비스, 통신, 금융 등의 분야에 대해서는 중국 측이 시장 개방 폭을 넓히고 지재권 보호에 보다 철저히 대응하도록 집요하게 요구하고 있다(Shadlen, 2005a; 2005b).

이처럼 지재권 침해는 다자 간, 수자 간, 지역 간, 쌍무 간에 분쟁을 야기한다. 지재권 분쟁을 해결하기 위해서는 중재비, 자문료, 소송비 등 막대한 거래비용이 든다. 또한 협정 위반에 대한 교차 보복, 약속 불이행으로 인해 투자 유치와 수출 증대에 2차적인 피해가 발생하고, 국가의 위신과 브랜드 이미지도 실추되게 되어 있다. 따라서 중국 중앙정부로서는 WTO 협정과 각종 지재권 관련 국제 협정 협약을 준수함으로써 지재권 분쟁 발생을 사전에 예방하고 지재권 단속을 철저히 함으로써 국가적 위신과 브랜드 이미지를 지키려는 유인이 강하다고 할 수 있다. 즉 지재권 분쟁 회피 심리는 중국 중앙정부로 하여금 지재권 보호에 관한 관리·감독을 강화하게 하는 일종의 '외부적 압박'(external pressure)이라고 할 수 있다.

2) '자주혁신'형 성장 전략으로의 전환

지재권 보호를 강화해야 할 중국 내부의 유인도 점차 강해지고 있다. 중국정부는 제10차 5개년 규획(2001~2005) 수립 시 자주혁신(自主創新)을 제시하였다. 제11차 5개년 규획(2006~2010)에서는 산업·기술 구조의 고도화와 '과학기술 진흥을 통한 부국 건설'(科技興國) 전략을 중간 목표로 설정하였다. 특히 IT, BT, 신소재, 에너지 절약 등 7대 첨단산업과 고부가가치 서비스 산업의 육성을 강조하고 있는데 이들 업종에 외국인 직접투자를 보다 많이 유치하기 위해서는 지재권 보호가 철저해야 한다.

중국정부가 이처럼 자주혁신 목표를 강조하는 데는 다음 여러 가지 요인이 복합적으로 작용하고 있다.

첫째, 과학기술의 진흥을 통해 경제 부국을 건설함으로써 '역사상 누렸던 중화(中華)의 지위'를 2050년까지 회복한다는 목표에 대한 당·정 지도부 내부의 공감대가 형성되어 있다. 이와 관련, 개혁·개방 초기부터 4개 현대화 정책이 추진되었으나, Paul Krugman(1994)이 얘기했듯이 90년대 전반까지의 중국의 고성장은 80년대 다른 동아시아의 국가들이 사용했던 생산 요소의 투입량 증대에 의존하는 '외연적 성장'(extensive growth) 방식이었다. 그러나 노동력과 자본 스톡이란 두 생산 요소의 투입량 증가에 의존하는 생산 방식만으로는 디지털 시대의 승자가 될 수도 없다.

또 환경오염, 인구의 고령화 추이 등을 감안할 때, 외연적 성장 방식은 지속 가능하지도 않다. 실제로 중국의 부양율(65세 이상 고령인구 / 생산활동인구)은 빠르게 상승하고 있어 2050년이 되면 부양대상인구 / 생산가능인구 비율이 50% 이상으로 올라간다. 더욱이 2008년 '신 노동계약법' 발효 이후에는 임금마저 매년 15% 이상의 빠른 속도로 상승하고 있어서 기술혁신 및 제도 개혁에 의한 생산성 및 효율성 향상을 추구하는 '내포적 성장'(inclusive growth) 방식으로의 전환이 더 절실해 졌다.[13] 실제로 2008년 미 금융위기 이후부터는 그 동안 중국경제 고성장의 견인차 역할을 해왔던 수출·투자 모두가 한계에 봉착하게 되었다. 수출은 글로벌 금융위기와 유

13_Krugman, Paul(1994). "The Myth of Asia's Miracle". *Foreign Affairs*, Dec. 1994; (www.foreignaffairs.org). http://www.foreignaffairs.org/19941101faessay5151/paul-krugman /the-myth-of-asia-s-miracle.html.

럽 재정위기 등 선진국 경기 둔화의 직격탄을 맞았고, 투자는 불확실한 경기 전망, 인프라 투자 증가율의 둔화, 지방 부채의 증가로 인해 기존의 20% 증가율 유지도 어렵게 되었다. 이에 따라 중국이 소위 '루이스 전환점'(Lewisian Turning Point)을 지나 임금이 급상승하면서 가격 경쟁력이 하락하는 '중진국 함정'(middle-income trap)에 빠진 것이 아니냐는 지도부 내부의 우려가 커지게 되었다.

그리하여 중국 지도부는 90년대 후반부터 '세계 공장의 지위'에 만족하지 않고 자체 기술 개발과 기술 도입 노력을 통해 산업·기술 구조의 고도화와 창의경제의 건설을 도모하는 소위 'Creation in China' 전략을 추구하게 되었다. 실제로 중국은 에너지, 우주·항공, 방위산업 등 일부 업종을 제외하고는 거의 모든 소재 및 첨단 부품산업에 관해 서방 기술에 대한 의존도가 매우 높은 편이다.[14] 업종별로는 제약·바이오, IT 소프트웨어 산업의 경우 혁신보다는 모방과 복제 전략을 많이 사용함에 따라,[15] 매년 막대한 금액을 기술 특허 로열티, 라이선스료 등으로 지출해 서비스 수지의 악화를 겪어 왔다. 뿐만 아니라 이들 복제·모방 추구형 기업들은 제조원가 상승 부담을 소비자에게 전가시킴으로써 소비자 후생(consumer welfare)까지 악화시키고 있다. 이 같은 배경 하에서 중국정부는 자주혁신 노력 강화를

14_지식·기술 국제적 이전의 사회적 비용(social cost)에 관한 연구를 많이 한 세계은행의 Chuandhuri et al.(2004)와 Nogues(1993)에 따르면, 1995년 1월 WTO 협정(TRIPs 협정을 포함하고 있는) 발효 이후, 중국, 인도, 브라질 등 후진국이 미국, EU, 일본 등 선진국에 지불한 지식기술 비용은 연평균 약 410억 달러에 달하는 것으로 나타났다.

15_남-북 간의 '이윤 이전'(profit transfer)은 업종별로 그 규모나 패턴이 다르게 나타나는데, 국민의 보건·위생과 직결되는 제약·바이오 산업의 특허지식 이용료 증가 속도가 워낙 빨라 TRIPs 협정 발효 이후 후진국의 제약 관련 특허지식의 사용 비용이 약 6배나 증가한 것으로 조사되었다. 이에 관해 자세한 것은 Correa(2005) 참조.

통해 기술 자립도를 높이는 전략을 적극 추진하게 된 것이다.

자주혁신 정책 추진의 두 번째 이유는 90년대 이후 자체적으로 개발된 발명특허와 브랜드 상품·서비스의 급증과 무관하지 않다. 다국적기업의 R&D 현지화 전략 추구, 토종기업의 기술역량 강화, 대학 및 연구소의 연구 성과 상업화 노력 확대 등에 따라 중국 내 발명특허, 저작물, 창작품 생산이 급증하면서 중국 내에서 창출된 지재권을 보다 철저히 보호할 필요가 커진 것이다. 일반적으로 개발도상국의 1인당 GDP 수준이 5,000달러 대를 넘어서면 오리지널한 제품 설계와 특허, 자체적인 상표, 소프트웨어, 디지털 콘텐츠의 개발이 급증하는데, 중국의 경우 1인당 GDP가 2010년 말에는 4,500달러대를 넘어섰고 2012년에는 5,400달러에 달하게 되었다. 특히 베이징, 상하이, 선전, 텐진 등 특대도시의 경우 이미 1인당 GDP 수준이 1만 달러를 돌파하여, 많은 로컬기업과 연구소에서 특허와 상표, 저작물과 창작물이 쏟아지기 시작했다. 그 결과 지재권을 갖게 된 기업과 연구소들은 침해 사범을 보다 강력히 단속·처벌해 줄 것을 요구하게 되었다. 예컨대 2005년 7월 베이징 대외경제무역대학의 루 진용 교수는 "악의적인 지재권 침해는 외국 브랜드에 피해를 줌은 물론 중국기업의 혁신 역량을 약화시키는 피해를 주므로 보다 강력한 단속을 하는 것이 필요하다"고 주장한 바 있다.[16]

셋째, '세계적 기술 표준 설정자'(global standard setter)가 되고 중화의 우월한 문화와 기술 표준을 수출하는 '소프트 파워'(soft power)가 되겠다는 중국정부의 목표도 자주혁신 전략을 추진하게 된 또 다른 배경이다. 90년대까

16_Qiu Haixu(2005), "Beijing Vows Action to Combat Piracy," *The Asia Wall Street Journal*, July 12, 2005, pp. A8.

지만 해도 중국기업들은 미국, EU 등 선진국 기술 표준을 도입·학습하는 피동적인 기술 표준의 추종자(standard follower)에 불과했다. 그러나 세계 2위의 GDP와 소비시장 규모, 그리고 세계 1위의 무역 규모를 가진 나라에서 이는 자존심 상하는 일이었다. 그리하여 중국정부는 서방의 기술 표준과는 다른 제3의 독자 기술 표준을 개발하게 되었고 이와 관련된 독자적 인증 제도도 도입했다. 자체 기술 표준 개발 노력은 3G~4G 이동통신, 디지털 방송, 무선 LAN, 인터넷 보안 프로토콜, 홈 네트워크 등의 영역에서 광범위하게 시도되었는데, TD-SCDMA(그 후 4G 표준은 TD-LTE)란 이동통신 표준은 중국 다탕(大唐) 통신이 독일의 지멘스와 공동으로 개발한 독자 표준으로 베이징 올림픽 이후 상용화되어 5% 내외의 시장점유율을 점하고 있다.

자체 기술·표준 개발 노력은 중국의 R&D 투자 비중이 높아지는 것을 봐도 알 수 있다. 실제로 2006년에 GDP의 1.4%에 불과하던 R&D 투자의 비중은 2011년에는 1.84%까지 높아졌고 2015년이면 2.5% 수준으로 높아질 전망이다.[17] 이와 관련, 중앙정부 국가통계국은 미흡한 점이 많았던 발명특허, 실용신안, 의장, 저작물 등 지재권 관련 제반 통계의 집계 방식을 개선하였다. 또한 외국기업 인수·합병(M&A)을 통한 핵심 원천 기술과 특허, 브랜드 등 전략적 자산(strategic assets) 획득도 장려하고 있는데, 2004년 말 레노버(聯想)는 IBM PC 사업부를 인수하였고, 하이얼은 2011년 7월 파나소닉의 자회사인 산요의 백색가전 사업을 100억 엔에 인수, 세탁기, 냉장고 사업분야의 핵심 기술을 획득하였다. 우수 한국기업에 대해서도 관심이 많은데 중국 중앙정부는 한국의 조선 기자재, 자동차 핵심 부

17_중국국가통계국 발표(2012년 10월 25일)

품, 정밀전자, 이동통신, 온라인 및 모바일 게임 등의 업종에 종사하는 기업을 M&A 대상으로 선정한 바 있다.

한편, 1997년부터는 80년대 중반 이후 실시해 온 '863계획'과 '성화(星火)계획' 추진 성과에 기초하여 1997년 3월에는 대학과 기업의 기술혁신과 개발 기술의 상업화를 장려하는 '973계획'을 시행하였다.[18] 각급 지방정부도 신제품, 신공정의 개발, 명품 브랜드 육성을 위한 노력을 확대하였는데, 광둥성의 경우 특허를 취득한 기업에 대해서는 법인세(企業所得稅)를 5년간 면제해 주는 제도를 중국 내 최초로 도입하였다.[19]

외국인 투자 유치 정책도 건수 위주의 '양적 유치 확대' 전략에서, 기술 집약도, 기술 지식 노하우의 대중(對中) 전수 가능성 등을 염두에 둔 '질적 투자 유치' 정책으로 전환하였다. 특히 오랫동안 경제특구(15%, 수출기업은 10%), 경제기술개발구(20%), 일반 지역(30%) 등 지역별로 차등화 되어 있던 법인세율을 25%(3% 지방세는 별도)로 통일하는 대신, 고기술·신기술 업종에 진입하는 외자기업에 대해서는 특별 감가상각, R&D 소득 공제와 손비 인정 등의 고기술 우대 정책을 도입하였다. 또한 외자기업 인허가 시 계약 내용에 반드시 중국 내 현지 R&D센터의 건립, 국산 부품 사용 비율 제고 일정 등 R&D 현지화 관련 내용을 반드시 포함하도록 하였다.

이처럼 중국 중앙정부는 혁신과 발명을 장려하는 '자주적 기술혁신 드라이브 정책'을 국가적 차원에서 추진하고 있는데, 이 같은 정책의 성공을

18_'863계획'과 '성화(星火)계획'은 80년대 중반부터 실시되었는데, 전자는 농촌 향진기업의 기술 개발을 지방정부별로 지원·육성하는 전략이고, 후자는 대학, 연구소, 국유기업 집단 등에 의해 개발된 주요 기술을 지방 중소기업에까지 전파·보급시키는 계획이다.

19_Ortolani, Alex(2005), "Chinese Companies Step Up Focus on Patent Protection," *The Asian Wall Street Journal*, April 7, 2005.

위해서는 무엇보다도 지재권(知識産權)의 철저한 보호가 필요하다. 지금처럼 위조품과 해적판이 범람하는 상황에서는 IT업종의 민간 창업도 어려울 뿐만 아니라 고기술·고부가가치 업종에 대한 외자기업의 투자 진입이나 기술 라이선싱도 어려울 것이다.

결론적으로 중국 중앙정부는 외국정부의 압력이나 비판이 두려워서가 아니라 ① 자주적인 과학기술의 발전, ② 대도시의 특허·상표·창작물 생산의 증가와 소비 수요의 급증, ③ 독자적 기술 표준 체계의 확립과 확산 필요성 등 자체적인 수요에 의해서 지재권 침해 단속을 엄격하게 할 필요성을 더 강하게 느끼게 되었다고 할 수 있다.

3) 중앙정부의 지재권 침해 단속 의지

이상을 종합해 볼 때, 이론적으로는 지재권 침해의 사회적 비용은 사회적 편익을 초과하고 있고, 대내외적인 여건도 지재권 침해를 묵과할 수 없을 만큼 변화되어 중국 중앙정부로서는 지재권 보호에 관련된 법제적 환경을 개선하고 단속에 보다 적극적으로 나설 수밖에 없는 상황임을 알게 되었다. 그러나 실제로 지재권 침해 단속은 분야별 담당기관, 그리고 지방별로 진행되기 때문에 지역별 · 연도별 · 업종별 단속 강도는 다를 수밖에 없다.

아래에 표시한 암묵적 함수는 종속변수인 '중앙정부의 단속 의지'($IPCON_{CG}$)에 영향을 미치는 제반 요인을 보여주고 있다. 제시된 바와 같이 미국, EU 등 선진국과의 지재권 분쟁 회피 필요성(D), WTO 회원국 의무 이행 필요성(P), 해외기업 혹은 중국 내 다국적기업으로부터의 불만(complaints)과 단속 건의(F_{CG}), 자주혁신 촉진에 관한 내부 수요(V), 올림픽 게임, 양회(兩會) 등과 같은 국내외 주요 행사 개최 여부(E), 성급 지방정부 단속에 필요한 구체적 정보(Ω_{CG}) 등이 주요 독립변수로 제시되어 있다.

$$IPCON_{CG}=f(D,P,F_{CG},V,E,\Omega_{CG})$$

$IPCON_{CG}$: 지재권 침해 단속에 관한 중앙정부의 의지

D : 미국, EU 등 선진국과의 지재권 분쟁 회피 필요성

P : WTO에 가입한 이후 중국정부의 위신과 체면 유지 필요성

F_{CG} : 해외기업 혹은 중국 내 다국적기업으로부터의 불만(complaints) 과 단속 건의

V : 자주혁신 촉진에 관한 내부 수요

E : 올림픽 게임, 양회(兩會) 등과 같은 국내외 중요 행사의 개최 여부

Ω_{CG} : 성급 지방정부 감독에 필요한 정보 우위

일반적으로 중앙정부의 지재권 침해 단속 의지는 선험적으로 보면 지재권 분쟁 회피 동기, 조약 협정 유지 동기, 다국적기업의 건의 수용 동기, 자주혁신 전략 동기, 국가적 이벤트, 중앙정부의 정보 우위 등에 영향을 받는데 이들 변수가 크면 클수록 중앙정부의 단속 의지도 더 강해진다고 할 수 있다. 다만 각 변수들과 종속변수인 중앙정부 단속 의지 간의 상관관계(correlation), 인과관계(causality)는 시기별·지역별 데이터를 구해 가설을 세운 다음 실증 분석을 통해 검증해야 할 대상이다.

그러나 더욱 중요한 것은 다음 장에서 살펴보는 바와 같이 중앙정부의 단속 의지가 강하다고 해서 반드시 지방정부 차원에서 실효성 있는 지재권 보호가 이루어지는 것은 아니라는 점이다. 같은 시기일지라도 지재권 보호에 관한 해당 지방의 법제도적·정책적 환경, 중앙-성 정부 간의 이해득실,

소재지 관할기업들의 지재권 전략, 소재지 소비자·기업들의 지재권 보호 의식 등에 따라 영향을 받는다고 할 수 있다.

3 지재권 보호를 위한 중앙정부의 노력

1) 침해 단속 강화, 조직 개편 및 국제 교류 확대

중앙정부는 90년대 후반 이후에 지재권 보호를 강화하였는데 보호 노력은 ① 단속 확대, 조직 개편 및 국제 교류 활성화, ② 지재권 관련부서 간 협조 강화, ③ 보호 의식 향상을 위한 교육·홍보 강화, ④ 관련 법규의 제·개정 등 네 가지에 중점을 두고 이루어졌다.

우선, 중앙정부는 경찰(公安), 세관(海關), 공상행정관리국, 특허청(專利局), 국가품질감독검사검역총국(國家質量監督檢驗總局) 등 유관기관으로 하여금 위조품·복제품의 생산·유통 과정과 해당 업체에 대해 고강도 합동·공조 단속을 펼치도록 하였다. 위조 상표, 모조품에 대한 유관부서의 합동단속 활동은 2000년 10월 이후 지속적으로 전개되었고,[20] 범법자에 대한 형사처벌 수준과 범위도 점차 강화되었다.[21]

20_Boyarski., J. R., Fishman, R. M., Lawrence, J. D., Linn, J., and Young, T.(2001) "China Touts Intellectual Property Enforcement Efforts," *Intellectual Property and Technology Law Journal*, October, pp. 21-22.

합동 단속의 효과성을 높이기 위해 중앙정부 내 지재권 관련 조직도 개편되었다. 2004년 8월에는 국무원 경제무역 담당 부총리 우의(吳儀)를 팀장으로 하는 '국가지재권보호업무팀'(國家保護知識産權工作組)이 만들어졌다. 이 업무팀의 주요 임무는 지재권 보호 관련 유관부서를 통일적으로 지도·감독하는 것인데, 정기적으로 혹은 필요시 경찰, 세관, 판권국, 공상행정관리국 등 유관기관 직원들과 함께 벌이는 임시 합동 단속을 주도하기도 하였다. 그 결과 2004~2005년의 특별 단속기간 동안에는 전국적으로 3만 6,000여 명의 공무원이 동원되어 240만 점의 지재권 침해 물품을 압수한 바 있으며, 짝퉁 시장의 메카로 관광객에게도 잘 알려진 베이징의 '쇼우쉐이지에'(秀水街), 상하이의 '상양루'(襄陽路) 시장이 잠정 폐쇄되기도 했다.

2010년 6월에는 '중국저작권보호센터'가 설립되었다. 이 센터는 저작권을 위반한 41만 건의 인터넷 동영상과 음악 파일을 찾아내 이 가운데 97%를 삭제·폐기하였다. 지재권 침해 사범에 대한 처벌도 강화되고 있는데, 법원 통계에 의하면 2010년 한 해 동안 지재권 침해와 관련된 형사 사건은 2009년보다 7.7% 증가한 3,942건이나 되었고, 이 가운데 6,000명에 대해서는 기소해 유죄 선고를 내렸다.[22]

2011년 11월 9일 원자바오(溫家寶) 총리는 국가지식산권국(國家知識産權局; SIPO, State Intellectual Property Organization), 혹은 공상행정관리국 산하의 지적재산권 보호 관련부서로 하여금 각 지방정부의 지적재산권 단

21_King, Neil, Jr. (2005), "Beijing Vows Action to Combat Piracy," *The Asia Wall Street Journal*, July 12, 2005, pp. A1, A8.

22_"중, 지재권 보호 전담기구 설립키로," 연합통신; http://www.yonhapnews.co.kr/international/2011/11/10/0603000000AKR20111110067900083.HTML

속 성과를 보다 엄격히 점검하고 감독하도록 지시하였다.[23] 사실 중앙 단속 기관 간의 공조와 '지역통합형 공조 단속'은 2004년 7월부터 강조된 사항이지만 잘 지켜지지 않았으나, 2012년 지식산권국 내 전담기구가 설립됨으로써 그 실효성이 확보되게 되었다.

지재권 보호 및 침해 단속에 관한 국제 교류·협력 활동도 2006년 이후 강화되었는데, 관련 지식·경험의 교류와 선진 정보·관리 시스템의 학습이 주목적이었다. 그 첫 행보는 2006년 3월 상하이에서 개최된 '중국 지재권 형사 보호 포럼'이었고, 4월에는 미, EU, 캐나다 등과 지재권 침해 범죄에 대해 공동 대처하자는 소위 '상하이 선언'이 채택·발표되었다. 그러나 지재권 보호에 관한 가장 핵심적인 전기는 제6차 세계 지재권의 날(4월 26일)에 개최된 2006년 지재권 보호 포럼에서 국가지식산권국이 '국가지재권 전략 요강'(國家知識産權戰略綱要)'과 '지재권 보호에 관한 요강'(保護知識産權綱要)을 공표하면서 마련되었다. 그 후 2007년에 열린 제17기 당 중앙회의에서 당 지도부는 지재권 보호 강화에 관한 결정이 내려졌고 2008년에는 '국가지재권 전략 요강'이 발표되어, ① 지재권 품질의 향상, ② 우수 지재권 확보를 통한 7대 전략적 신흥 산업의 진흥, ③ 지재권 활용의 촉진, ④ 지재권 보호의 강화, ⑤ 우수 분야의 지재권 육성, ⑥ 지재권 관리 능력의 향상, ⑦ 지재권 서비스 능력의 강화, ⑧ 지재권 창출 문화산업의 육성 등 8개 분야가 세부 추진과제로 선정되었으며, 문화산업 육성의 기초가 지재권 보호에 있음이 강조되었다.

〈표 5-4〉는 2012년 4월에 발표된 '국가지재권 전략 추진 계획'의 중점

23_위 주석과 동일.

표 5-4 | 중국 중앙정부 유관부서의 지재권 보호를 위한 주요 정책 조치

조치 분야	관련부서	지재권 보호를 위한 주요 정책 조치
협정	외교부	- '실연, 음반 보호 협정', '방송 조직 권리 협정' 등 체결 추진
법규 개정	법제판공실, 공상총국	- '상표법' 개정
	판권국	- '저작권법' 개정. 특히 작품의 범위와 분류, 방송 조직의 권리 보호, 권리 침해 구제와 손해배상 표준 금액 등을 중점적으로 개선.
	지식산권국	- '특허법' 개정. 특히 관련 정책 집행, 권리 침해 배상 및 디자인권 관리 규정 개선에 주력
관련 법규 집행 및 정책 집행	공안부	- 지재권 침해 및 위조품 생산·판매 범죄 단속에 관한 '량젠(亮劍)' 계획 실행 - 이를 위한 우수 경찰력 배치 및 단속 강도 제고
	해관총서	- 지재권자와의 협력 시스템 개선 - 권리 침해한 불법 수출입 화물 단속 강화 - 지리적 표시 상표의 보호 강화
	공상총국	- 타인 등록 상표 위조·판매 행위 집중 단속 - 유명 상품 특유의 명칭·포장·장식의 무단 사용, 타인 상호 성명 도용 등 유명 브랜드 사칭 행위 단속 강화 - 대형 백화점 등이 입점 상표의 검사·심사를 대행할 수 있도록 관리 체제 재편
	판권국, 공안부, 공업신식화부, 광전총국	- 인터넷 문학, 음악, 동영상, 게임, 애니메이션, 소프트웨어 등 권리 침해, 불법 복제에 대한 전담 단속 실시 - 동영상 사이트와 스마트폰 미디어에 대한 저작권 관리·감독의 강화
	판권국	- 관공서 기업의 정품 소프트웨어 사용 강화 - 성 및 시급 정부기관의 소프트웨어 정품화 점검
	지식산권국	- 지재권 법규·정책 집행능력 강화를 위한 '후항(護航)' 정책 가동 - 집단적·반복적 권리침해, 특허 위조 및 사기행위 단속 강화
사법구제	최고인민법원	- 지재권 소송 사건 관할 구도의 고도화와 합리화 - 기층 및 중급 법원이 수요에 따라 지역을 분할하여 집중 관할하고 판결 인적 자원 합리적으로 재배치 - 지재권 민사, 형사, 행정재판 상호 조율 시스템 구축
	상무부, 고등검찰원, 공안부, 행정부 부처	- 지재권 침해 및 위조품 생산·판매 단속의 강화 - 행정구제와 사법구제 시스템 간의 온라인 연계 강화 - 지재권 법 집행, 처벌, 소송 결과와 판례 등 온라인 정보 공유 시스템의 개선

주: '공상총국'은 '중국국가공상행정관리총국'의 약칭이다.

자료: 中國國家知識產權局 (2012), '2012年 國家知識產權戰略推進計劃'(2012. 4. 10 발표); 한국지식재산연구원(2012), "중국 '2012년 국가지식산권 전략 실시 추진 계획'의 주요내용 및 시사점". Zoom-in 정책자료.

시책 내용을 부서별·분야별로 요약·정리해 놓은 것이다. 지재권 보호 관련 부처로는 외교부, 상무부, 지식산권국, 판권국, 공상행정관리국, 경찰, 해

표 5-5 | 중국 중앙정부가 공표한 '지재권 보호 요강'의 6대 중점사항

분야별	지재권 분야별 주요 정책 조치
특허권 보호	- 특허권 관련 사기 행위 지속 단속 및 처벌 - 반복적 특허 침해의 집중 단속 - 식품, 약품, 농업 및 신기술 분야에 대한 특허권 보호 조치의 강화
저작권 보호	- 노점상의 해적판 CD, DVD 불법 판매 단속 및 철거 - 소프트웨어 불법 복제 행위 철저히 단속 - 중앙·지방 관공서의 정품 소프트웨어 사용 권장
상표권 보호	- 위조 제품을 파는 짝퉁 전문시장 중점 단속 및 관계자 처벌 강화
수출입 관련	- 첨단 검사 기술 도입을 통한 세관의 지재권 침해 물품 검색·적발 능력 강화 - 지재권 침해 물품의 국제 유통 경로 파악, 추적 및 국제 공조 단속 강화 - OEM 업체의 계약 위반 행위 감시 및 관리 강화
무역박람회 악용 단속	- 무역박람회 출품의 불법 복제 및 악의적 상표 등록 방지 강화
범죄 신고 서비스	- 전국 50개 대도시에 '지재권 침해 범죄 신고 센터' 설립 - 신고 안건의 처리, 철저한 조사와 감시, 업무 처리 이후의 피드백 등 효율적인 쌍방향 지재권 보호 서비스 강화

자료: 中國保護知識產權網(www.ipr.gov.cn/), 中國知識產權司法保護網(www.chinaiprlaw.cn/) 등 웹사이트 자료; "保護知識產權行動綱要: 2006~2007年," 經濟日報, 2006. 4. 27; "中國數次制定 保護知識產權行動綱要," 人民網, 2006. 4. 26.

관총서 등 총 28개 중앙정부 부처가 있고 국무원 밖의 최고인민법원, 고등검찰원 등도 주관 협력 주체로 거명되었다. '국가지재권 전략 추진 계획'이 제시한 지재권 보호에 관한 핵심 방침은 ① 특허권, 저작권, 상표권 침해 제품에 대한 단속·처벌의 강화, ② 정품 소프트웨어의 사용의 권장, ③ 지재권 침해 제품 통관 검사의 강화, ④ 무역박람회에서의 디자인과 상표권 도용 행위 방지, ⑤ 전국 50개 대도시에 '지재권 침해 범죄 신고 센터' 설립 등이다. 이외에도, 지재권 침해 사범에 관한 형법상의 양형 기준과 처벌 규정도 강화했는데, 2007년 4월에는 소프트웨어 및 동영상 등을 500개 이상 불법 복제해 판매한 침해 사범들이 3년의 징역형에 처해 졌다. 2011년에도 지재권국은 '특허 행정 및 법 집행 업무 강화에 관한 결정'을 공표, 지재권 침해 행위 근절을 위한 집행 능력의 강화, 법 집행상의 서비스 및 효율

성 강화, 지재권 침해에 대한 컨설팅, 직원 등을 포함하는 구체적 집행 능력 강화 방침을 발표했다.[24]

중국 중앙정부가 이처럼 구체적인 '국가지재권 전략 요강', '지재권 보호 요강', '국가지재권 연차 추진 계획'을 발표한 것은 그만큼 과거보다 지재권을 더 진정성을 갖고 보호하겠다는 강력한 정책적 의지의 표현이라고 볼 수 있다.

2) 지재권 관련부서 간 협조 강화

중국 국가지식산권국이 2012년 4월 10일 공표한 '지재권 보호에 관한 행동 요강'의 세부 실행 계획을 19개 관련부서별로 살펴보면 〈표 5-4〉와 같다.

이번 '행동 요강'의 초점은 과거의 '요강'과는 달리 지재권 보호와 관련된 각 유관부서의 권한·책임을 명확히 하고, 유관부서 간의 공조를 강조했으며 지재권 침해를 예보해 주고 침해 리스크를 방지하는 시스템을 구축했다는 사실이다. 특히 국가지식산권국의 관련 법규·정책 집행 능력을 강화하는 '후항'(護航) 정책과 경찰(公安)의 해적판 및 위조품 단속을 강화하는 '량젠'(亮劍) 계획이 도입되어 과거보다 더 지속적이고 체계적이며 과학적인 사후 단속이 이루어질 수 있게 되었다. 또한 침해 단속 전·후를 통해 지식산권국, 공상행정관리국, 경찰, 세관, 품질검사검역국 등 정부 유관부서 간의 연락·공조 활동 긴밀화, 검찰과 중급 및 고급 인민법원 등 사법부서

24_http://www.sipo.gov.cn/2013. 3. 25

와도 의사소통 촉진 등 공조체제의 정착도 강조하고 있다.[25] 그리고 성·직할시·자치구 등 성급 지방정부에 대해서는 해당 지방정부 조례와 정책을 중앙정부의 정책 방침에 부합되도록 개선하고 지방 이익을 보호하기 위해 지재권 침해를 눈감아 주는 지방보호주의적 조치를 중단할 것을 요구하게 되었다.

3) 지재권 보호 의식 향상을 위한 교육·홍보

90년대 이후 국가지식산권국은 기업, 개인, 단체를 대상으로 지재권 보호와 관련된 다양한 교육·홍보 활동을 전개해 왔다. 매년 4월 26일에는 중앙의 다른 유관부서와 공동으로 지재권 보호 캠페인을 전개하고 있으며 관련 전람회와 학술 포럼을 열고 있다. 2006년 5월에는 수도 베이징에서 8일간 '지재권 보호 포럼 겸 전람회'를 개최하였는데, 지재권 보호에 관한 중앙정부의 정책 방침과 그 동안의 성과를 소개할 뿐만 아니라 지재권 침해가 중국의 기술혁신과 경제 발전에 미치는 악영향, 침해 제품 식별 요령 등도 홍보하였다.

90년대 중반부터는 중국 내 주요 로스쿨에 지재권 법규에 특화된 학위 과정과 비학위 과정을 설치·운영하기 시작했고, 1999년 8월부터는 세

25_중국의 7대 전략 산업은 환경 보호, 차세대 IT, 바이오, 첨단 장비 제조, 신재생 에너지, 신소재, 신에너지 자동차 관련 산업을 말한다. 지식재산연구원 자료 "중국 '2012년 국가지식산권 전략 실시 추진 계획'의 주요 내용 및 시사점," Zoom-in 정책자료(2012. 6); 동 연구원, "미, 중, 일 2012년 지식재산 추진 계획 비교 및 시사점," Zoom-in 정책자료(2012. 8) 참조.

계지재권기구(WIPO; World Intellectual Property Organization)에 지재권 전문 학자와 연구원, 관료들로 구성된 중국 대표단을 정기적으로 파견하고 있다.[26]

4) 지재권 관련 법규의 제·개정

그러나 지재권 보호와 관련된 중국 중앙정부의 가장 근본적이면서도 일관된 노력은 관련 법규의 제·개정이라고 할 수 있다. 중앙정부는 80년대부터 특허법(專利法), 상표권(商標法), 저작권법 등 관련 법규와 조례를 제정한 이후 여러 차례의 개정을 거쳐 미비점을 보완해 왔다.

특히 2001년 말 WTO에 공식 가입하면서, 관련 법규의 선진성, 예측가능성, 투명성, 개방성을 높이는 한편, 무역·투자 등 경제체제의 개방화·시장화, 자주혁신 정책 강화 필요성 등에 맞게끔 제반 법규를 재정비하고 출원 절차와 보호 기준 등도 TRIPs 협정, 관련 국제 조약, 국제 규범에 부합되게끔 개정하였다.

우선, 저작권 보호와 관련해서는 2012년 2월 21일 저작권법 실시 조례, 컴퓨터 SW(計算機軟件) 보호 조례, 인터넷전송권(信息網絡 傳播權) 보호 조례 등을 개정하여 지재권 침해에 대한 벌금을 대폭 증액하였다. 벌금 부

26_WIPO(2011), "Outline of the Legal and Regulatory Framework for Intellectual Property in the PRC," 세계지적재산권기구(WIPO) 웹사이트 자료. 중국 대표단은 WIPO를 방문하여 '세계 지재권의 날'(World Intellectual Property Day) 제정을 제안하기도 했다. http://www.wipo.int/wipolex/en/outline/cn.html.

과 시에는 지재권 침해로 얻은 불법경영액 계산이 가능한 경우와 그렇지 않은 경우로 나누어 부과하였는데,[27] 불법경영액 계산이 가능한 경우는 불법경영액의 1~5배를, 그리고 계산이 불가능한 경우에는 5~10만 위안에서 20~25만 위안(한화 3,520~4,400만원)을 벌금으로 부과하였다.

특허법(專利法)의 경우, 1985년 제정 이후 여러 차례 보완되긴 했으나, 국제 기준과 동떨어져 있었고 특허권 보호의 기산점도 국제 기준(출원 시점)과는 다르게 등록 시점으로 되어 있었다. 또한 범법자가 침해 사실을 몰랐다고만 하면 처벌을 면할 수 있는 등 발명자, 원 개발자 보호에 미흡한 점이 많았다. 그러나 개정 이후에는 특허권 침해 제품 사용자나 판매자가 정당한 유통 경로를 거쳤다는 것을 입증할 수 없는 한 침해 혐의자가 처벌받도록 처벌 요건을 완화하였다.

2013년 2월에 제출된 특허법 개정안에 의하면, 침해자에 대한 벌금형 대상도 확대되었다. 개정 전에는 특허권 침해만 처벌하였으나 개정법 안에서는 특허권 침해로 인해 시장질서가 문란해 졌을 때에도 벌금형을 부과할 수 있도록 하였다(제60조 제3항). 그리고 시장질서 교란 행위가 포착될 경우, 관련 당국은 관련 설비를 몰수·소각하고, 불법경영액의 산정이 가능할 경우에는 그 4배, 산정이 불가능할 경우에는 20만 위안 이하의 벌금액을 부과하도록 벌금 산정 기준을 명확히 하였다.[28]

한편 상표법은 1982년 8월 제정되어 1983년 3월부터 시행되었으며,

27_불법경영액은 일반적으로 침해 상품의 판매금액에 침해 제품의 재고관리 실비를 더한 값으로 계산하지만, 재고 실비 산정이 어려울 때는 재고품 수량에 상품단가를 곱해 계산한다. www.iprchn.com, 2013. 2. 21일자 자료 참조.

28_www.iprchn.com, 2013. 2. 21일자 자료 참조.

표 5-6 | 중국의 상표법 개정 경과와 3차 개정안의 주요 내용

	개정일	시행일	중국 상표법의 개정 내용	
			일반 조항	지재권 침해 보호 관련 사항
1차 개정	1993년 2월 22일	1993년 7월 1일	서비스 상표를 최초로 규정	상표 무효 사유의 확대, 현저한 지명의 상표 사용 금지, 등록 상표의 침해 행위 범위 확대
2차 개정	2001년 10월 27일	2001년 12월 1일	WTO TRIPs 규정에 부합되도록 개정, 미등록 상표의 보호, 상표 출원인 자격 요건의 완화, 입체 상표 등 상표 구성 요소의 확대, 유명상표 제도의 도입	행정처분 사안에 대해서는 상표평심위원회가 최종 결정을 하지 않고 사법 심사를 거칠 수 있도록 허용, 상표 무단 선점에 대한 제한 최대 50만 위안의 손해배상액
3차 개정안 (2013년 2월 제출)	의견 수렴중; 미정	미정	비(非)전형 상표 등 상표 대상 범위의 확대(제8조), 유명상표 개념 및 범위의 명확화(제14조), 상표 전자 출원(제21조), 상표 심사의 신속화	유명상표 관련 지방 법규의 정비(제14조), 상표 무단 선점뿐만 아니라 악의적 모방 행위도 제한(제34조), 악의적 선 등록자 처벌 강화, 선(先) 사용자의 우선권 인정(제38조), 최대 법정 손해배상액 100만 위안으로 상향 조정(제67조), 형사처벌 강화를 위한 사법적 판단 근거의 제시

주: 1) '상표법' 및 관련 시행규칙의 제·개정은 전국인민대표대회 상무위원회에서 통과되어야 하는데 3차 개정안의 경우 국가지식산권국이 관련부서, 업계, 단체의 의견을 수렴하는 과정에 있음.
2) 비전형 상표란 소리, 냄새 상표 등 보이지 않는 상표를 말함.
자료: 개정 전후의 '중국 상표법'; 이인혜(2012), "한 중 상표분야 법제도 비교연구," 한국지식재산연구원 이슈 페이퍼, 제2호, 1~24쪽 참조.

그 후 1993년 2월(시행일은 7월 1일)과 2001년 10월(시행일은 12월 1일) 두 차례 걸쳐 개정되었다. 〈표 5-6〉에서 알 수 있는 바와 같이, 1차 개정은 서비스 상표 개념을 도입하고 지명 상표 사용을 금지한 것이 주요 개정 내용이었으며, 지재권 침해 방지에 관해서는 등록 상표에 대한 침해 행위 범위를 명확히 한 것이 유일하였다.

2차 개정에서는 WTO 가입 이후 중국의 관련 법규를 무역 관련 지재권(TRIPs) 협정 내용에 합치되도록 상표의 개념과 구성 요소를 재정비하는 데 주안점을 두었고, 행정적 구제 절차를 밟은 이후에도 사법적 심사를 거칠 수 있도록 하였다. 손해배상도 강화되었는데, 개정 전에는 1만 2,000달러어치 이상의 짝퉁 제품을 제조 혹은 판매·유통시키는 업체만 기소할 수 있었으나 법 개정 이후에는 단일 브랜드는 6,000달러, 복수 브랜드는 3,600달러 이상이면 기소가 가능하게 되었다. 그런데 흥미롭게도 개정 상표법에 의해 처벌된 최초의 민간인은 중국인이 아닌 미국인 2명이었다. 이들은 총 84만 달러 상당의 짝퉁 CD와 DVD를 중국 내 온라인 쇼핑몰을 통해 판매·유통시키다가 체포돼 15년 징역형을 선고받았다.[29]

그러나 1, 2차의 법 개정에도 불구하고 중국의 상표법은 상표권자 권익 보호에 아직도 미흡한 점이 많다. 그 동안 상표 등록 신청건수는 폭발적으로 증가하여 2009년 9월 30일 현재 701만 1,000건, 상표 등록건수는 395만 6,000건, 유효 등록 상표 건수는 316만 3,000건에 달해 '세계 제1위 상표 대국'으로 부상하였다.[30] 그러나 상표의 무단 선점, 악의적 이의신청, 미미한 손해배상액, 외국·외자기업에 대한 저명상표 불허 등으로 인해 상표권자의 권익이 침해당하는 사례 역시 급증하였다. 위·모조품 제조·판매 업체에 대한 단속·처벌 수위가 약하고 형사처벌 기준도 불명확한 것도 문제였다.

특히 개정 전 '상표법'은 '선(先) 등록자 보호의 원칙'을 지나치게 경직적으로 준수함으로써 악의적 목적의 선(先) 등록자나 위법 등록업체가 보호받는 모순이 자주 발생했고,[31] 이 같은 범죄 행위를 한 업체·개인에 대한

29_Balfour, F. et al.(2005) 참조.

30_http://biz.heraldm.com/common/Detail.jsp?newsMLId=20091111001312.

31_범죄자들은 보통 한국, 미국 등에는 상표권이 등록되어 있으나, 중국에 등록되지 않은 것

표 5-7 | 구(舊) 상표법의 문제점과 3차 개정 신(新) 상표법안의 내용 비교

	기존 상표법의 문제점	신(新) 상표법안 개정 내용
등록기간	심사기간 장기화로 대응 불가	상표 등록 신청 및 심사기간을 36개월에서 12개월로 단축
악의적 상표 우선 등록	악의적 선(先) 상표 등록으로 인한 피해 증가	'선(先) 사용, 후(後) 등록' 원칙에 의거 선(先) 사용 기업의 우선권 인정. 악의적 선(先) 등록 상표, 위법 등록상표 엄중 처벌
유관부서 관리 권한	하급 지방정부의 관리 권한 부족. 성(省)·시(市) 급 공상행정관리 부문에 권한 집중	행정처리 집행 권한을 현(縣)급 이상으로 위임
원산지, 지명 표식	수도와 도시 지명, 원산지 표시상의 혼란	지명, 수도, 관광지 등 명칭 사용 및 원산지 지리적 표지에 대한 규제 강화
무단 명의 변경	대리신청인의 무단 명의 변경 행위 빈번	대리신청인의 무단 명의 변경 행위에 대한 감독 강화
상호명, 상표명의 중복	상호와 상표 간의 모호한 경계로 인해 분쟁 증가	상표와 상호 간의 중복 분쟁 조정권 부여. 유명도와 선(先) 사용 시기 등 주요 판정 기준 도입

주: 윤대현(2010), "中, 新상표법 시행 임박 우리기업 지재권 보호에 '햇빛'" 을 저자가 발췌 후 재정리; 원 자료는 无锡日报, 经济观察网, 중국지식재산권국(SIPO), 칭다오 KBC 자체 조사 자료 참조.

징벌이 미미하자 미등록 상표임을 역이용하는 모방 범죄자들이 늘어나게 되었다. 그 과정에서 원 상표권자는 모조품 유통을 목도하고도 속수무책으로 당할 수밖에 없었다. 소를 제기하더라도 '상표법'에 마땅한 조항이 없어 '부정경쟁방지법'을 통해 대응하였는데, 소송기간이 장기화되거나 침해 증거 획득이 어려워 중간에서 포기하는 경우가 많았다.

이 같은 상황 하에서 미흡한 상표권 보호에 대한 국내외 비판이 거세어졌다. 국가지식산권국(SIPO)은 2011년부터 3차 '상표법' 개정안을 추진하

을 악용, 박람회, 전람회 등을 방문하여 인기가 있는 외국 상표나 국내 유명상표를 탐색하고 등록되어 있는지의 여부를 알아낸다. 만일 중국에 등록되어 있지 않으면 공상국에 선 등록한 다음, 모조품을 제조 유통시키거나 원 상표권자에게 등록상표권을 고가에 매입하도록 요구, 또는 손해배상 소송을 제기하여 막대한 합의금을 요구하는 경우가 많다.

게 되었다. 3차 개정안 준비와 협의 과정에는 62개 중앙기관, 32개 지방정부, 10개 인민법원, 15개 저명 기업, 7개 국내외 상관 협회가 참여하여 보다 나은 상표권 보호 방안을 위해 협의하고 있으며 학계 전문가, 업계, 단체의 의견도 수렴하고 있다. 최종 개정안의 주요 내용은 14개 세계지식재산권기구(WIPO), 미국, 일본, 유럽 상표국 등 144개 기관에 전달되어 외국정부 의견을 수렴하는 과정에 있다.

개정 상표법안의 핵심 내용은 악의적 침해자의 처벌, 법정 손해배상액의 상향 조정, 형사처벌 근거·기준의 명확화, 대리신청인의 무단 상표권자명의 변경 행위에 대한 규제·감독 강화 등에 있다. 특히 '선(先) 사용, 후(後) 등록' 원칙을 도입함으로써 법적 보호 대상 선정 상의 '역선택'(adverse selection) 문제와 악의적 선 등록자의 '도덕적 이반'(moral hazard) 현상을 해결하는 데 중점을 두고 있다. 따라서 악의적인 목적의 선 등록자나 위법 등록자는 법적 보호를 받지 못함은 물론 형사처벌의 대상이 되도록 규정을 강화하였다. 또한 미등록된 상표라 할지라도 원 상표권자임을 증명하면 권익 침해 발생 시 행정처리, 침해 행위의 즉각 중단 등 적극적 대응 조치를 취할 수 있도록 하였다.

더 중요한 것은, 기존 상표법의 경우, 조사·단속에 관한 집행권이 성(省)·시(市)급 공상행정관리 부문에 집중되어 있었으나, 공표가 임박한 개정 상표법에서는 현(縣)급 이상 정부의 공상행정관리 부문도 상표권 침해 행위 조사 및 침해 상품에 대해 차압·압수 등 강제집행 조치를 취할 수 있도록 규정이 보완되었다.[32]

32_보다 구체적으로는, 침해 행위의 조사는 침해자와 전용권자의 관계 조사, 침해 활동과 관련된 계약서, 영수증, 장부 등의 검사를 말한다.

만일 이 같은 3차 개정안이 큰 정책 기조의 변화 없이 통과된다면, 위·모조품의 제조 판매 및 불법 유통 등 상표법규 위반자에 대한 법정 손해배상액이 2배로 커지고 손해 처벌 수위도 과거보다 훨씬 강화될 것으로 보인다. 예컨대, 2013년 2월에 제출된 상표권 개정안 제50조는 상표권 침해로 얻은 불법경영액의 일정률을 벌금으로 부과하도록 하고 있는데, 불법경영액이 5만 위안 이상인 경우에는 불법경영액의 20% 이하, 불법경영액이 없거나 5만 위안 이하일 경우에는 1만 위안 이하의 벌금형에 처하도록 함으로써 침해 사범에 관한 벌금을 증액하였다. 또한 벌금 부과의 기초가 되는 불법경영액 산정이 가능할 경우와 불가능할 경우를 구분하여 벌금 부과 의무를 명확히 차별 관리하도록 규정하고 있다.

4. 중앙정부 지재권 보호 성과와 한계

1) 침해 단속의 성과

앞에서 본 것처럼 중앙정부는 지재권을 보호하기 위해 다각적 노력을 경주하였는데, 그 성과도 나쁘지 않다. 상무부의 발표에 의하면, 중국 내 소프트웨어 불법 사용량이 2009년의 14%에서 2011년에는 11.8%로 감소하였다. 위조 상표 단속 건수와 특허 침해 사건 적발·단속 건수 역시 2011년에 각각 7만 9,021건, 3,017건에 달해, '지재권 전략 강요' 발표 전인 2007년에 비해 각각 57%, 75%나 증가하였다. 세관의 침해 물품 출입경 단속도 강화되었는데 2007년 9월부터 2012년 6월까지 5년의 기간 동안 압수한 지재권 침해 상품이 127억 건, 273억 위안에 달하였다.[33]

특히 '량젠'(亮劍) 계획으로 대변되는 경찰(公安)의 지속적인 지재권 침해 단속 활동은 침해의 추가 발생을 예방함은 물론, 법제도상의 미비점을 보완하는 데 큰 도움을 준 것으로 판단된다. IIPA(International Intellectual Property Alliance)에 의하면, 중국 문화부는 2010년 12월 웹 사이트 서버 소재지 지방정부의 문화부서에 등록하지 않고 음원 서비스를 하는 불법 사이트에 대한 폐쇄 조치를 발표하였다. 예컨대, 조치 발표 직후 VeryCD라는 대형 불법 음원 사이트는 자진해서 불법 음원과 영화 동영상 콘텐츠의 배포를 중지했다. 2010년부터 1년여 간 전개된 단속 활동도 성과를 보이고 있는데, 2011년 11월 불법 음원 서비스를 하는 Qishi.com과 5474.com 등 음악 포털이 영업정지를 당했고, Qishi.com 사이트 운영자는 5년 징역형과 150만 위안의 벌금형을 선고받았다.[34]

2012년 한 해를 보면, 전국의 공안기관 요원 153만 명(연인원)이 동원되어 12만 건, 20억 위안에 달하는 가짜 상품 판매를 적발했으며, 세관도 지재권 침해 사범 1만 5,000건을 적발해 9,100만여 건의 화물을 압류한 것으로 알려졌다.[35] 다만 이 같은 단속 활동이 앞으로 얼마나 오랫동안 지속될지, 단속 기준과 내용이 얼마나 효과적이고 일관적인지에 대해서는 의구심이 있는 것도 사실이다. 특히 경찰의 량젠 계획과 같은 단속 활동이 보다 실효성 있게 전개되려면, 판권국, 공상행정관리국, 세관, 타 지역 경찰

33_중국 國家知識産權戰略網(www.nipso.cn/) 자료 (2012. 9. 24) 참조.

34_"Williams, B. and Mihalkanin, D.(2011), p. 45.

35_"중국정부, 가짜 상품 단속 한층 강화한다," 연합뉴스, 2013. 5. 30.

등 유관기관 간의 공조가 효과적이어야 하는데, 공조 단속의 체제적 효율성이 앞으로 확보될 수 있을지 더 관찰할 필요가 있다고 본다.

2) 중앙 차원 지재권 보호의 한계

앞에서 중앙정부의 다양한 정책적 노력을 살펴보았으나, 중국 내 지재권 보호 상황은 미국, EU 등 선진국들을 만족시키기에는 여전히 열악하다.

여기에는 중국인의 낮은 지재권 보호 의식과 준법정신의 결여, 공짜 소프트웨어의 무단 설치에 너그러운 사회적 전통과 관행, 저소득층의 구매력 부족과 '짝퉁' 제품에 대한 호기심, '산짜이' 문화의 천착과 확산, 선진국 기업의 기술을 추격해야 하는 중국기업의 경제적이나 불법적인 기술 추격 등이 복합적으로 작용하고 있다고 본다.

이외에도 중앙정부 내 지재권 보호 전문 인력의 부족, 관련 기구 부서 간의 공조 노력 미흡, 관할 영역의 중복, 기관장 간 역학관계에 따른 법규 집행 주도권 다툼 등의 요인도 부정적인 영향을 미치고 있다.

우선, 지재권 보호 및 단속 전문 인력의 부족을 특허 인력에 초점을 맞추어 설명해 보자. 중국 전역의 대형 제조업체 지재권 관련 업무 인력을 보면, 2011년 12월 말 현재 약 3만 명이 있고, 전리국(專利局) 등의 중앙부서와 지방의 특허심사관은 약 7,000명, 공인변리사는 약 8,000명, 지재권 전문 재판관은 약 2,000명에 불과하다. 중국의 특허권 출원 증가율, 기타 지재권 창출 증가 속도를 볼 때 전문 인력이 턱없이 부족하다고 말할 수밖에 없다. 2007년 이후에는 중국 중앙정부가 유관부서 간의 공조를 강조하고 있어 공조 부족으로 인한 단속 누수 현상이 줄어든 것은 그나마 다행스런 변화다.

그러나 관련부서의 조직 개편이나 기구 수장 교체에 따른 정책의 변경, 상이한 리더십 스타일에 따른 일관성 없는 법 집행은 여전히 큰 문제로 지적되고 있다. 실제로 중국인의 낮은 소득 수준과 기업들의 취약한 지식·기술 축적 수준을 고려할 때 위조품, 해적판 제품의 단속·처벌 수위를 선진국 수준으로 높이는 것은 무리라고 생각하는 당·정 간부들이 적지 않다. 또 중국이 선진국을 단기간에 추격하기 위해서는 과도기적으로 지재권 침해를 전략적으로 용인해 기술 흡수·학습을 가속화하는 것이 필요하다고 생각하는 간부도 존재한다. 이들은 관련 법규를 엄정하게 집행하고 자주혁신 분위기를 고양하는 것은 분명히 올바른 방향이지만, 지재권 침해 단속의 범위와 빈도, 처벌의 수위와 강도 등은 경제 및 기술 발전 단계, 대내외 정치·경제적 상황과 분위기를 종합적으로 고려하여 조절해야 한다고 생각한다.

심지어 상무부 등 중앙정부 주관 부서의 간부들조차도 지재권 보호는 '필수적 준수 사항'이 아니라 그때그때마다 협상 카드로 이용하거나 상황에 따라 수위를 조절하는 일종의 '전략적 선택'(strategic choice)으로 인식하고 있다. 미국, EU 등 선진국이 통상 압력과 외교적 공세를 강화하면, 중국 상무부는 이 같은 외부 압력을 무력화시키거나 희석시키기 위해 과시성 단속과 형식적 처벌을 하다가도 외부 압박 수위가 낮아지면 다시 지재권 침해를 묵인하는 경우가 많다. 더 심각한 것은, 중국의 경우 중앙정부가 당의 지침에 종속되어 있다는 사실이다. 따라서 미·중 관계, 일·중 관계 악화 등 특수한 정치적 상황에서는 불법 행위를 하는 토종기업을 오히려 보호해 주는 반면, 중국 사정을 무시하고 지재권 보호에 과도히 집착하는 외국정부나 다국적기업에 대해서는 그 탐욕을 비판하거나 다른 위법 행위(예: 탈루세, 부패, 이전가격 목적의 송금 등)를 파헤쳐 해당기업에 대해 불이익을 주기도 한다. 2007년 4월 중국을 방문한 마이크로소프트(MS)의 빌 게이츠가 당

그림 5-1 | 중국 국가지식산권국(國家知識産權局) 조직기구도(2012. 9. 24 현재)

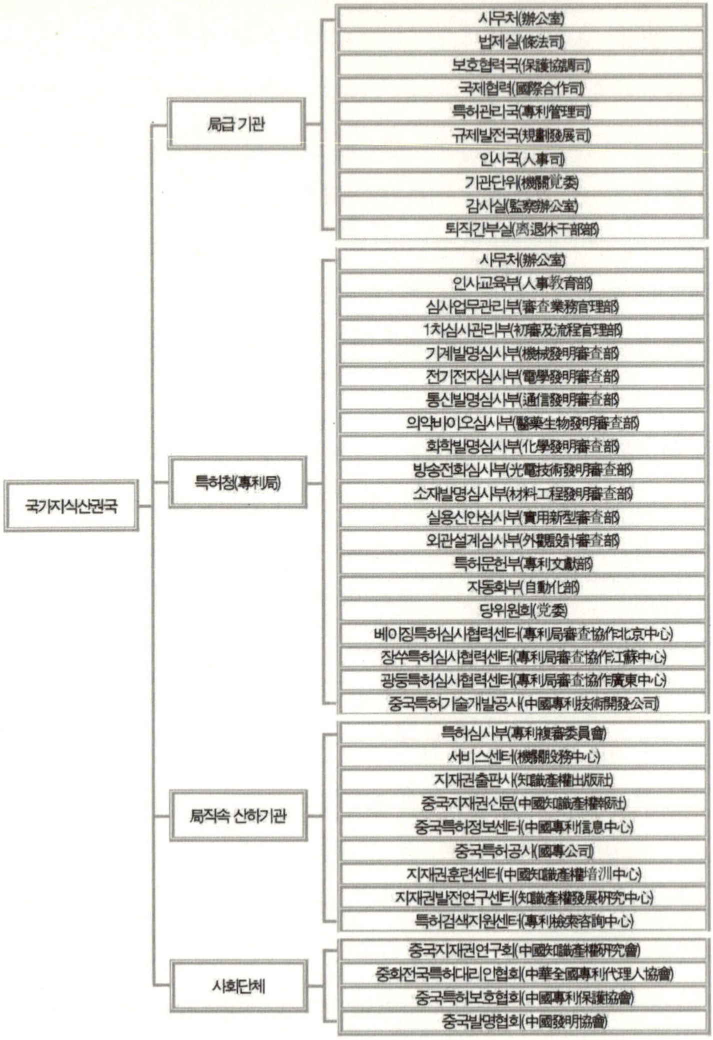

자료: 중국 국가지식산권국 웹사이트(www.sipo.gov.cn/)

시 장쩌민(江澤民) 주석에게 PC OS인 윈도우스(Windows)의 불법 설치와 무단 복제에 대해 항의했는데 중국 중앙정부는 MS가 소프트웨어를 독점적 시장 지배와 이익 극대화를 추구한다고 보고 빌 게이츠가 귀국하자마자 지방의 관공서에 소스가 공개된 OS인 리눅스(Linux) 설치를 권장하는 공문을 보낸 바 있다.

2010년 이후 전개되고 있는 중앙 및 지방 관공서(정부 부서 및 단체)의 정품 소프트웨어의 구입·사용 성과는 지지부진하다. 2005~2006년에도 미 무역대표부(USTR)가 통상법 스페셜 301조를 발동, 중국을 지재권 침해에 관한 우선감시대상국(PWL)으로 지목하자 2005년 말까지 모든 관공서가 합법적인 정품 소프트웨어만을 사용하기로 합의하였다. 그러나 BSA (Business Software Alliance)의 추계에 의하면, 중국 내 불법 소프트웨어의 비중은 과거 2000년도 초반의 97%보다는 낮지만 아직도 78%를 넘고 있고, 피해액도 78억 달러를 넘는 것으로 추계되고 있다. 중국 내 미국 저작권 업체의 소프트웨어 판매 상황도 크게 개선되지 않고 있는데,[36] 이는 중국 관공서가 MS, 오라클 등 외국산 소프트웨어를 구입하기보다는 저가 토종 소프트웨어 구입에 더 많은 예산을 배정해 집중적으로 구입·사용하고 있기 때문이다.

36_"Williams, B. and Mihalkanin, D.(2011), p. 45; 2010년도 미국 스페셜 301조 보고서 참조.

6장

지방정부: 지재권 보호의 파수꾼인가? 침해의 공범자인가?

1. 지방정부의 지재권 보호에 영향을 주는 요인

앞의 제5장에서는 중앙정부 차원의 지재권 보호 의지와 성과, 한계를 살펴보았다. 그리고 그 과정에서 우리는 지재권 침해에 대한 중앙정부의 인식과 단속 의지에 일관성이 없고, 유관부서 간의 정보 공유와 단속 공조 체제도 비효율적이어서 단속·처벌 상의 누수가 발생하고 있음을 알게 되었다.

*_본 장은 김익수·김병구 (2013b), "중국 지방 차원의 지재권 보호 딜레마: 정책순응과 침해묵인 사이의 선택에 관한 탐색적 연구"(제1저자 김익수), 『한중사회과학연구』, 제11권 제4호(통권29호), 2013. 10. 31, 1~34쪽의 내용을 본 연구총서의 편집방향과 형식에 맞게 내용을 수정·보완한 것임.

그러나 중국의 분권화된 경제관리 체제를 생각할 때, 지재권 침해 단속·처벌 상의 최대 누수는 주로 지방에서 발생하며, 지재권 관련 법규·정책 집행의 최대의 적은 중앙정부와 경제적 이해가 다른 지방정부라고 할 수 있다. 논리적으로만 보면, 지방정부 역시 국무원의 하부기관이므로 정부의 팀원으로서 지재권 침해 적발 · 단속에 관한 중앙정부의 방침에 순응하고 적극 협조해야 하나 실제는 그렇지 않다. 각급 지방정부는 지재권 보호보다도, 당해 지방의 경제성장률, 재정수입과 고용 및 외환수입 확대 등에 더 많은 관심을 갖고 있기 때문에 관할기업의 범법 행위에 대해 관대한 경우가 많다. 중앙정부의 통제가 강화될 때에는 전시성 단속을 하다가도 중앙정부의 감독·통제가 약해지면 다시 지재권 침해 행위를 묵인·방조하는 관행으로 돌아가는 행위가 비일비재하다. 실제로 2004년 한때 잠정 폐쇄되었던 대표적 짝퉁 제품시장인 상하이 상양루(襄陽路) 시장이 장소를 옮겨 다시 영업을 하고 있고, 베이징의 짝퉁 쇼핑의 메카로 알려진 베이징 슈우쉐이(秀水) 시장 역시 현대적인 쇼핑몰로 변해 관광객에게 더 큰 규모로 짝퉁 제품을 팔고 있다.

본 장에서는 중국의 지방정부가 왜 지재권 보호 관련 법규를 엄정하게 집행하지 않고 의도적으로 방관하거나 형식적 단속만 하는지, 그리고 중앙정부는 왜 지방정부의 이 같은 이기적 일탈 행위를 효과적으로 통제하지 못하는지 그 배경과 원인을 다각도로 분석하고자 한다.

물론 지방 차원의 지재권 침해 요인을 언급한 선행 연구가 전혀 없지는 않았다. Mertha(2005)는 중국 내 지재권 침해의 정치경제학을 분석하면서 지역별로 저작권 보호 관련 법규의 해석과 적용이 다르고 단속·처벌의 수위도 당사자 기업의 규모, 소유제 형태, 지방재정 기여도, 해당기업 CEO의 대정부 관료 친소 관계 등에 따라 다르다는 것을 지적하였다. 하지만 지재권 침해에 관한 지방정부의 태도나 지재권 침해가 재발되는 구조적 원인이나 메커니즘은 상세히 분석하지 않았다. Tabata(2003)는 중국시장 내 일본 기업의 위조품 대응책을 연구하면서 지재권 침해의 단속·처벌에 관한 중앙정부 유관부서의 일관되지 못한 태도를 지적했으나, 지방정부의 보호주의, 도덕적 이반(moral hazard) 등 일탈 행동을 자세히 분석하지는 않았다.

이 같은 미비점을 보완하기 위해 본 절은 중국 내 지재권 침해 재발의 원인을 ① 지방정부 자체의 문제, ② 중앙-지방 관리·감독 관계, ③ 지방정부-관할기업 간의 관리·감독 문제 등 세 가지 측면으로 나누어 정보경제학의 대리인 이론과 게임이론적 틀을 이용해 구조적 행태를 살펴보기로 한다.

1) 부정적 요인

(1) 다층적으로 분권화된 행정관리체계

우선, 중국에서 지재권 침해가 왜 재발하는지 부정적 요인부터 살펴보도록 하자. 이는 중앙정부 지재권 정책을 각급 지방정부가 얼마나 흔쾌히 수용·순응하는지와 관련이 있다. 순응할 경우 중앙정부 관련 정책·법규는 기업 수준에까지 침투되겠지만, 중국의 다층적으로 분권화된 행정관리체계(multi-layered decentralized organization)를 생각할 때 이는 기대하기 힘들다. 주지하다시피 중국의 정부는 중앙정부와 지방정부로 나뉘어져 있고, 지방정부는 다시 ① 성·시·자치구 → ② 2급 시·현 → ③ 3급 시·지구 등 다층적으로 분권화되어 있다. 이처럼 다층적으로 분권화된 체계에서는 정보의 차단과 왜곡이 발생하는가 하면, ① 중앙-성(省)급 지방정부, ② 성

(省)급 지방정부–하급 지방정부, ③ 하급 지방정부–관할기업 간에는 이해의 충돌 혹은 유착이 발생하기도 한다. 더욱이 지방에는 보호주의(localism), 온정주의(paternalism), 도덕적 이반(moral hazard) 등이 복합적으로 작용하고 있어 지재권 보호에 관한 중앙정부 전략 요강과 실행 계획이 지방 차원에서는 제대로 실행되지 못한다.

(2) 현지 경제의 이익을 중시하는 지방정부

우선, 지방정부는 현지 경제의 이익을 중시하는 근시안적이나 합리적인 동기를 갖고 있다. 중앙정부는 WTO 및 무역 관련 투자 조치(TRIMs), 무역 관련 지재권(TRIPs) 협정, 각종 지재권 관련 국제 협약 상의 준칙을 지킴으로써 WTO 룰에 순응하고 지재권 보호 관련 법규·정책을 엄격히 집행함으로써 국가 위신을 세우려 한다. 더욱이 제11차 5개년 규획(2001~2005) 공표 이래 자주혁신의 중요성을 강조해 왔기 때문에 중앙정부로서는 지재권을 엄정히 보호하여 고기술·고부가가치 업종에 보다 많은 외국인 투자를 유치하고 국내기업의 혁신 역량도 강화하려는 목표가 강해 지재권 보호에 관한 동기(motivation)가 강하다고 할 수 있다.

그러나 지방정부의 입장은 다르다. 공식적으로는 중앙정부의 정책에 순응하고 지재권 관련 법규를 충실하게 집행해야 할 책무를 지고 있지만, 대외통상 협상의 직접적인 당사자가 아니기 때문이다. 또한 WTO 가입 협정과 TRIPs 협정, 관련 국제 조약·협정을 위반하더라도 지방정부는 국제사회의 비판을 직접 받지 않기 때문에 중앙정부만큼 국제사회의 비판이나 통상 압력에 민감하지 않다. 더욱이 지방 당·정 엘리트 관료는 WTO 협정 준수나 중앙정부 법규·정책에 순응하기보다는 현지 경제의 성장, 자신의 승진과 전

보, 개인적 이익의 추구 등에 보다 높은 관심과 우선순위를 두고 있다.[1]

즉, 국가의 위신과 체면을 중시하는 중앙정부와는 달리, 각급 지방정부는 지역경제의 성장과 재정수입 등 현지의 이익을 중시하기 때문에 혁신이든 모방이든 지역경제의 성장률을 높이고 현지 고용 및 재정수입을 증대시키면 된다고 생각한다. 그리고 이 같은 이기적 지방 이익 중시 성향은 지방정부의 수준이 성·시·자치구 등 성급 정부에서 2급 시(혹은 현)나 3급 시(혹은 지구정부) 등 하급 수준으로 내려갈수록, 그리고 지리적으로나 권력 거리상 중앙에서 멀어질수록 심해지는 경향이 있다. 이는 하급 지방정부일수록, 중앙정부의 관찰과 통제 범위로부터 멀어지는 반면, 관할 지역주민의 이해와는 더 가까워져 지재권 보호를 등한시 할 유인이 크기 때문이다.

(3) 정보 열위로 인한 불완전한 관리·감독

셋째, 중국처럼 행정적으로 분권화된 중층적 관리체제의 또 다른 문제는 중앙정부와 지방정부가 보유하는 정보의 양과 질이 다르다는 점이다. 많은 경우 중앙정부는 지방정부의 속성, 행태, 전략 대안에 관한 정보가 없거나 불완전하여, 관찰·감독을 보다 효과적으로 할 수 없으며, 이를 알기 위해서는 막대한 관리·감독 비용(monitoring costs)을 지불해야 한다. 즉 정보경제학적으로 보면 주인(principal)이다. 반면 각급 지방정부는 현지 경제

1_그렇다고 지방정부가 WTO 협정과 TRIPs을 준수하지 않아도 된다는 의미는 아니다. 중국 지방정부나 관할기업이 WTO 협정을 위반하였거나, 위반하지는 않았더라도 자국의 이익을 심각하게 손상·무효화시키는 행위를 했을 때는 외국기업과 해당국 정부에 의해 WTO 분쟁해결기구(Dispute Settlement Body)에 제소당할 수 있다.

상황은 물론 지재권 침해 상황에 관해서도 보다 많은 정보를 갖고 있는 대리인(agents)이다. 이러한 상황 하에서 정보 우위에 있는 대리인(agents)인 각급 지방정부는 주인(principal)인 중앙정부나 상급 지방정부의 불완전한 관찰 가능성(imperfect observability)을 이용, 국가 이익(예: 지재권 관련 협정의 준수)을 희생시키면서 현지의 이익(예: 지방의 성장률 제고)을 증진시키려 하는 이기적 동기를 갖고 있다. 그 결과 중앙정부와 지방정부 간에는 비대칭적 정보 분포로 인한 소위 '대리인 문제'(agency problem)가 발생하게 된다. 그 전형적 행태는 '도덕적 이반'(moral hazard)인데, 이반 현상은 지리적으로 중앙정부로부터 멀어질수록, 그리고 행정 관할 단계상 하급 정부로 내려갈수록 불완전한 감독(imperfect monitoring) 때문에 더 심해지는 경향이 있다. 대리인 문제의 해결을 위해서는 경제 통계 집계 방식, 재정회계 보고 및 관리 시스템 등의 대폭적 개혁이 필요한데, 이 같은 문제가 해결되기 전까지 지재권 보호 업무에 관한 중앙정부의 성(省)정부 관리·감독은 그리고 성(省)정부의 하급 지방정부 관리·감독은 불완전할 수밖에 없다.

2) 긍정적 요인

물론 모든 성(省)급 지방정부가 항상 중앙정부의 정책에 저항하면서 근시안적이고 이기적인 목표만을 추구하는 것은 아니다. 일부 지방의 당·정 엘리트들은 중앙으로의 진출과 승진을 꿈꾸고 있기 때문에 적발 리스크가 큰 시기에는 자신의 정보 우위를 중앙정부를 속이는 데 남용하지 않는다. 특히 지재권 침해에 관한 선진국의 비판이 강해지고, 중앙 지도자들이 지재권의 철저한 보호와 자주혁신 필요성에 관한 언급을 많이 할수록 지방의 파워엘리트들도 몸을 사리고 중앙정부의 정책에 순응해 관련 법규를 엄격하게 지키려 할 것이다.

지재권 보호에 관한 지방 자체의 수요와 동기도 중요하다. 성장(省長)이나 당 서기는 명품·일류 브랜드 육성, 상표권 및 특허 신청건수 등에 관해 인근 성·시와 경쟁을 하고 있다. 따라서 지재권 보호에 과거보다는 많은 신경을 쓸 유인도 존재한다. 실제로 중국정부는 90년대 중반부터 '세계 공장'으로 부상했음에도 불구하고 국제적으로 내세울만한 브랜드가 많지 않은 '제조 대국, 브랜드 소국'(制造大國, 品牌小國)의 상황에 있다고 반성하면서, 막대한 예산을 투입하여 지방 간 명품 브랜드 육성 경쟁을 부추기고 있고 2020년까지 50개의 '글로벌 중국 브랜드'를 육성하겠다는 방침을 밝힌 바 있다.[2]

그 결과, 2000년대에 들어서면서 각 성의 지도자들 간에 '명품·일류 브랜드' 경쟁이 벌어지기 시작했고, 일류 브랜드 육성 경쟁은, 성급 미만 정부까지 확산되고 있다. 〈표 6-1〉은 중국의 상위 500대 브랜드의 지역별 분포를 보여주고 있는데, 베이징·광저우·저장·상하이·장수·푸젠·산둥 등 7개 성급 정부가 365개(2008년 기준)로 전체 500대 브랜드의 73%를 점하고 있다. 이는 다른 조건이 동일하다면, R&D 투자를 많이 하는 대형 국유기업과 외자기업이 밀집되어 있는 이들 연해 지역의 선진권 성(省)·시(市)정부가 중서부 내륙의 지방정부보다 혁신 모멘텀을 살리고 명품 브랜드를 보

2_보시라이(薄熙來)가 상무부장으로 일하던 당시 중국정부는 글로벌 브랜드를 육성하기 위해, 2006년 한 해에만 7억 위안(약 910억 원)에 달하는 예산을 투입해 지방별 자체 명품 브랜드를 육성하였고 광저우교역회(廣交會) 등 각종 전시회 참가 활동을 지원했다. 또한 각 지방정부 별로 유명 브랜드를 창출하는 기업에 대해서는 기술센터 설립 지원, 신상품 연구개발 등에 관한 연구개발 보조금 등의 인센티브를 주는 정책을 펼쳤다. "中 토종 브랜드 육성에 총력." 연합뉴스, 2005. 12. 12 참조.

표 6-1 | 중국 500대 브랜드의 지역별 분포

순위	지역	2007		2008	
		수량	비중	수량	비중
1	베이징	94	18.8%	94	18.8%
2	광둥	83	16.6%	82	16.4%
3	상하이	47	9.4%	49	9.8%
4	저장	48	9.6%	45	9.0%
5	장수	30	6.0%	35	7.0%
6	푸젠	33	6.6%	33	6.6%
7	산둥	27	5.4%	27	5.4%
8	스촨	14	2.8%	18	3.6%
9	허베이	12	2.4%	14	2.8%
10	랴오닝	10	2.0%	9	1.8%
11	허난	10	2.0%	9	1.8%
12	후난	9	1.8%	9	1.8%
13	후베이	6	1.2%	9	1.8%

자료: 세계브랜드실험실; 김윤희(2008), "중국 500大 최고 브랜드 동향," 보고일자: 2008. 6. 27, 상하이무역관

호하기 위해 지재권을 보다 철저히 보호할 개연성이 큼을 의미한다. 성별로는 레노버, 바이두(이상 베이징), 화웨이, ZTE, TCL, 메이더(이상 광둥성), 거리, 상하이자동차(이상 상하이), 지리, 와하하(이상 저장성) 등의 거대 기업이 있는 성(省)·시(市)가 명품 브랜드가 없고 기술혁신 성과가 낮은 중서부 내륙 정부보다 지재권 보호 의지가 강한 것으로 생각된다.

3) 종합적인 고려

이상을 종합해 보면, 중국처럼 행정적으로 분권화되어 있고 성(省)급 이하 지방정부가 경제관리에 관해 고도의 자율권을 누리고 있는 체제에서, 지방정부의 지재권 침해 단속 의지($IPCON_{LG}$)는 다양한 변수에 의해 영향을

받는데, 이를 암묵적 함수로 표현해 보면 다음과 같다.

$$IPCON_{LG}=f(CG,B_{LG},C_{LG},I_{LG},U,F,P)$$

$IPCON_{LG}$: 지방정부의 지재권 침해 단속 의지

CG: 중앙정부의 지재권 보호에 관한 감독 역량과 의지

B_{LG}: 현지 지방정부의 명품 브랜드 육성, 특허 보호의 필요성

C_{LG}: 현지 소재 외자 혹은 토종 기업으로부터의 불만(complaints)과 단속 건의 강도

I_{LG}: 단속에 필요한 정보와 인적 자원

U: 현지 지방정부의 실업률, 고용 압력

F: 현지 지방정부의 재정 사정

P: 비교대상 지방정부와의 성장률 경쟁 압력

여기서 지재권 보호에 '正(+)'의 영향을 미치는 독립변수로는, 중앙정부의 지재권 보호에 관한 감독 역량·의지(CG), 현지 명품 브랜드 육성, 특허 보호의 필요성(B_{LG}), 현지 소재 외자기업 혹은 토종기업으로부터의 불만과 단속 건의 강도(C_{LG}), 단속에 필요한 구체적 정보(I_{LG}), 현지 지방정부의 재정 사정(F)이라고 할 수 있다. 반면, 현지 지방정부의 실업률/고용 압력(U), 비교대상 지방정부와의 성장률 경쟁 강도(P)가 높으면 높을수록 지재권 보호 의지는 약해진다고 볼 수 있다. 다만 이는 어디까지나 암묵적 함수이므로 성별 데이터를 풀링(pooling)하여 실증 분석을 한 후에야 변수들의 상대적 영향력과 유의도를 알 수 있을 것이다.

2 지재권 침해에 영향을 미치는 제도적 요인

1) 지식·경험, 단속인력의 부족 및 공조체제의 미흡

이상에서 지방 차원의 지재권 보호에 영향을 미치는 긍정적·부정적 요인을 일별하였으나 지방의 지재권 침해는 훨씬 더 복잡한 메커니즘 하에서 이루어진다. 따라서 제도적 요인을 보다 자세히 살펴보기로 한다.

가장 먼저 지적되어야 할 지방 차원의 제도적 문제점은 관련 전문 지식·경험과 인력의 부족, 지방 간 공조체제의 미흡이다. 상무부, 국가지식산권국 등은 WTO TRIPs 협정, 지재권 관련 국제 조약·협정에 관한 전문 지식·경험이 풍부한 반면, 지방정부는 지식·경험·이해가 부족하다. 일부 지방정부는 넓은 관할구역 내의 수많은 지방기업들의 지재권 침해 행위를 미리 막는 것은 원천적으로 불가능하고 침해 제품의 제조·유통을 감독하는 것도 어렵기 때문에 포기하는 경우가 많다. 물론 여력이 있는 성급 지방정부는 지재권 전문 인력을 양성하고 있기는 하나 침해 건수에 비해서는 인적 자원이 태부족이다.

이와 관련, 2000년대 들어 중국의 각급 지방정부가 한국, 일본 등 동북아 타 지역 특허청 및 지재권 담당부서와 협력·교류를 확대하고 있는 것은 긍정적인 변화라고 할 수 있다. 그러나 국제 교류·협력 노력보다도 더 절실한 것은 지방정부 상호 간에 짝퉁 제품 혹은 해적판 소프트웨어 단속에 관한 정보·노하우를 공유하고 공조체계를 강화하는 일이다. 2000년대 들어 지방 간 지재권 보호 협력은 중앙정부 지침에 따라 확대되고 있긴 하나, 아직까지는 침해 행위를 효과적으로 억제할 정도로 광역적이지 않고 관련 지식·경험·노하우 및 데이터의 공유도 충분하지 않으며 공조체제 상의 효율성도 떨어지는 편이다.

또한 지방정부 별로 기회주의적 행태도 빈발하고 있으며, 현지기업 보호주의, 도덕적 이반 행태도 지재권 보호 상의 심각한 제약이 되고 있다. 실제로 관련 법규 보완 및 제도 개혁을 통한 중앙정부의 지재권 보호 노력이 관련 법규·정책의 집행 과정에서 상당 부분 성·시·자치구, 2급 시, 향(鄕), 진(鎭) 등 각급 지방정부에 의해 실질적으로 무력화되는 경우가 많아, EU·미국을 비롯한 많은 WTO 회원국들은 중국 내 지재권 보호 수준이 나아졌음을 실감하지 못하고 있다.

2) '분세제' 이후 지방 재정기반의 약화

지식·경험과 단속인력의 부족, 공조체제의 미흡과 같은 조직 요인 이외에도 지방정부의 단속 의지를 제약하는 요인이 있는데, 그것은 바로 1994년 1월부터 시행된 '분세제'(分稅制) 도입 이후의 지방 재정기반 약화이다. 분세제란 지방정부에 유리하게 되어 있던 80년대 중반 이후의 '재정책임제'(財政包幹制)를 혁파하고,[3] 중앙정부와 지방정부가 거둬 들인 세수를 세목별로 사전에 정한 일정 비율로 공유하는 제도이다. 예컨대 증치세

3_'재정책임제'는 1983년에 도입된 세제로 중앙과 지방 간에 상납 유보 비율을 정해 이를 일정 기간 동안 유지시킴으로써 지방정부가 세금 징수에 적극 나서도록 유인을 제공하였으나, 각 지방이 자신들의 재정수입과 연계된 세원을 보호 확대하고자 외지 완제품 반입과 타 지역 가공산업단지로의 반제품 반출을 억제하는 강력한 보호주의를 실행하면서 지방 간 유통 장벽 문제가 생기게 되었다.

(增值税; 한국의 부가가치세에 해당), 영업세, 기업소득세(한국의 법인세에 해당), 개인소득세는 지방정부가 중앙정부와 일정 비율로 나눠 갖는데, 소비세, 증치세와 영업세는 지방이 25%를, 그리고 기업소득세와 개인소득세는 40%를 유보한다. 지방정부가 100%로 자체 고정 재원으로 쓸 수 있는 세목도 있는데, 등록세, 취득세, 토지양도세 등이 대표적이다. 특히 토지양도세의 경우 양도 방식이 2002년에 경매제로 전환되면서 지방정부의 세수 부족을 메워주는 주요 세원이 되었다.

분세제는 2000년 이후 사소한 변경이 있었으나 그 기본 틀과 패러다임은 그대로 유지되고 있다. 문제는 토지양도세나 취득세 등 지방 고유 세원의 경우 세수액이 부동산 경기와 건설 업황에 따라 민감하게 변화하는 취약성이 있다는 점이다. 실제로 2008년 미국 금융위기, 2010년 유럽 재정위기가 연달아 터지고, 2011년 이후 중국정부가 그 동안 공급했던 과잉유동성을 회수하고 부동산 가격 잡기에 나서면서 지방정부 수입원의 평균 25% 가량을 점하던 토지사용권 매각 수입(즉 토지양도세 수입)이 감소하게 되었는데, 2012년의 경우 토지양도세 수입이 14%나 감소했다.[4] 반면, 도시화를 위한 인프라 투자, 고령화 진전에 따른 후생복지비 등의 지출은 급증하여 중국의 각급 지방정부의 재정 상황이 악화되었다. 지방정부는 하는 수 없이 지방채 발행을 늘리는 동시에 지방 금융기관을 압박해 세수 증대에 도움이 되는 기업에 대한 저금리 대출을 늘리도록 하였다. 그러나 지방 세수 부족을 메우는 데는 역부족이어서 〈표 6-2〉에서 보는 바와 같이 1994년 분세제 실시 이후 지방의 재정수지 적자는 빠른 속도로 늘어나고

4_"For China, Spending Is Harder Than It Looks," *The Wall Street Journal*, February 15, 2013.

표 6-2 | 1994년 분세제(分稅制) 실시 이후 중국 지방재정 수지의 변화(1994~2011) (단위: 억 위안)

연도	재정수입(A)			재정지출(B)			재정수지(A-B)		
	합계	중앙	지방	합계	중앙	지방	합계	중앙	지방
1994	5,218.10	2,906.50	2,311.60	5,792.62	1,754.43	4,038.19	-574.52	1,152.07	-1,726.59
1995	6,242.20	3,256.62	2,985.58	6,823.72	1,995.39	4,828.33	-581.52	1,261.23	-1,842.75
1996	7,407.99	3,661.07	3,746.92	7,937.55	2,151.27	5,786.28	-529.56	1,509.80	-2,039.36
1997	8,651.14	4,226.92	4,424.22	9,233.56	2,532.50	6,701.06	-582.42	1,694.42	-2,276.84
1998	9,875.95	4,892.00	4,983.95	10,798.18	3,125.60	7,672.58	-922.23	1,766.40	-2,688.63
1999	11,444.08	5,849.21	5,594.87	13,187.67	4,152.33	9,035.34	-1,743.59	1,696.88	-3,440.47
2000	13,395.23	6,989.17	6,406.06	15,886.50	5,519.85	10,366.65	-2,491.27	1,469.32	-3,960.59
2001	16,386.04	8,582.74	7,803.30	18,902.58	5,768.02	13,134.56	-2,516.54	2,814.72	-5,331.26
2002	18,903.64	10,388.64	8,515.00	22,053.15	6,771.70	15,281.45	-3,149.51	3,616.94	-6,766.45
2003	21,715.25	11,865.27	9,849.98	24,649.95	7,420.10	17,229.85	-2,934.70	4,445.17	-7,379.87
2004	26,396.47	14,503.10	11,893.37	28,486.89	7,894.08	20,592.81	-2,090.42	6,609.02	-8,699.44
2005	31,649.29	16,548.53	15,100.76	33,930.28	8,775.97	25,154.31	-2,280.99	7,772.56	-10,053.55
2006	38,760.20	20,456.62	18,303.58	40,422.73	9,991.40	30,431.33	-1,662.53	10,465.22	-12,127.75
2007	51,321.78	27,749.16	23,572.62	49,781.35	11,442.06	38,339.29	1,540.43	16,307.10	-14,766.67
2008	61,330.35	32,680.56	28,649.79	62,592.66	13,344.17	49,248.49	-1,262.31	19,336.39	-20,598.70
2009	68,518.30	35,915.71	32,602.59	76,299.93	15,255.79	61,044.14	-7,781.63	20,659.92	-28,441.55
2010	83,101.51	42,488.47	40,613.04	89,874.16	15,989.73	73,884.43	-6,772.65	26,498.74	-33,271.39
2011	103,874.43	51,327.32	52,547.11	109,247.79	16,514.11	92,733.68	-5,373.36	34,813.21	-40,186.57

주: 재정수입에는 국내의 채권발행수입이 포함되어 있지 않고, 재정지출의 경우, 2000년부터 국내의 채권에 대한 이자지출이 포함되어 있다.
자료: 『中國統計年鑑』, 2012년판; http://www.stats.gov.cn/tjsj/ndsj/2012/

있고, 지방 채무도 증가하는 추세이다.

지방 재정적자가 이처럼 확대되고 있는 상황 하에서 지방정부가 관할 기업의 지재권 침해를 엄격히 단속·처벌하는 것은 매우 어려운 일이다. 지방 세수 증대에 도움을 준다면 침해 행위를 묵인하거나 관대하게 처벌하는 소위 '변형된 형태의 지방보호주의'(distorted localism) 태도가 나타나게 되었다.[5] 베이징의 쇼우쉐이제(秀水街), 야쇼우(雅秀), 랑팡(廊坊) 시장, 상하이 상양루(襄陽路) 시장 등의 짝퉁 시장이 건재한 것도 이 때문이다. 보호주의 성향은 지방정부의 알선으로 대출을 받은 제조·유통업에 대해서도 나타나는데, 대출자금을 회수하기 위해서는 위·모조품 제조·유통 업체라 할지라도 사업이 성공하도록 도와주는 경우가 많다.

이처럼 분세제 도입은 80년대 중반에 활개를 쳤던 Jean Oi(1992)의 소위 '지방 국가 기업주의'(local state corporatism)가 2000년대에 변형된 형태로 부활하는 것을 촉진하고 있다. 연도별로 부침이 있긴 하지만 분세제가 지방정부의 지재권 침해 단속 의지를 약화시키는 방향으로 작용하고 있다고 보아도 큰 무리가 없을 것이다.

3. 지방 간 실적 경쟁과 짝퉁 클러스터의 경쟁적 육성

1) 지방 간 성장률 실적 경쟁

중국 지방 차원의 지재권 침해 문제를 이해하는 데 있어 제도적 요인

5_이외에도 지방정부는 관할 밖의 상품의 유입과 현지 원자재의 반출을 억제하는 한편, 관할 지역 내에서 생산된 상품의 반출과 관련 원자재의 유입을 장려함으로써 현지의 부가가치를 높이고자 노력하였다. 이 같은 지방보호주의 정책이 경쟁적으로 실행되면서 지방 세수의 비중은 늘어난 반면, 중앙 세수의 비중은 낮아져 중앙의 지방 통제력도 약해지게 되었다. 재정책임제는 이런 상황 하에서 도입되었는데 이에 관한 자세한 내용은 성시일(2006), "중국 재정정책의 변화가 경제에 미친 영향: 재정포간제를 중심으로," 『중국학논총』(한국중국문화학회), 제22호, 2006년, 1~17쪽을 참조할 것.

못지않게 중요한 것이 '행태적 요인'(behavioral factors)이다. 여기서는 여러 가지 행태 중 지방 간 성장률 실적 경쟁과 짝퉁 클러스터의 경쟁적 육성만을 보기로 한다. 우선, 중국의 지방정부는 GDP 성장률, 고용, 수출, 외국인 직접투자 유치 등의 실적을 놓고 다른 지방과 치열한 경쟁을 벌이고 있다. 보통은 지리적으로 가까운 인근의 성, 시, 현, 지구가 비교대상이다. 또한 경제규모가 비슷하고 역사상의 라이벌 의식이 강한 지방의 경우, 지리적 거리와 관계없이 경쟁대상 그룹(peer group)으로 인식된다. 연해 지역의 성급 정부를 예로 들면, ① 상하이 대(對) 베이징, ② 저장성 대(對) 장수성, ③ 광둥성 대(對) 푸젠성 간에 실적 경쟁이 그 예인데, 실적이 뒤진 성·시·자치구는 앞선 지방을 따라잡기 위해, 그리고 앞서가는 지방은 추월당하지 않기 위해 노력한다.

경제성장률, 재정수입 극대화 등을 둘러싼 지방정부 간의 실적 경쟁은 연말이 가까워질수록 격화된다. 익년 3월에 열리는 지방 전국인민대표대회와 정치협상회의, 즉 양회(兩會)를 대비해 간부들이 자신의 정치적 입지를 공고히 하려 하기 때문이다. 따라서 일반적으로 보면, 상반기보다는 하반기에 지재권 보호 관련 법규·정책이 지방 차원에서는 더 느슨하게 집행되는 경향이 있다. 다만, 중앙정부의 법규와 정책에 불복한다는 인상을 주지 않기 위해 최소한의 단속 실적은 달성하는데, 간헐적으로 불법 CD, 해적판 DVD 등 지재권 침해 제품을 모아 놓고 소각하는 것을 동영상으로 찍어 놓는 등의 단속 증거 확보 노력은 반드시 한다. 설령 중앙정부나 감독기관으로부터 지재권 침해에 관해 지적을 받더라도, 정보 우위에 있는 지방 당·정 관료들은 짝퉁 및 해적판 제품 범람의 원인을 자신들의 단속 노력 부족이 아닌 관련 정책·법규에 대한 기업의 이해 부족, 현지민의 낮은 구매력 수준과 희박한 지재권 보호 의식, 다국적기업의 탐욕스런 고가 정책 등의 탓으로 돌릴 수 있기 때문이다.

2) 짝퉁 클러스터의 경쟁적 육성

한편 야심이 강한 지방 당·정 간부들은 더 과감한 보호 행태를 보이기도 하는데, 짝퉁 클러스터의 육성이 바로 그것이다. 이들의 논리는, "발전도상국인 중국이 선진국과의 기술 격차를 단기간 내에 줄이기 위해서는 과도기적으로 모방 전략을 수행할 수밖에 없다. 그리고 이를 위해서는 기술개발연구소, 시장조사기관 등이 있는 지역 산업단지 내에 위조·모방 제품 공장을 밀집시켜 시너지를 극대화시켜야 한다"고 생각하는 것이다.[6] 실제로 베이징 교외, 광둥성의 선전, 판위(番隅), 저장성의 이우(義烏), 원저우(溫州) 등지에 가면, 특정 제품분야에 특화된 짝퉁 제품 제조·판매 기지를 볼 수 있다. 원저우를 예로 들면, 짝퉁 봉제완구, 인형, 라이터, 구두, 핸드백, 양말, 의류 등을 제조하는 수천 개의 가내 수공업형 가족기업들이 있고, 여기에는 약 20여만 명이 종사하고 있다. 베이징의 동가오춘(東高村)도 처음에는 이탈리아, 독일 등의 바이올린, 비올라, 첼로의 복제품을 생산했으나, 지금은 진품에 가까울 정도의 모방 제품을 만들어 해외에 수출까지 하고 있다.

6_짝퉁 제조·판매 업체는 지방정부의 보호막 이외에도, 업종별로 수많은 부품 조달에 관한 공급 사슬망, 숙련 기능 인력, 시장 정보가 필요하고, 부품 대규모 조달 판매상의 경제성을 누리려 하므로 하이테크 정품 기업과 마찬가지로 특정 클러스터에 모이는 '집적화 성향'(agglomeration tendency)을 보인다.

다른 화북·화동·화남 지역도 규모의 차이는 있지만, 대부분 짝퉁 제품 제조·판매 클러스터를 갖고 있다. 그 후원자는 시·지구(地區)·현(縣)급 지방정부이다. 지방정부는 자체 예산으로 도로, 전력통신망, 상하수도 등 인프라를 구축해 주는 한편, 단지 내 입주 기업에 대해 대출을 알선해 주고 보호를 해준다. 이에 대한 반대급부로 입주 기업들은 법에 규정된 세금과 배당 이외에도 금융 지원 알선에 대한 수수료, 사례비, 관리비 등을 지방정부 관료들에게 상납한다. 즉 단지 밖에 있으면서 탈·누세를 하는 짝퉁 제품 업체는 지하경제(underground economy)로 인식되지만, 지방정부의 보호 하에 조성된 이들 짝퉁 제품 클러스터 내의 업체들은 공식 경제에 편입되어 오히려 지방 세수와 고용의 증대에 기여하도록 보호되는 것이다. 그리고 기술력이 향상되면 정품 업체로 변신해 더 큰 기여를 하게 된다.

4. 감독-위반을 둘러싼 2단계 모니터링 게임

1) 중앙-성급 정부 간의 대리인 문제(Agency Problem)

이상에서 중앙정부 정책에 순응하지 않는 지방정부의 이기적 일탈 행동이 지방 차원의 지재권 침해 확산에 일조하고 있음을 알 수 있었다. 그러나 이 같은 이기적인 일탈 행동이 어떤 과정과 유인 때문에 반복적으로 일어나는지를 알려면 지재권 침해와 감독을 둘러싼 중앙-지방 정부 간 관리 감독 게임(1단계), 지방정부 자체의 관할기업 모니터링 게임(2단계) 등 2단

그림 6-1 | 대칭적 정보 하 중앙정부의 지방정부 감독 적정수준

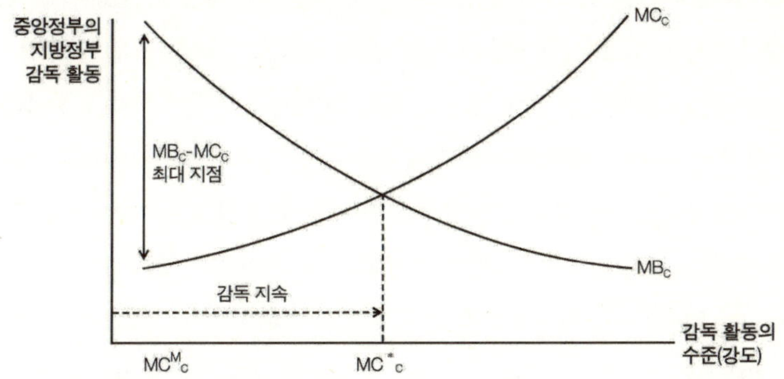

주: MC^{M}_{C} : 중앙정부가 지방정부에 관해 최대 감독 유인을 느끼는 수준
MC*c점을 지나서 중앙정부는 성(省)급 지방정부에 대한 감독 유인을 상실하게 됨

계의 게임을 분석하여 그 메커니즘을 살펴봐야 한다.

이와 관련, 본 절에서는 정보경제학의 대리인 이론과 게임이론(game theory)의 틀을 사용해 대리인 문제의 작동 메커니즘과 지방정부, 관할기업의 전략적 행동을 개념적으로 분석하고자 한다. 지방 차원의 2단계 모니터링 게임 분석을 위해 ① 중국의 분권화된 행정관리체계, ② 중앙정부에게 불리한 관련 정보의 비대칭적 분포, ③ 보호주의 동기가 강한 지방정부, ④ 취약한 기술력, 브랜드 파워에도 불구하고 이윤 획득 동기가 강한 지방기업의 존재 등을 가정한다.

먼저 중앙정부의 성(省)급 지방정부에 대한 관리·감독 게임, 즉 모니터링 게임을 분석하고자 한다. 만일 중앙-지방 정부 간에 지재권 침해에 관한 정보가 양(quantity)과 질(quality) 면에서 동등하게 고루 분포되고 있는 '대칭적 정보'(symmetric information) 상황이라면, 〈그림 6-1〉에서 보는 것

처럼 중앙정부의 최적 감독 활동은 감독 활동의 한계편익(MB)과 한계비용(MC)이 일치하는 MCc*에서 이루어질 것이고 원점에서 이 점에 이르기까지 중앙정부는 성급 지방정부에 대한 관리 감독을 강화할 유인이 있다. 그러나 이 점을 지나면 추가적 관리·감독의 한계비용이 한계편익을 초과하기 때문에 투입된 인적 자원과 감독 활동을 우선순위가 큰 다른 분야로 돌리는 것이 나을 것이다. 이 경우 중앙정부가 완전 정보를 갖고 있기 때문에 성(省)급 지방정부가 이기적인 지대 추구 행위를 할 수 있는 전략 공간(strategic space)은 줄어들어 중앙정부의 통제에 순응할 수밖에 없을 것이다.

그러나 다층적으로 분권화된 중국의 관리체제를 생각할 때 이 같은 대칭적 완전 정보 상황은 비현실적이다. 오히려 지재권 침해 관련 정보가 지방정부에게 유리하게 분포되어 있는 비대칭적 정보(asymmetric information) 상황을 상정하는 것이 더 적합하다고 할 수 있다. 즉 중앙정부보다 지방정부가 지재권 침해에 관련된 정보의 양과 질을 더 많이 갖고 있어 대리인(agents)인 지방정부는 국가 이익을 지키려는 중앙정부, 즉 주인(principal)의 입장을 이해하지만 현지의 경제적 이익(예: GDP 성장률, 고용과 지방세수의 증대 등)을 위해 이기적이고 근시안적으로 행동한다는 것이다.[7] 중앙정부도 이 같은 성급 지방정부의 성향을 알고 있으나, 관찰 불능성, 감독에 대한 막대한 거래비용, 지방간부의 로비 때문에 적시에 개입할 수 없

7_중앙정부는 지재권 관련 조약, WTO TRIPs 협정의 준수, 미국·EU 등과의 지재권 분쟁 방지·해결, 자주혁신 분위기의 고양 등 어떠한 이유에서든지 지재권을 보다 엄격히 보호할 유인과 책무가 있다. 그러나 정보 우위의 이익을 누리고 있는 지방정부 당·정 지도자의 입장에서는 범국가적·중장기적 이익보다도 현지의 국지적·단기적 이익이 더 중요한 경우가 많다. 중앙의 정책 방침에 순응할 때 얻을 수 있는 중장기적 이익(benefit)보다도 당장 정책 순응 시 지불해야 할 경제적 대가나 비용(cost)이 크다고 생각하기 때문이다.

다. 이를 잘 알고 있는 지방정부는 현지 이익을 좇아 기회주의적으로 행동함으로써 게임의 승자가 되려고 한다. 즉 '관리감독–정책순응 게임'에 있어 소위 '대리인 문제'(agency problem)가 발생하게 되는데, 정보가 부족한 중앙정부의 이익이 정보가 많은 지방정부의 이기적 행동에 의해 희생된다. 그리고 이 과정에서 지재권 침해 행위에 대해 지방정부는 소극적 방임·묵인 전략을 채택할 가능성이 크다.

한편 다층적으로 분권화된 경제관리 시스템 하에서, 중앙정부–성급 정부 간의 모니터링 게임과 '대리인 문제'는 성급 정부와 하급 지방정부, 하급 정부와 기업 간에도 유사하게 재현된다. 더욱이 대부분의 지구(地區), 현(縣), 향(鄕) 등 하급 지방정부는 산하 집체기업이나 향진기업에 대해 일정 투자지분을 갖고 있거나 어떤 경우에는 해당기업을 직접 분사해 설립한 경우도 있어서 영업성과에 관심이 많을 수밖에 없다. 따라서 위조품 생산·유통에 대한 사전 감시와 사후 단속의 유인은 약한 반면, 감독의 유인은 해당 지방정부의 지분율이 높으면 높을수록 느슨해 질 가능성이 크다.

또한 앞에서 언급한 것처럼 타 지방과의 성장률 경쟁에서 뒤졌다고 생각하는 지방의 간부나 과거에 중앙정부 정책에 순응했다가 손해를 본 간부의 경우 보상 심리 때문에 보다 대담한 '도덕적 이반' 행태를 보일 수 있는데, '짝퉁 제품 클러스터'의 건설이 그 좋은 예이다.

물론 모든 지방정부 간부가 이처럼 근시안적이고 이기적인 전략적 행동을 한다고 단정 지을 수는 없다. 지방 간부로 일하다가 중앙당에 진출한 간부가 많은 성 혹은 청렴한 태도로 중앙에 진출하려는 베이징이나 톈진, 상하이와 같은 거대 도시의 간부들은 일탈 행동을 자제하고 정책에 순응하려는 성향이 강할 것이다. 또 허베이(河北)성처럼, 중앙정부와 지근거리에 있어 정책·방침을 위반하는 것 자체가 쉽게 관찰되는 경우는 정책 위반 자

그림 6-2 | 비(非) 대칭적 정보 하 중앙정부의 지방정부 감독 적정수준

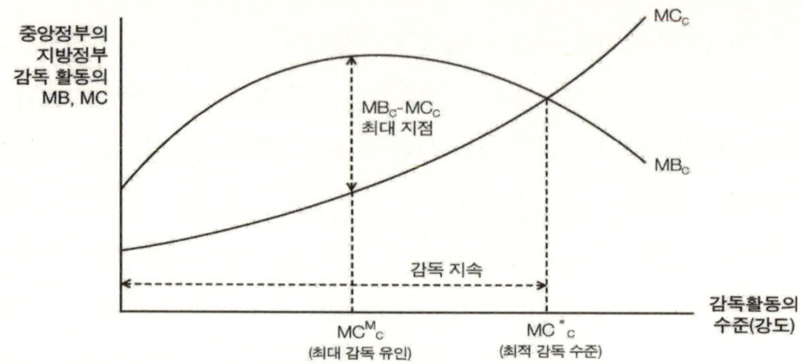

주: MC*c에서 중앙정부는 각급 지방정부에 대한 지재권 단속을 중단
$MC^{M}{}_{C}$: 중앙정부가 각급 지방정부에 대해 최대의 감독 유인을 느끼는 수준(강도)

체가 어려울 것이다. 그러나 소득 수준이 전국 평균에 못 미치는 중서부 내륙 성·시·자치구 정부의 경우 지재권 보호 의식 등이 낙후되어 있고 중앙의 감독권에서 멀리 떨어져 있는데다가, 연해 선진 지역의 소득 수준을 따라잡으려는 추격 동기도 강해 지재권 보호 정책에 대한 순응 동기가 상대적으로 약하다고 할 수 있다.

자신의 정보 우위를 활용해 당해 성(省)·시(市)·자치구(自治區)의 현지 이익을 단기적으로 극대화하려는 지방정부의 '전략적 행동'(strategic behavior)을 보다 현실적으로 묘사하기 위해서는 비(非) 대칭적 정보 상황을 가정하고 중앙정부의 감독 활동 범위를 재조정하면 된다. 〈그림 6-2〉는 이를 반영한 그래프로 중앙정부가 느끼는 추가적인 관리·감독 활동의 한계비용(MC_C)은 지속적으로 상승하는 반면, 한계편익(MB_C)은 지방정부의 이기적 정보 왜곡·차단 지대 추구를 위한 합리적 기만(rational cheating) 행위 때문

그림 6-3 | 비(非) 대칭적 정보 하 지방정부의 관할기업 감독의 적정수준

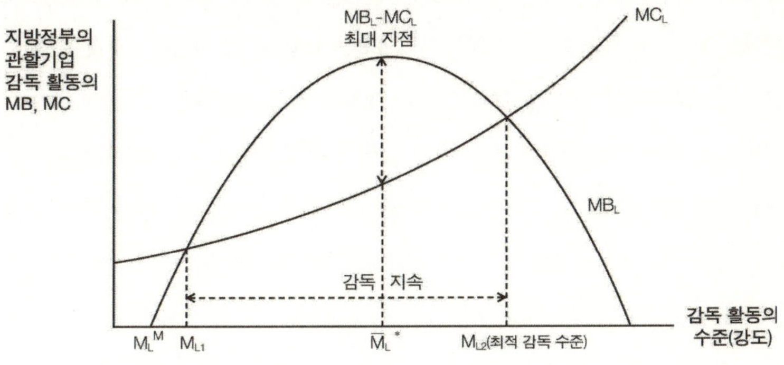

주: M_{L1}에서 각급 지방정부는 관할기업에 대해 지재권 단속을 시작하여 $\bar{M}_L^*$ 에서 피크를 이루고 M_{L2}에서 단속을 완화하거나 중단함
$\bar{M}_L^*$: 지방정부의 최고 감독 수준(강도)

에 일정 시점(MC^M_C)을 지나면 줄어들게 된다. 만일 중앙정부가 이 점을 지나 계속 성급 지방정부를 감독하려 든다면 MB_C−MC_C 간의 간격이 줄어들고 급기야 MC^*_C까지 지나게 되면 한계비용이 한계편익을 초과하게 되므로 지방정부 감독 활동에 성과도 없이 시간과 예산, 인력을 낭비하게 된다. 따라서 원점에서 MC^*_C까지의 구간이 중앙정부가 정당성을 갖고 경제적인 감독 활동을 하는 구간이며 최대 감독 활동의 유인은 MB_C−MC_C가 최대가 되는 MC^M_C점이라고 할 수 있다.

지방정부도 관할기업을 관리·감독할 때에는 중앙-지방 정부 간의 관계에서처럼 비대칭적 정보 상황에 놓여 있다. 다만 다른 점이 있다면, 중앙-성(省) 정부 간의 관계에서보다는 훨씬 정보의 비대칭성 정도가 약하다. 그리고 〈그림 6-3〉에서 보는 것처럼, 지방정부가 관할 도시 집체기업이나 향진기업에 투자지분을 갖고 있을 경우에는 지재권 침해에 관해 한 팀으로서 일정 수준의 정보를 공유하기 때문에 감독 활동에 따른 한계편익 곡선(MB_L)이 M_{L2}점을 지나면 마이너스로 변하게 된다. 즉 지방정부가 느끼는 감독·단속의 한계편익은 급격히 감소하는 반면 한계비용은 지속적으로 증가하므로 지재권 침해를 묵인하거나 단속·감독 활동을 급속히 축소하게 된다. 따라서 이론적으로 보면 지방정부가 실효성 있게 관할기업을 감독하는 구간은 M_{L1}점에서 M_L*점까지의 구간이고, M_L*~M_{L2}구간은 형식적인 단속·경고의 구간이며, M_{L2}을 지난 구간은 감독 부재(不在)·묵인의 구간이라 할 수 있다.

2) 중앙-성(省) 정부 간의 비협동적 모니터링 게임

그러나 앞의 설명은 정보의 분포가 중앙정부에 불리하고 지방정부에게 유리하게 분포되어 있음을 가정한 것이나, 중앙정부의 속성(type)과 태도(attitude) 그리고 지방정부의 상이한 대응 가능성까지 고려하지는 못했다. 그러나 중앙정부 간부는 자질, 과거 경험, 처해 있는 상황 여하에 따라 중앙의 정책에 순응하는 것이 더 낫다고 생각할 수도 있다. 이 같은 상황은 게임이론을 적용해 '지재권 침해에 관한 감독-순응 게임'에서 중앙정부의 성향, 쌍방이 택하는 전략 대안의 상호작용과 시나리오별 이해득실 집합(payoff set)을 통해 분석해 보면 쉽게 이해된다. 분석의 편의상 〈표 6-3〉과 〈표 6-4〉로 나누어 설명을 하는데, 전자는 'weak guy' 중앙정부와 성급 정부 간의 모니터링 게임을, 후자는 'tough guy' 중앙정부 하에서 중앙정부 유관 부서와 성급(성·직할시·자치구) 지방정부 간의 '비협동적(non-cooperative) 모니터링 게임'을 각각 표시하고 있다.

표 6-3 | 'Weak Guy' 중앙정부와 성급 지방정부 간의 지재권 관리·감독 모니터링 게임

		중앙정부 지재권 관련 감독기관	
		철저한 관리·감독	느슨한 감독 / 방관
지방 정부	지재권 단속 강화	-50, 50	-100, 80
	지재권 침해 방임·묵인	100, -100	200, -50

주 1) payoff는 확정 추정치가 아닌 임의의 숫자이나 선택된 전략 대안의 속성과 상호작용의 영향을 반영한 의미 있는 숫자임. 이하 payoff matrix 표의 숫자도 동일함

2) 앞에 표시되어 있는 숫자는 지방정부의 payoff 뒤에 표시되어 있는 숫자는 중앙정부의 payoff임

표 6-4 | 'Tough Guy' 중앙정부와 성급 지방정부 간의 지재권 관리·감독 모니터링 게임

		중앙정부 지재권 관련 감독기관	
		철저한 관리·감독	느슨한 감독 / 방관
지방 정부	지재권 단속 강화	80, 100	50, -50
	지재권 침해 방임·묵인	-50, 50	100, -200

주)는 〈표 6-3〉과 동일

중앙정부는 속성과는 관계없이 ① 철저한 감독과 ② 느슨한 감독·방관, 지방정부는 ① 단속 강화와 ② 침해의 방임·묵인이라는 전략 대안을 각각 갖고 있으며, 게임 참가자 양측이 인식하고 있는 '기대 이해득실'(expected payoff)은 '정규 유형 게임'(normal form game) 형식에 숫자로 표시했다. 우선, 중앙정부가 'weak guy'이고 성급 지방정부도 이에 편승하여 단속을 펼치지 않거나 느슨한 감독을 할 때 기대이익이 가장 크게 되는데 임의의 숫자이긴 하지만 가장 큰 기대편익을 200으로 상정해 본다. 반면, 중앙정부가 'weak guy'임에도 불구하고 지방정부가 자체의 필요에 의해서 알아서 단속을 강화한 경우에는 현지 지역 성장률이 떨어져 기대손실이 -100으로 커지게 된다.

중앙정부의 이해득실은 정반대다. 철저히 감독을 했음에도 지방정부가 지재권 침해를 방관하면 비효율적인 인적 자원 활동으로 인해 -100의 기대손실을 보지만, 지방정부가 중앙정부의 감독 지침을 수동적으로 따라올 경우에는 방관할 때(80)보다는 낮지만, 50의 기대이익을 얻게 된다. 이 같은 'weak guy' 정부 감독 상황 하에서는, 중앙과 지방정부 모두 지배전략(dominant strategies)을 갖게 되는데, 중앙정부는 지방정부의 반응과는 관계없이 느슨한 감독/방관 전략을 택하고, 지방정부 역시 중앙정부가 어떤 전략을 취하든 '지재권 침해를 방임·묵인하는 전략'이 우월하게 된다. 그 결과, 내쉬 균형은 지재권 침해 묵인 혹은 느슨한 감독에서 이루어지고 그 같은 지배전략 균형의 payoff 집합은 (200, -50)이 된다. 즉 특별한 상황 변화가 없는 한, 정보 열위에 시달리고 있는 'weak guy' 중앙정부는 실효성 없는 지재권 침해 단속·감독에 지나치게 많은 시간과 예산을 투입하지 않아 현명한 전략적 선택임을 시사해 준다.

그러나 만일 1995~1996년의 경우처럼 미국이 종합무역법 Special 301조를 동원해 중국을 지재권 분야 우선협상대상국(PFC; Priority Foreign Country)으로 지정하고, EU, 일본 등 선진국이 미국의 강경 입장에 동조한다면, 'weak guy'였던 중국 중앙정부도 지재권 보호 상황을 개선시키기 위해 'tough guy'정부로 변하지 않을 수 없다. 설령 이 같은 외부 압력과 비판이 없더라도 지도부 권력 교체기, 올림픽과 같은 국가적 행사 개최 전후의 시기, 혹은 자주혁신을 통한 문화산업 육성 필요성이 커졌을 때 중앙정부는 'tough guy'로 변모하게 된다. 지방정부의 입장에서도 중앙정부의 통제에 불응하여 얻을 수 있는 기대이익보다도 단속 실적 부진 시 받을 인사상의 불이익 등이 더 크다고 느끼게 되면 중앙정부 정책에 순응하여 관련 법규 집행을 보다 엄격히 하는 쪽으로 입장을 바꾸게 된다. 그리고 단속 실적을 증명하거나 책임을 면하기 위해 불법 CD·DVD 등 지재권 침해 상품을 소각·폐기하는 장면을 동영상이나 사진으로 찍어 증거로 남기게 된다.

중앙정부가 'tough guy'라고 가정하면 중앙-성급 정부 간 모니터링 게임의 payoff 매트릭스도 〈표 6-4〉처럼 변하게 된다. 중앙정부는 지배전략을 갖고 있는데, 그것은 지방정부의 전략과는 관계없이 '지방정부의 지재권 보호 업무를 종전보다 철저히 관리·감독'하는 것이다. 물론 이 같은 상황 하에서도 지재권 침해를 방임·묵인하는 지방 당·정 관료가 있다면, 그들은 인사상의 책임을 면치 못하게 되므로 payoff가 -50이 된다. 따라서 중앙정부와 지방정부 모두가 만족해하는 내쉬 균형 전략은 지재권 단속 강화 혹은 철저한 감독이 될 것이고 이때의 이득집합은 (80, 100)이 될 것이다.

결론적으로 성급 지방정부는 중앙정부 유관부서 간부의 성향, 관련부서가 처해 있는 대내외적 상황을 보고 자신의 전략을 결정하는 기회주의적 성향을 띠게 된다. 대내외 압력이 강하면 중앙정부가 'tough guy'로 변할 것으로 보고 관련 법규를 엄격히 준수하지만, 외부 통상 압력이 약해지거나 중앙의 감독·통제가 느슨해지면 단속을 중단하거나 침해 행위를 묵인하는 전략으로 복귀하게 된다. 실제로 1995년 2월 미·중 간의 지재권 분쟁이 극적으로 타결되어 양해각서(MOU)까지 체결되었지만 MOU가 제대로 이행되지 않자 1996년 5월 미 무역대표부(USTR)는 중국정부에 대해 100% 보복관세를 부과하겠다는 위협을 가하였고, 중국도 이에 뒤질세라 미국산 자동차 부품에 대한 보복관세로 맞대응하면서 제2차 지재권 분쟁이 발생하게 되었다.[8] 당시 제1차 지재권 분쟁 때 폐쇄되었던 광둥성의 불법 복제품 공장들은 중앙정부의 느슨해진 감시와 단속의 틈을 타 생산을 재개하였고, 추가적 복제공장의 등장에도 광둥성의 지방정부는 이를 수수방관했기 때문이다. 이때 미국정부는 1995년 2월 MOU 불이행으로 인해 총 23억 달러에 상당하는 CD 음반, 컴퓨터 소프트웨어 등의 미국 지재권 상품이 피해를 보았다고 주장하면서 지방 유관부서와 관할기업을 보다 철저히 단속하고 처벌할 것을 중국 중앙정부 측에 요구하였다.

3) 지방정부의 관할기업 지재권 침해 단속·처벌 게임

앞에서 지방 차원의 지재권 보호는 중앙정부 유관부서나 공안당국의 간헐적인 단속 캠페인만으로는 해결될 수 없다는 것을 알았다. 성(省)급 정부는 물론, 그 밑에 있는 시·지구·현·향 등 각급 지방정부까지도 국가 이익보다는 현지 경제의 성장과 고용, 재정수입에 더 많은 관심을 갖고 있어 위법 행위를 강력히 단속하지 않기 때문이다. 실제로 '짝퉁 산업'은 중국 GDP의 최소 20%를 점하고 있고 연간 400~800억 달러의 소득 창출, 500~2,000만 개의 일자리와 연결돼 있는 것으로 추정되고 있다.[9] 따라서 하급 지방정부의 입장에서 짝퉁 산업을 철저히 단속하면 상급 지방정부나 중앙정부에 일시적으로 좋은 인상을 줄 것이나, 현지 실업률이 높아지고

8_1995년 1월부터 1996년 6월간에 걸쳐 진행된 미국과 중국 간의 제1차, 2차 지재권 분쟁의 발단 경위, 협상 과정, 타결 내용 등에 관해서는 "미 중 지재권 분쟁 극적 타결," 동아일보, 1995. 2. 27, 1면; "미-중 지재권 분쟁 조짐," 한겨레신문, 1995. 12. 4, 8면; "미-중 불법 복제 관련 무역전쟁 위기," 동아일보, 1996. 5. 10, 7면; "극적 타결, 중-미 지재권 협상," 경향신문, 1996. 6. 19, 7면을 참조할 것.

9_중국 국가통계국의 발표치를 김회동(2012), "중국발 짝퉁, 애플 넘어 세계 최고 브랜드 등극할까?", 2012. 11. 23, 두두차이나 웹사이트 정보, http://duduchina.co.kr/?p=12511.에서 재인용한 것임.

수출실적이 약화되면 현지민과 기업인들의 반발이 커져 정치적 리스크가 커지게 된다.

따라서 하급 지방정부 간부는 전략적으로 행동할 수밖에 없는데, 상급 지방정부의 감독이 엄격하지 않는 한, '느슨하고 불완전한 감독'(imperfect, lax monitoring)을 하고, 적발된 침해 사범에 대해서도 벌금형 등 '형식적이고도 가벼운 처벌'(perfunctory, ineffective punishment)만을 내린다.

중국 내 지재권 침해 행위가 근절되지 않고 확대 재생산 되는 데는 바로 이 같은 하급 지방정부의 합리적이지만 이기적인 동기가 지속적으로 작동하고 있기 때문이다. 더욱이 2010년 이후 글로벌 경기침체 속에서 광둥, 푸젠, 저장, 장수 등 수출기업이 많은 동부 연해 지역의 지방 수출기업들이 도산하고 실업률이 증가하면서 지방의 간부들은 짝퉁 산업의 단속에 과거보다 더 소극적이 될 수밖에 없었다. 정품이든지 짝퉁 제품이든지 간에 지방의 고용, 고정 세수, 수출 외환이 증가하면 되기 때문에 상황에 따라서는 철저한 단속을 보류하고 기업을 살리는 전략을 펼치는 것이 현명하다고 생각하게 될 것이다.

4) 성급 미만 지방정부와 관할기업 간 모니터링 게임

(1) 기존 모니터링 게임과의 차이점

성급 미만 지방정부와 소재지 관할기업 간에 벌어지는 모니터링 게임(monitoring game)도 기본적으로는 중앙정부-성급 지방정부 간의 모니터링 게임과 그 양상이 크게 다르지 않다. 다른 점이 있다면, 하급 지방정부의 경우 정보 수집 및 감독 시 발생하는 제반 거래비용(transaction costs)이 성급 지방정부에 비해 비교적 적고, 지방보호주의(localism), 온정주의(paternalism) 성향으로 인해 관할기업과의 정경유착 가능성이 크다는 사실이다. 특히 관할기업에 대해 지방정부가 투자지분을 갖고 있거나 지분이 없더라도 지방 세수 및 고용 기여도가 높은 기업에 대해서는 지재권 침해를 묵인·방관하는 지방보호주의 성향이 더 강하다. 2007년 하반기부터 2010년까지 기간의 경우 내수경기 부양을 위해 중앙정부가 지방정부에 대한 통제와 감독을 느슨하게 했는데, 이 과정에서 각급 지방정부는 산하 소형 국유기업, 집체기업, 사영기업의 지재권 침해를 철저히 감독하지 않았다.

더욱이 성급 미만의 하급 지방정부는 자신의 감독 불찰을 언제든지 중앙정부나 성(省)급 정부의 급격한 정책 변화에 대한 기업의 적응력 부족, 인근 지방정부와의 형평성, 범법자의 침해 기술 발달 등에 전가시킬 수 있기 때문에 침해 묵인 혹은 기업과의 담합·유착 등의 일탈 행위를 할 가능성이 높다. 일반적으로 보면 이 같은 도덕적 이반의 강도는 관할기업의 소유구조 내지는 지배구조와 반비례 관계에 있는데, 화능(華能, 에너지), Sinochem, Sinopec, Petrochina(이상 석유화학), 안산철강, 수도철강, 바오산철강(이상 철강), China Mobile, Unicom, China Telecom(이상 통신) 등 대형 국유기업의 경우 중앙정부의 지분율(즉 소유권 비중)이 높아 지방정부가 기업의 지재권 침해를 묵인하거나 비호해 줄 유인이 거의 없는 반면, 소형 지방 국유기업, 집체기업 혹은 민간기업의 경우는 현지 정부가 지분을 많이 갖고 있는데다가 현지의 경제적 이해와 직결되어 있어 위법 행위를 묵인·비호할 가능성이 높다고 할 수 있다.

(2) '침해-단속 모니터링 게임'의 기본 가정

성급 미만 지방정부가 지방기업의 지재권 침해 행위를 어떻게 감독·단속하는가를 게임이론을 통해 분석하기 위해서는 다음과 같은 기본적인 가정이 필요하다.

첫째, 2012년 말 기준 USD 5,400달러의 1인당 GDP에도 불구하고, 중국인의 소득 수준이 낮아 정품 브랜드를 살 수 있는 사회적 계층이 도시 부유층·중상류층으로 국한되어 있다. 또한 2~3급 시, 지구(地區), 현(縣), 향(鄕) 등 지방정부가 감독해야 할 기업의 숫자가 많으며, 짝퉁 제품이나 위조품 시장이 '성장 시장'(growth market)이어서 새로운 민간기업이 새로 시장에 진입할 유인이 강하다는 점이다.

둘째, 지방정부(경찰 및 지재권 침해 단속 유관부서)는 ① 단속·고발과 ② 불처벌·묵인이라는 2개의 전략 대안을, 관할기업은 ① 지재권 관련 법규 위반(즉, 지재권 침해)과 ② 법규 준수(즉, 불침해)라는 2개의 전략 대안을 각각 갖고 있는데, 이들 각 게임 참가자들은 상대방의 전략과 정책, 태도 등을 관찰·추론하면서 자신의 기대이익(expected payoff)을 극대화할 수 있는 전략을 선택한다.

셋째, 지방정부에는 'tough guy'와 'weak guy'의 두 가지 유형이 있다. 'tough guy'는 관할 지방기업의 지재권 침해 행위를 철저히 관리·감독하고, 적발 시 관련 법규에 의한 민·형사상의 처벌을 가한다. 반면, 'weak guy' 정부는 경제성장률, 재정수입과 고용 사정을 감안해 형식적 단속만 펼치거나 침해 행위를 묵인한다.

넷째, 지방정부와 기업은 1회성 게임(one-shot game)을 하는 것이 아니라 반복게임(repeated game)을 한다. 따라서 지방의 당·정 간부들은 자신들의 이익을 위해 지재권 침해기업을 다양한 방법으로 보복·징벌할 수 있으나, 경우에 따라서는 단속·처벌해야 하는 감독기관 관료가 침해기업과 유착·담합해 짝퉁 제품 제조·판매의 과실을 공유하거나 사적 지대의 극대화를 추구할 수도 있다.

마지막으로, 지방기업이든 지방정부(즉, 리더나 간부)든 각각의 전략 대안의 상호작용이 가져다주는 미래의 이해득실을 역추론(backward induction)하여 가장 큰 기대이익을 가져다주는 행위를 현재에 감행한다. 즉 기업은 지방정부가 공표하는 지재권 관련 법규나 단속 실적은 물론, 평소 자신이 지방정부 내에 다져 놓은 인맥, 즉 '꽌시망'(關係網)을 총동원하여 지방 당·정 간부의 성격, 배경과 지재권 보호에 관한 태도 등을 파악하여 이에 대한 대책을 강구한다. 이때 중요한 것은 침해 사범 단속·처벌에 관한 간부의 과거 행동 경력, 즉 '평판'(reputation)이다. 만일 특정 당·정 간부가 장기간에 걸쳐 일관성 있게 강도 높은 지재권 보호 정책을 펼쳤다면, 공표된 단속 정책의 신뢰성(credibility)이 높아져 관할기업들은 지방정부의 정책·지시에 순응하려 할 것이다. 'tough guy' 정부에 맞서 봤자 경제적 손실만 커지고 요주의 관찰 대상에 올라 미래 자신의 사업 입지만 약화되는 상황을 두려워하기 때문이다.

반면, 외관상 공식적으로는 'tough guy'인 것처럼 행세하지만, 실제로는 침해 사범 단속·처벌 전력이 없거나 지재권 보호 정책·법규를 느슨하게 집행하는 'weak guy' 간부들도 있다. 이 같은 'weak guy' 간부의 정부 하에서 관할기업은 미래에 적발되어 받을 처벌(즉, cost, 손실)의 현재 가치보다도 당장 지재권 관련 법규를 침해하면서 얻을 목전의 이익(즉, benefit, 혜택)이 훨씬 크다고 판단되면 다양한 방법과 기술을 이용해 위조 제품이나 해적판 상품을 제조·판매하게 된다.

표 6-5 | 지방정부 단속부서가 'Tough Guy'일 때의 단속·처벌에 관한 신뢰성 게임

		지방정부 지재권 침해 단속부서	
		단속/처벌	묵인/불처벌
지방정부 관할 하 기업	지재권 법규 준수(불침해)	50, 200	100, -100
	지재권 법규 위반(침해 강행)	-200, 100	200, -200

표 6-6 | 지방정부 단속 부서가 'Weak Guy'일 때의 단속·처벌에 관한 신뢰성 게임

		지방정부 지재권 침해 단속부서	
		단속/처벌	묵인/불처벌
지방정부 관할 하 기업	지재권 법규 준수(불침해)	-50, -300	200, 100
	지재권 법규 위반(침해 강행)	300, -100	400, 200

〈표 6-5〉는 'tough guy' 지방정부의, 〈표 6-6〉은 'weak guy' 정부일 경우를 가정하여 두 참가자의 전략 대안의 상호작용으로 생긴 기대이익과 기대손실 집합을 표시해 놓고 있으며, 상이한 시나리오 하에서 어떤 전략 집합이 균형해가 되는지를 보여주고 있다.[10]

먼저 지방정부가 'tough guy'일 경우를 살펴보자. 이때 침해기업은 강력한 단속과 민·형사상의 처벌로 인해 -200의 손실을 보는 반면, 지방정부는 단속 목적을 달성하고 미래 침해 사범에 대해서도 충분한 경고를 하였으므로 'tough guy' 이미지를 실현, 100의 이득을 본다고 상정할 수 있다. 그러나 'tough guy' 지방정부가 증거 부족이나 내부 합의 부족 등의 사정으로 침해 사범을 처벌하지 못한다면, 지방정부는 기업의 법규 준수 시보

10_'tough guy'인 척하다가 결국은 'weak guy'인 것으로 판명난 지방정부의 유형은 처음부터 'weak guy'인 경우에 포함시켜 살펴보았다.

다 낮은 -200의 기대손실을 볼 수밖에 없다. 당초의 단속 의지도 실현하지 못했고, 향후 지재권 침해 사범 단속 시에도 침해 재발 억제 효과를 기대할 수 없게 되기 때문이다.

한편 'tough guy' 정부 하에서 지방기업이 법규를 제대로 준수한다면, 해당기업은 위조품 제조·판매 이익이 줄어들긴 하겠지만 단속의 철퇴를 맞지는 않으므로 소폭(50)의 이익을 보게 되며 지방정부는 200이라는 최대의 기대이익을 누리게 된다. 지방정부가 내부 사정으로 인해 묵인/불처벌 전략을 택할 경우에도 기업은 법규를 준수할 수 있는데, 이때 법규 준수 기업은 100, 지방정부는 'tough guy' 이미지 약화로 인해 -100의 기대손실을 보게 된다. 하지만 이때의 손실은 'weak guy' 정부가 묵인/불처벌 전략을 취할 때(+200)보다 훨씬 크게 된다.

결국 반복게임 시 관할기업과 지방정부의 내쉬 균형 전략 조합은 (법규 준수, 단속 / 처벌)이 되며, 이때의 payoff set는 (50, 200)이 된다. 즉 'tough guy' 정부일 경우, 관할 지방정부의 지배전략(dominant strategy)은 지방기업의 전략 대안 선택과는 무관하게 단속·처벌 정책을 일관되게 추진하는 것이고, 기업은 'tough guy' 정부에 대한 믿음이 무너지지 않는 한, 지재권 침해가 아니라 원가절감과 기술혁신 등 합법적 수단을 통한 경쟁력 향상을 시도할 수밖에 없다. 관할기업의 단속 의지가 일시적으로 약해질 때만 틈새 기회를 활용해 200의 이득을 취하기 위한 위반(cheating)의 유혹을 느끼겠지만, 이는 곧바로 정부의 보복 조치에 직면하기 때문에 지속 가능한 전략은 아니다.

(3) 지방정부의 책임전가, 의도적 방관, 부패

그러나 〈표 6-6〉에서처럼 지방정부의 속성과 유형이 'weak guy'로 변하게 되면 게임의 양상과 내쉬 균형해는 달라지게 된다. 우선 'weak guy' 정부는 'tough guy' 정부와는 달리 지재권 침해를 방임·묵인할 때 더 높은 기대 효용·이익을 느끼게 된다.

그 이유는 자명하다. 첫째, 침해 단속을 강화할 경우, 다른 지방보다 성장률과 고용실적이 뒤쳐지거나 재정수입 증가율이 둔화되기 때문이다. 둘째, 설령 선량한 지방정부(지도자)가 부임해 지재권 관련 법규를 엄정하게 집행할지라도 반복게임의 과정에서 비교 대상(peer group) 지방정부 중 어느 하나가 묵인·방조하고 있다는 것을 알게 되면, 기회손실을 만회하기 위해 침해를 방임·묵인하는 쪽으로 입장을 바꿀 가능성이 커지며, 지방정부의 이 같은 태도 변화는 또 다른 잠재적 침해자의 짝퉁 제품 시장 진입을 유발할 수 있다.

보다 구체적으로 네 가지의 다른 시나리오를 살펴보자. 우선 'weak guy' 정부가 '짝퉁과의 전쟁'을 선포하고, 지방기업이 이를 믿을 경우, 모방과 위조에 따른 침해 이익이 줄어들므로 기업은 -50의 기대손실을 보게 되며, 강력한 단속 의지를 믿지 않고 침해 행위를 하는 기업은 300의 기대이익을 얻게 된다. 반면, 'weak guy' 정부가 인근 성(省)·시(市)와의 성장률 경쟁을 의식해 지재권 침해를 의도적으로 방관하거나 단속을 철저히 하지 않는다면, 정부의 기대이익은 철저한 단속 시보다 커진다. 지방의 성장률이 높아지고 세수와 사적 지대 추구의 기회가 늘어나기 때문이다. 기업 역시 지방정부가 묵인·방관하는 상황을 최대한 이용하는 것이 유리하므로 'weak guy' 정부가 자신의 믿음에 맞게 묵인/불처벌의 전략을 취한다면,

기업들은 최대한 관련 법규를 위반함으로써 최대의 기대이익(400)을 누리려고 할 것이다. 이때의 기대이익은 법규 준수(200) 시보다 훨씬 크게 된다.

즉 소재지 지방정부가 'weak guy' 이미지로 기업에 각인되는 한, 관할 기업의 지배전략은 법규를 위반하는 것이며, 반복게임을 통한 내쉬 균형해는 (침해 묵인), 그때의 payoff 집합은 (400, 200)이 된다. 지재권 침해기업의 payoff가 'tough guy' 정부일 때보다 큰 것은 'weak guy' 정부 하에서는 짝퉁 제품을 출시 판매하더라도 큰 적발·처벌의 리스크 없이 매출액과 이윤 마진을 확대할 수 있기 때문이다. 만일 'weak guy' 정부 하에서 기업이 지재권 관련 법규를 준수했음에도 불구하고 정치적인 사유(예: 뇌물 불상납)로 고발당하거나 처벌을 받았다면, 해당기업은 'tough guy' 정부(+50) 때보다 훨씬 큰 기대손실(-50)을 느끼게 될 것이고, 'weak guy' 정부 역시 법규 준수 기업의 단속·처벌로 인해 GDP 성장률, 재정수입과 고용이 부정적 영향을 받게 되어 가장 큰 비효용(-300)을 느끼게 될 것이다. 그리고 만일 지방 경찰이나 침해 단속 관료가 기업과 유착되어 있음에도 불구하고 단속·처벌을 받는다면 정부나 기업이나 모두 〈표 6-6〉의 payoff(-50, -200)보다도 더 큰 기대손실을 느끼게 될 것이다. 반면, 부패고리로 유착된 지방관료가 묵인하거나 단속 정보를 알려 주는 행위를 할 경우 기업은 단속 관료에 대한 뇌물 상납에도 불구하고 더 높은 시장점유율과 이윤 마진을 구가하게 되므로, 침해기업의 기대이익은 〈표 6-6〉의 400보다 훨씬 더 커지게 될 것이다.

5. 지방정부의 지대 추구 행위와 도덕적 이반

1) 부패·비리 등의 지대 추구 행위

지방 당·정 관료, 경찰, 국가품질감독검역국 직원, 세관원 등 지방 파워 엘리트의 개인적 부패와 비리, 밀수 등의 불법적 '지대(地代) 추구'(rent-seeking) 행위도 지재권 침해를 유발하거나 악화시키는 요인으로 작용하고 있다.[11] 지대 추구 행위는 지방정부나 관련 단체·협회의 현지 이익을 보호하는 정책적 차원이 아니라, 담당 관료 개인의 사익을 추구하는 차원에서 은밀하게 이루어진다는 정부조직에 의한 '전략적 묵인'의 경우와는 성격이 다르다.

지방 당·정 관료의 지대 추구 방식 중 가장 적극적인 방법은 자신의 소득과 불법 상납액을 합쳐 유사·모방 제품을 생산하는 자신의 공장을 차리는 경우이다. 이 같은 전략적 부패는 특히 퇴직 직전에 많이 발생하는데 중국에서는 이를 '59세 현상'이라고 부른다.[12] 반면, 소극적으로 지대를 추구하는 경우도 있는데 개별적으로 혹은 유관기관 직원, 상사나 부하, 동료 등과 짜고 위조품 혹은 짝퉁 제품 제조·유통 기업으로부터 뇌물·향응을 받고

11_강승호(2011)는 주로 토지사용권을 둘러싼 지방정부의 지대 추구 행위를 설명하고 있는데, 이에 관해 자세한 것은 강승호(2011), "중국 지방정부의 렌트 추구와 성장 패턴," 『동북아경제연구』, 제23권 제3호, 141-146쪽을 참조할 것.

12_중국의 퇴직 연령은 남자의 경우 만 60세, 여자의 경우 간부는 55세, 그렇지 않은 경우는 50세이다. 양로보험 기금의 고갈로 남자와 여자의 퇴직 연령을 각각 5세씩 연장하자는 의견도 있으나, 청년 실업 문제로 번번이 반대에 부딪쳐 실현되지 못하고 있다.

침해 행위를 눈감아주거나 단속 정보를 사전에 건네주는 경우이다.

실제로 위조품 제조·유통에 지방 당·정 간부가 직접 가담하거나 지역 경제 위축을 우려해 이를 방조하거나 다른 유관부서 관료와 공모 혹은 침해기업과 유착하는 등의 도덕적 이반(moral hazard) 사례는 허다하다. OEM 방식으로 중국에서 타이틀리스트(Titleist), 나이키(Nike)의 골프공을 생산·공급하는 중국기업의 홍콩 지역본사는 광둥성 정부 유관부서에 짝퉁 골프공 제조업체에 대한 단속을 의뢰했는데, 지방정부의 모조업체를 형식적으로 단속해 소기의 성과를 거두지 못했다. 2004년 8월에는 다국적 담배회사 말보로(Malboros)가 '홍쐉시'(紅雙喜)라는 상하이 담배공장과 함께 짝퉁 담배 생산업체 소재지 정보를 획득하여 지방 공상행정관리국 관료들과 함께 푸젠(福建)성의 한 어두컴컴한 동굴을 급습하였다. 그러나 현장에 도착해 보니 경찰이나 지방 관료 중 누군가가 단속 사실을 위조범들에게 미리 알려줘 동굴 내에는 궐련기, 담배종이, 담배를 찍어내는 기계만이 덩그러니 남아 있었고 위조범들은 도망치고 없었다.[13] 허베이 성에서는 촌민위원회(村民委員會)의 당 서기가 직접 위조 화장품 유통을 주도하였고, 일부 지방정부 간부는 매월 15~25일을 '기업의 마음 편한 날'로 정해 이 기간 동안에는 경찰, 국가품질감독검역국 등 단속기관이 방문 조사를 벌이지 못하도록 원천 봉쇄하기도 했다.[14]

중국 콘솔 게임기 시장에 진출한 소니(Sony)의 사례도 지방의 지재권 침해 단속 담당 관료와 침해자 간의 공모로 인해 피해를 본 적이 있다. 소니사는 광둥성 선전의 일부 짝퉁 제조 공장들이 매일 평균 5만 여 개의 가

13_Balfour, F. et al.(2005) 참조.

14_新京報, 2013. 2. 12자 보도.

짜 플레이스테이션2 콘솔 게임기와 동 부속품을 제조·판매한다는 정보를 입수, 이들을 관련 당국에 고발하였고, 위조업체 사장들은 구속 수감되었다. 그러나 그 후에도 시중에 가짜 콘솔 게임기가 계속 유통되고 있는 것을 수상히 여긴 소니사가 짝퉁 제품의 유통 경로를 역추적하였고, 그 결과 놀랄만한 사실을 발견할 수 있었다. 다름이 아니라, 선전시 산하 지구정부의 경찰과 단속 관료들이 형무소 간부와 짜고 감옥에 가짜 부속품을 공급한 다음, 여기서 이 조립된 짝퉁 플레이스테이션2 콘솔 게임기를 시중에 유통시키고 있었던 것이다. 이 같은 방법으로 유통된 가짜 물량은 처벌 받은 기존 업체의 위조 총량보다 훨씬 많았다. 또한 조사 결과, 강한 관료세력과 유착 관계를 맺고 있는 위조범들이 '시장 지배력이 약한' 위조범들(수감된 업체)을 시장에서 도태시키기 위해 침해 사실과 공장 소재에 관한 정보를 일부러 단속기관에 흘려 약한 경쟁자를 제거하는 경우도 있었다.[15]

2) 지방정부 도덕적 이반 극복을 위한 정책과제

이상에서 우리는 지재권 침해·단속을 둘러싼 중앙-지방 간, 지방정부와 관할기업 간의 모니터링 게임에 있어, 정보 열위에 있는 중앙정부가 매우 불리하고 성급 미만 지방정부 유관부서(경찰, 세관, 공상행정관리국 등) 소재지의 경우 관할기업과 유착되는 경우가 많아 단속의 유인이 상대적으로 미약하다는 것을 알았다. 따라서 중앙정부나 성급 지방정부가 단순히 산하

15_Fishman, Ted. C.(2005), "Manufaketure," *The NewYork Times*, January 9, 2005.

지방정부에 대해 강력한 단속과 철저한 관리·감독 방침을 하달한다고 해서 지방 차원의 지재권 침해 행위가 해결되는 것이 아님을 알 수 있었다. 결국 지방의 지재권 침해 상황의 개선 여부는 성급 미만 하급 지방정부나 관할기업이 상급 정부나 현지 관할정부를 'weak guy,' 'tough guy' 중 어느 쪽으로 인식하고 있고 이 같은 인식을 얼마나 오랫동안 신뢰성 있게 유지하느냐에 상당 부분 달려 있다는 것을 알 수 있었다.

상급 정부의 단속 의지에 대한 신뢰가 강하면 강할수록, 하급 정부나 관할기업들은 자신의 향후 이해득실을 역추론(backward induction)하고 반복게임을 하는 과정에서 이해득실을 따져 관련 법규를 준수하는 쪽으로 태도를 정하게 될 것이고, 법 집행과 관련된 사회적 거래비용(social transaction costs of legal enforcement)도 결과적으로 감소하게 될 것이다.

그러나 'tough guy' 정부의 이미지를 믿게 하기 위해서는 침해 주체, 침해 동기, 침해 방법, 침해 빈도, 단속과 적발 과정, 처벌 결과 등에 관해 정보 열위 상황에 처해 있는 주인(중앙정부, 상급 지방정부)의 정보 비대칭 상황을 개선해 줌은 물론, 재정 분담 제도, 정보 관리 및 감독·유인 체계를 지속적으로 개혁해 담당기관 간부나 지방 당·정 관료의 부패 등 도덕적 이반 발생 유인을 줄여 나가야 할 것이다. 이외에도 ① 지방 당·정 관료의 재산공개 및 부패·비리에 대한 처벌 강화를 통한 사적 지대 추구 행위의 근절, ② 침해 단속과 관련된 지식·정보의 공유와 지방 간 공조체제의 강화, ③ 교육·훈련을 통한 지재권 침해 단속 전문 인력의 양성 등이 필요하다고 본다.

특히 지방 당·정 간부와 기업 간의 부패 유착 고리의 차단을 위해서는 지방기업과 부패 사범이 인식하는 지재권 침해의 기대이익을 낮추고 처벌과 관련된 미래 기대손실의 현재 가치를 높이는 것이 중요하다. 이를 위해서는 장기적으로는 당이 법 위에 군림하는 '사회주의적 법의 지배'를 개혁하고 단기적으로는 경찰, 세관, 지방 당 기율검사위원회 서기에 청렴한 인물을 기용하는 것이 필요하다. 이외에도 지재권 보호 취약 지역의 성장·당서기에 'tough guy' 간부를 배치함은 물론, 지재권 보호 업무에 특화된 경찰과 지방 당·정 간부를 육성하고, 승진 및 전보 발령 시 청렴도, 지재권 단속 의지와 실적을 고려하는 인사 제도 개혁도 필요하다고 본다.

그러나 이 같은 합리적 시스템이 구축·정착될 때까지는 상당한 시간이 필요하다. 더욱이 위조품, 해적판 등 지재권 침해 제품의 제조·유통 자체를 사전에 예방하는 것은 거의 불가능하다. 따라서 앞으로도 상당 기간 동안 지재권 침해 단속을 둘러싼 지방 당·정 관료들의 기회주의적 행동과 도덕적 이반은 지속될 것이고 중국과 진출 외자기업도 지재권 보호에 상당한 거래비용(social transaction costs)을 지불하지 않으면 안 될 것이다.

한국을 비롯한 외국정부 역시 중국 지방정부의 국제 협정·조약 위반이나 TRIPs 협정 불이행에 따른 거래비용을 계속 부담해야 할 것으로 보인다. 물론 WTO 분쟁해결기구(DSB: Dispute Settlement Body)에 중국 지방정부의 협정 위반 행위를 제소할 수는 있지만 반드시 유리한 평결을 받아내거나 상소기구에서 승소한다는 보장이 없다. 따라서 다자 간의 틀이나 양국 간 통상 외교를 통해 중국 측의 잘못된 관행의 시정과 단속·처벌 강화를 지속적으로 요구하는 노력도 병행해야 할 것이다.

7장

행정처리, 지재권 소송이 외자기업에 주는 시사점

1. 사후적 대응: 행정적 대응과 사법적 대응

1) 처벌의 필요성 판단: 실효성과 거래비용, 반사적 불이익의 비교

(1) 단속 및 처벌 필요에 관한 전략적 판단

외자기업의 입장에서, 지재권 침해 사실을 알거나 적발했다는 것과 이에 적절히 효과적으로 대응한다는 것은 전혀 별개의 문제이다.

우선, 기업으로서는 처벌을 해야 하는지, 그 필요성을 판단해야 하고, 처벌의 실효성과 거래비용, 반사적 불이익 등을 종합적으로 검토해 봐야 한다. 단속·처벌의 직접적 유인은 명약관화하다. 중국 내 지재권 침해에 따른 자사 기술역량의 약화, 브랜드 가치와 시장점유율의 하락 방지, 위조·복제품 제조·판매를 하는 로컬기업에 대한 처벌 의뢰 등이 그것이다. 처벌의 간접적 유인도 있는데, 이는 피해가 미약할지라도, 잠재적 침해자에게 경고를 주고, 침해를 받지 않는 경쟁업체가 향유하는 반사적 이익을 최소화하는 것이 자사가 입는 브랜드 이미지 악화, 시장점유율 하락으로 인한 피해를 줄이는 데 도움이 된다.

그러나 단속·처벌에는 반드시 대가와 비용이 따른다. 특히 중국과 같은 사회주의 국가의 경우, 변호사 선임료, 소송비 등 통상적 거래비용 이외에도 예기치 못한 '적응 비용'(adaptation costs)이 많이 든다. 따라서 규모가 영세하고 법적 지식, 자금력, 인력이 부족한 중소기업이나 개인기업의 경우, 지재권 침해를 알았다 할지라도 선뜻 사후적 대응 조치에 나서기가 쉽지 않다. 심지어 다국적기업조차도 소송을 하기보다는 IT제품에 대해 중국시장 진입 이후 일정 기간 동안 전략적으로 지재권 침해를 고의적으로 묵과하거나 단속을 느슨하게 하는 소위 'copy-left 전략'을 채택함으로써 소비자의 브랜드 친숙화에 따른 기대이익을 추구하는 경우가 있다.

사후적 대응을 잘못할 경우 인허가를 얻어 어렵사리 진입한 중국시장에서 상당한 불이익을 받을 수 있다. 일종의 신고 및 처벌의 '부메랑 효과'라 할 수 있는데, 처벌 이후 소재지 당 및 지방정부와의 관계가 악화되거나 지역 여론이 나빠져 기업 경영에 제약을 받는 것이 대표적인 예이다. 실제로 적지 않은 수의 외자기업은 처벌 이후의 불이익을 우려하여 지재권 침해에 대해 손해배상을 청구하지 않는 경우가 많다.

$$IOPI_{FIE}=f(\overset{+}{R},\overset{-}{L},\overset{-}{G},\overset{-}{C},\overset{+}{P},\overset{?}{\Phi})$$

$IOPI_{FIE}$: 외자기업의 지재권 침해 단속·처벌 강도(Intensity of Punishment Intention)

R: 지재권 침해로 잃게 되는 시장점유율, 매출액, 브랜드 가치상의 피해

L: 디지털 제품의 경우, Copy-Left 전략을 통해 얻는 기대이익(제품에 대한 친숙도 등)

G: 중앙정부, 지방 당·정 관계 악화로 인한 기대손실

C: 적발 단속을 위한 인원 확충, 감독비용, 소송비 등 제반 거래비용

P: 소송에서 승소할 확률(probability)

Φ: 기타 정치·사회적 분위기

이상을 종합해 볼 때, 중국에 진출한 외자기업이 느끼는 지재권 단속과 처벌의 유인·비용은 위와 같은 암묵적 함수(implicit function)로 표시할 수 있다. 여기서 종속변수는 외자기업의 단속·처벌 강도($IOPI_{FIE}$)이고, 독립변수는 R, L, G, C, P, Φ 등 기업의 처벌 의지에 영향을 미치는 요인들이다. 만일 이들 변수에 관한 데이터를 구할 수 있다면 회귀분석을 통해 각 독립변수들의 상대적 영향력 계수(coefficient)나 추정 방정식의 설명력(fitness)을 확인해 볼 수 있을 것이다.

위 암묵적 함수에서 알 수 있는 바와 같이, 종속변수(처벌 단속 의지, 즉 $IOPI_{FIE}$)에 대한 각 독립변수의 영향 내지 사전적 기대효과는 각 독립변수 위에 (+), (-) 부호로 표시해 놓았다. 처벌이나 사법적 대응 조치는 (+) 영향을 미치는 독립변수들의 크기가 (-) 영향을 미치는 독립변수들의 크기의 합보다 압도적으로 커야만 정당화된다. 즉 직관적으로는 지재권 침해로 인한

손실(R)이 지재권 침해 처벌에 대한 거래비용(C), 브랜드 친숙화로 얻는 이익(L), 대정부 관계 악화로 인한 손실 등의 합계보다 훨씬 클 때에만 사후적 대응 절차를 개시할 수 있다는 얘기다.

(2) 때로는 그냥 관찰만 하는 것도 차선책

뒤에서 다시 언급하겠지만, 중국의 행정처리 절차는 구제의 효과성이 약하고 사법적 피해구제는 승소를 자신할 수 없다. 외자기업의 경우 중국 사회주의 체제와 사법 제도의 특수성을 잘 모르는데다가, 지재권 분쟁에 관한 국제정치·경제적 역학관계, 중국정부의 입장 등이 판결에 영향을 미치기 때문이다. 더욱이 중국의 경우 사법부가 당에 종속되어 있는데다가, 지방 당·정 지도부의 관할 지방기업 보호 심리도 강하다.

따라서 행정적 처리 혹은 고소로 인한 기대이익이 기대손실에 훨씬 못 미친다면 그냥 침해 행태의 추이를 관찰하든지 아니면 서면 경고 정도로 상대방에게 주의 신호를 주는 데 그쳐야 한다. 실제로 일부 기업들은 지재권 침해 규모가 크지 않다면 자사 브랜드가 그만큼 중국 내에서 인기 높다는 징표로 위안을 삼고 서면 경고만 하는 경우가 많다. 삼성전자조차도 Samsong, Samesung, Sammeng, Amycall, Amycoll 등의 유사 상표를 한때 강력히 단속하였으나, 제품의 혁신성과 경쟁 우위를 강화시키는 것이 더 중요하다고 보고 지금은 아주 심각한 침해 사태에 대해서만 행정·사법적으로 대응하고 있다.

표 7-1 | 행정적 구제와 사법적 구제의 장단점 비교

	행정적 구제	사법적 구제
장점	- 절차가 간단하고, 심리, 결정, 단속까지의 시간과 비용이 경제적임 - 침해자가 불분명할 때에도 조사 및 기타 잠정 조치 요구 가능 - 지재권자, 소비자의 신고, 고발이 없더라도 단속기관이 자체적으로 행정 조치 발동 가능	- 판매 금지, 손해배상 및 강제집행 명령권이 있음 - 침해 행위 중지 명령 불응 시 법원에 강제집행 청구소송을 통해 침해 행위 중지 등 최종적 해결 가능 - 제소 전 중지 혹은 가처분명령, 재산 혹은 증거 보전 조치 이용 가능
단점	- 특허, 실용신안 사건의 경우 침해 여부의 판단이 불분명 - 침해자가 언제든지 결정에 불복할 수 있음(최종적 해결책이 아님) - 행정기관은 손해배상 조정 권한만 있고 손해배상 명령권이 없음 - 침해 행위의 중지, 불법 이익의 몰수 명령은 가능하지만, 강제집행권이 없음	- 중국의 경우 사회주의 법체제로 인해 한계 존재 - 최종 판결에 이르기까지 시간, 비용 많이 소요 - 공증을 받은 침해 증거만 사용 가능하나 증거 수집, 공증을 받기 위한 조건·절차가 까다로움

자료: "중국: 등록된 특허권(專利權)이나 상표권 보호 전략," http://www.newip.biz/interest/?type=view&gkind=12&interestkind=65&index=1311&page=1; 기타 한국지재권보호협회 자료 등을 저자가 요약·발췌·정리한 것임.

2) 두 가지 대안 중 선택

그럼에도 불구하고 처벌의 기대이익이 기대손실보다도 훨씬 클 경우에는 지재권 침해에 대한 사후적 대응에 나서야 하는데, 사후적 구제에는 두 가지 대안이 있다.

그 첫 번째 방법은 '행정적 구제'(administrative track)이고, 다른 하나의 방법은 민·형사상의 재판을 통해 해결을 추구하는 '사법적 구제'(judicial track)이다. 이 두 가지 수단은 장단점이 있으므로 각각의 장단점, 당사자 기업, 특히 원고의 지재권 전략, 기소 목적과 구제의 실효성, 사회·정치적 분위기, 자신의 업종과 피해 규모, 자금력, 침해 분쟁 해결의 긴박성 등을 종합적으로 고려하여 이 두 가지 대안 중 하나를 선택하면 된다. 그리고 최

근에는 지재권 관련 법규의 개정으로 행정구제 절차 이후에도 사법적 구제 절차를 이용하는 것이 가능해 졌다.

일반적으로 보면, 사법 지식, 자본력, 정보력, 조직력 등의 한계가 뚜렷한 중소기업이나 개인기업은 행정적 구제를 선호하지만, 대기업은 특허 침해 등 사안이 중대할 경우 확실한 해결을 위해 비용이 들더라도 소송까지 가는 경우가 많다.

〈표 7-1〉은 행정적 구제와 사법적 구제의 장단점을 비교·정리해 놓은 것이다.

2. 행정적 피해구제

1) 행정적 구제의 개념과 관련부서

우선 '행정적 피해구제'부터 살펴보자. 행정구제는 기업이 지재권 침해 사실을 발견한 후 담당부서에 침해 사실을 신고·고발하여 조사·처벌 등을 요청하는 것이다. 담당부서는 지재권 분야별로 다른데, 특허권 침해 시에는 소재지를 관할하는 전리국(專利局), 상표권 침해 시에는 공상행정관리국(상표국, 상표평심위원회), 저작권 침해 시에는 판권국(版權局), 원산지 표시 위반 등에 관해서는 국가질량감독검험검역총국(國家質量監督檢驗檢疫總局), 그리고 일반적 지재권 관련 범죄 행위에 대해서는 경찰(公安)에 조사를 의뢰하면 된다.

그림 7-1 | 중국 내 두 가지 지재권 피해구제 방법

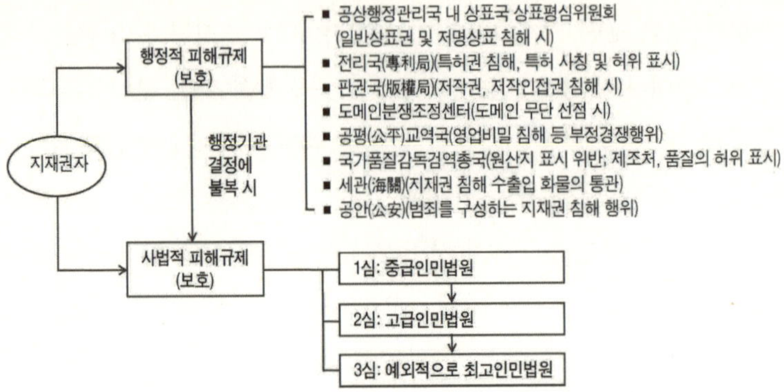

세관(海關)도 행정적 구제의 중요한 한 축이다. 세관은 지재권을 침해한 수출입 화물의 통관 여부를 심사한 다음, 침해 물품의 통관을 보류하거나 압류·폐기할 수 있고, 침해품 통관자에 대해 행정처벌을 할 수도 있다. 물론 이 같은 강력한 세관의 행정구제 보호를 받으려면 피해 물품의 지재권자·중국 유관부문에 해당 지재권을 사전에 출원·등록해 놓고 있어야 한다.

2) 행정구제 시의 고려사항

(1) 저명상표는 보다 강력한 수준의 보호 수혜

행정적 피해구제를 신청할 때에는 다음 여러 가지 사항을 고려해야 한다.

첫째, 상표권에 관해서는 중국의 '저명상표의 인정 및 보호' 제도를 잘 이해할 필요가 있다. 저명상표로 보호를 받으려면 실질 요건, 형식 요건의 두 가지의 조건을 만족시켜야 하는데, 실질 요건은 해당 제품 혹은 서비스의 글로벌 브랜드 인지도가 높고 중국 내에서도 시장점유율이 높아야 한다는 것이다. 형식 요건은, 기업이 소재지 관할 공상행정관리국 내 상표국에 입증 서류를 갖추어 저명상표 신청을 하여 상표평심위원회의 심사를 통과한 후 상표국이 관보에 저명상표로 공시하는 절차를 거치는 것이다.

저명상표로 인정을 받으면 행정 단속, 부정 경쟁 행위 주장, 형사 보호 등에서 일반 상표보다 더 특별하고 엄격한 보호를 받는다. 또한 저명상표의 경우 당해 브랜드뿐만 아니라, 동일 브랜드 명을 쓰는 해당기업의 이종 상품에까지 권리가 확장되므로 제품 라인업 전체가 상표법상의 보호를 받을 수 있다. 다만, 이 같은 행정적 보호를 제대로 받기 위해서는, 저명상표로 등록되어 있어야 할 뿐만 아니라 소재지 관할 공상행정관리국 상표국의 이의신청 절차, 행정 단속 절차, 상표평심위원회에서의 무효 절차, 중국 법원에서의 침해 소송 절차 등을 숙지하고 있어야 한다.

(2) 인터넷 도메인 명에 대한 분쟁 조정 신청

중국에도 한국의 '.co.kr' 및 '.kr'에 상당하는 '.com.cn'과 '.cn' 의 도메인이 있다. 그런데 2000년대 들어 중국 토종기업들이 외국기업의 유명 상호 및 상표를 미리 탐색해 악의적인 목적으로 도메인을 선점·등록하는 경우가 많다. 이때 해당기업은 중국 내 관할 지역 '도메인 분쟁 조정 센터'에 도메인 분쟁 조정을 신청하거나 법원에 소를 제기할 수 있다.

분쟁 조정 신청은 비용이 적게 들고 절차가 간단해 신청 후 3개월 이내에 결정이 내려진다. 다만, 도메인이 선점된 후 2년이 지나면 조정 신청 자체가 불가능하다. 따라서 도메인 이의신청을 하기 위해서는 도메인 선점 여부를 철저히 상시 모니터하고 절차와 신청 유효기간을 숙지하고 있어야 한다. 이의신청 기간이 지나면 소송을 통해서만 상표권 침해 및 부정 경쟁 행위를 처벌할 수 있는데 최소 6개월 이상의 기간이 소요된다.

(3) 부정 경쟁 행위에 대한 대응

등록되어 있지 않은 기업 명칭(상호), 상표, 지명 상품의 장식(디자인)도 중국의 '반(反)부정당경쟁법'에 따라 공상행정관리국 유관부서에서 이의신청을 하여 행정적 구제를 받을 수 있다. 다만, 자신의 상호나 제품 명칭, 채용된 디자인 등이 독특해야 하고 중국시장에서 상당한 지명도를 갖고 있어야 한다.

3) 행정구제의 한계

행정구제는 지재권 분야별로 담당부서가 이의신청을 받아 판정을 하거나, 행정소송, 중재를 통해 분쟁을 해결하는 것이므로 사법적 피해구제에 비해 절차가 간단하고 소요되는 시간과 비용이 적다. 그러나 다음과 같은 단점과 한계도 존재한다.

첫째, 행정기관은 법원과 달리 강제집행 명령권이나 손해배상 명령권을 갖지 않고 있다. 따라서 특허 침해의 즉각적 중단, 불법 이익의 몰수, 피해 보상에 대한 중개·알선 등의 소극적인 보호는 가능하지만, 판매 금지 및 손해배상 명령을 내릴 수는 없다.

둘째, 시(市), 현(縣) 단위 미만의 향(鄕), 진(鎭) 등 지방 행정당국의 경우 지재권 관련 법적 지식과 경험이 부족하고 침해 사범이나 혐의자를 조사·단속할 수 있는 전문 인력 또한 부족하다. 자원 부족 상황은 내륙으로 들어갈수록, 그리고 농촌 지역으로 갈수록 더 나빠지는데, 춘절을 전후한 시기에는 출입경 통과 화물이 워낙 많아 연해 지역의 세관조차도 디자인 특허(의장권) 침해 물품을 제대로 검사·색출해 내지 못하는 경우가 허다하다.

셋째, 행정적 구제조치는 피해기업 소재지 관할 지방정부에 의해 실행되는데 사법구제에 비해 법규 해석과 적용에 자의성이 개입될 여지가 크며, 판정 기준도 지방마다 달라 일관성이 없다는 맹점이 있다.

마지막으로, 행정구제는 지방보호주의로부터 자유롭지 못하다. 각급 지방정부는 재정수입의 상당 부분을 토종기업에 의존하고 있기 때문에 현지 침해자에 대해 관대한 편이다. 반면, 피해를 입은 다국적기업에 대해서는 중국시장에 들어와 많은 이윤을 남기면서도 경미한 위반 행위에 대해 가혹한 조치를 한다는 선입견을 갖고 있다. 그 좋은 예로 2010년 이후 전개된 전국적인 규모의 강력한 위조품·짝퉁 제품 단속 캠페인에도 불구하고 쓰촨성 등지에서는 가짜 애플 스토어가 상당 기간 동안 영업을 할 수 있었다. 지방정부가 지재권 침해를 대수롭지 않게 생각하거나 침해 단속을 너무 엄격히 할 경우, 현지 경제 활동 위축이나 세수 감소가 우려되는 경우도 있고 단속 담당 지방 관료나 경찰이 부패·유착 관계에 연루되어 있는 경우도 있다.

바로 이 같은 문제점들 때문에 중국 밖의 외국기업이나 중국 내 외자기업들은 다소 비용과 시간이 들더라도 보호 효과가 확실한 사법적 피해구제 방안을 택하는 경우가 많다. 특히 피해 규모가 큰 특허 분쟁 사건의 경우

행정구제에 의한 보호가 불완전해 사법적 구제, 특히 민사소송을 택하는 경우가 많다.

3 사법적 피해구제

1) 사법적 구제의 개념과 역할

두 번째 피해구제 수단은 사법적 피해구제(judicial track)이다. 이 방법은 행정구제를 통해 지재권 분쟁이 원만히 해결되지 않았거나 행정기관의 결정에 불복할 때 사용한다. 법원을 통해 원고 측이 침해 행위의 즉각적 중단(예: 판매 금지), 손해보상을 청구하거나(민사소송), 혐의자의 형사처벌을 청구하는데(형사소송), 민사 및 형사 소송의 절차와 요건은 '중국민사소송법'(1991년 4월 제정)과 '형사소송법'에 나와 있기 때문에 이를 사전에 숙지할 필요가 있다.

중국 사법부의 구조를 보면, 기층(基層)인민법원(한국의 지법·지원), 중급(中級)인민법원(지방법원에 해당), 고급(高級)인민법원(고등법원에 해당), 최고인민법원(대법원에 해당)의 4등급으로 나누어져 있다. 지재권 소송은 '2심 종심제'로 운영되는데, 제1심은 외국인이 당사자일 경우 피고 등록지를 관할하는 중급인민법원이, 제2심(즉 항소심)은 고급인민법원이 된다. 보다 구체적으로 보면, 〈표 7-2〉에 요약해 놓은 바와 같이 1심 관할법원은 원고가 중국 밖의 '경외(境外) 외국기업' 혹은 외자기업(혹은 중국기업)인가의 여부, 특허 소송인가의 여부에 따라 달라지는데, 원고가 경외(境外) 외국기업이거

표 7-2 | 중국 내 지재권 소송에 관한 1·2심 관할법원 결정 요건

	저작권 및 저작인접권	상표권	특허권
근거법	민사소송법	좌동	좌동
판결심리제	2심 종심제	좌동	좌동
지역 관할	별도 규정 없음	좌동	별도 규정 있음
1심 법원과 법정	- 중국 토종기업이나 외자기업이 원고일 경우 민소법에 따라 1심은 피고 주소지 관할 기층(基層)인민법원이 됨. 라이선스 계약 분쟁 시 예외적으로 불법 행위지 혹은 이행지 기층인민법원이 관할 - 저작권 침해 사건의 경우 법원 내 민사심판법정이, 상표권 침해는 경제심판법정이 각각 관할 - 경외(境外) 외국기업이 원고일 경우 특수 지역 관할 규정(민소법 제243조)에 따라 피고 주소지 관할 중급(中級) 인민법원이 관할		- 모든 특허소송은 피고 주소지 관할 중급(中級) 인민법원이 1심임 - 지재권 법정이 있으면 동 법정이, 없으면 경제심판 법정이 관할 처리
2심 법원	- 관할 지역 고급(高級)인민법원		
3심 법원	- 중대 사안에 대해서만 예외적으로 최고인민법원에 재심 기회를 허용		

자료: 중국 민사소송법을 참조하여 작성

나 특허 소송인 경우 피고 소재지를 관할하는 중급(中級)인민법원이 된다. 반면, 원고가 중국 내 등록된 토종기업 혹은 외자기업이거나, 저작권, 상표권 소송인 경우 피고 소재지를 관할하는 기층(基層)인민법원이 1심이 된다. 최종심은 2심이며, 아주 중대한 지재권 소송 사건에 대해서만 예외적으로 최고인민법원(3심)에 대한 재심 청구를 할 수 있다.

사법적 구제를 추구하더라도 재판 과정에서 당사자들은 언제든지 합의를 할 수 있는데, 후술하는 애플 아이패드 사례의 경우 2심 재판 진행 과정에서 피고인 애플 측이 법원의 중재안을 수용, 원고(선전 프로뷰) 측과 합의하였다. 다만, 중재 협상을 촉진하거나 보다 조속하고 확실한 합의를 도출하기 위해 원고 측 변호사가 피고(침해기업)에게 경고장을 미리 발송해 놓는 경우가 많다.

2) 사법적 구제의 한계

이상의 장점이 있음에도 불구하고, 사법적 구제는 중국적 특수성 때문에 다음과 같은 한계를 지닌다.

첫째, 사회주의 법제도의 한계다. 주지하는 바와 같이 중국의 사법부는 힘이 약하고 당·정으로부터 완전히 독립되어 있지 않다. 따라서 중요한 지재권 소송의 경우 중앙 혹은 지방 당정 지도부가 직접 개입하거나 간접적으로 영향력을 행사하는 경우가 많다. 따라서 많은 경우 사건의 본질이나 쌍방이 제출된 증거와 변론보다는 당과 정부의 태도에 따라 승소 여부가 결정된다. 2010년 초 저작권 침해 사건을 예로 들면, 당시 외국 다국적 음반사들은 '바이두'(百度; Baidu Inc.)를 저작권 침해 혐의로 고소하였으나 중국정부의 자국 기업 보호주의 때문에 패소했다. 패소 이후 외국 음반사들은 바이두로부터 음원 로열티를 받지 못해 2007~2010년 동안에 총 5억 8,100만 달러의 손해를 보았다.

지방의 현지기업 보호와 느슨한 법규·정책 집행 성향도 기소 유지와 판결에 영향을 미친다. 연해 지역에서 멀리 떨어질수록 그리고 농촌으로 가면 갈수록 보호 성향은 더 심해지는데, 특히 지방 기층검찰원의 검사나 인민법원 판사는 관할 지방 당정 간부의 압력에 상시 노출되어 있다. 따라서 많은 경우 판사가 지재권 분쟁 사안의 성격과 중대성을 감안, 자발적으로 당·정 지도부의 입장을 고려하여 피고(중국 침해자) 측에 유리한 판결을 내린다. 따라서 제1심 법원을 선택할 때에는 그 전의 재판 결과를 검토해 지방보호주의 성향이 강한 법원은 가급적 피하는 것이 좋다.

셋째, 중국 내 사법 인력의 전문성 부족도 걸림돌이다. 특히 손해배상을 청구하는 민사소송의 경우 지재권에 관한 전문 지식과 경험이 중요한데, 내륙 도시나 농촌 지역으로 들어갈수록 사법 인력의 질이 떨어지고, 지재권 관련 지식·경험이 일천해서 기소 절차의 효과적 진행이나 공정하고 신속한 판결을 기대하기 힘들다. 심지어 연해 대도시에서조차 지재권 전문 패널을 설치·운용하는 법원이 드물며, 가처분 제도, 증거 보전 및 재산 보전 신청 제도 등을 잘 아는 민사 전문 판사나 변호사를 찾는 것도 쉽지 않다.

네 번째로 지적할 점은 피해액 산정 시 법원의 자의성(arbitrariness)이 매우 강하다는 점이다. 중국 내 지재권 침해 관련 민사소송 원고의 대부분은 외국 혹은 외자 기업인데, 피고(토종기업)의 불법 행위로 인한 라이선스료, 로열티의 감소 등 경제적 피해액을 입증하기가 쉽지 않다. 거래 규모가 단순 반복적이면 피해액 산정이 그래도 비교적 용이하지만, 거래가 복잡하면서도 간헐적으로 이뤄지면 피해 규모 산정과 입증이 어렵다.

중국의 개정 '특허법'(專利法) 제65조에 의하면, 특허권 침해로 인한 피해액 산정을 정확하게 할 수 없는 경우 법원은 최저 1만 위안에서 최고 100만 위안의 범위 내에서 재량적으로 피해를 추정할 수 있다. 그러나 문제는 피고(침해자)의 대부분이 토종기업이어서 피해액이 과소 추정되거나 재판에서 선고한 벌금액이 원고의 피해 규모에 비해 턱없이 작은 경우가 많다. 2004년 6월, 광둥성의 지방 인민법원이 내린 민·형사상의 양형이 이를 입증한다. GM, 다임러크라이슬러(DaimlerChrysler), 미쓰비시 등 15개의 외국기업은 승용차 앞 유리창 짝퉁 제품을 제조·판매한 토종기업을 고소했는데, 재판 결과 단 9만 7,000달러의 약소한 벌금과 집행유예가 선고되었다. 이 같은 벌금 액수는 그 동안 침해기업이 거둔 막대한 이익이 비하면 터무니없이 적은 액수라고 할 수 있다.[1] 이 판결 이후 외국기업은 중국 사법부의 판결 상의 공정성과 객관성에 의구심을 갖게 되었다.

다섯 번째는 피해 증거 자료 확보 상의 어려움이다. 중국의 민사소송법에 의하면 원고가 특허 피침 사실과 피해액을 먼저 입증해야 한다. 또 형법 및 형사소송법 등에 따르면, 침해 사범을 형사 처벌하기 위해서는 기소 대상 혐의자의 침해 가액이 5만 위안 이상이어야 하고 영수증, 침해 상품 등의 물증이 있어야 한다. 그러나 많은 경우 침해 사범들이 신출귀몰해 소재 파악이 어려운 데다가 혐의 기업이 조사자의 방문을 거절하는 경우가 많아 침해 현장 접근 자체가 어렵다. 설령 접근을 허용한다 할지라도 물증을 없애 버린 뒤인 경우가 많다.

형사소송의 경우도 마찬가지다. 침해자를 형사 처벌하기 위해서는 지재권자가, 혐의자가 표절·위조·해적 행위 등 침해 행위를 했다는 사실은 물론, 이로 인해 영업성과가 임계치 수준 이상의 피해를 입었음을 입증해야 한다.[2] 그러나 외자기업으로서 임계치 이상의 피해 사실과 인과관계를 입증하는 것은 결코 쉽지 않다. 더욱이 중국의 경우 '정품 소매가'를 침해가액으로 상정하는 미국, EU 등 선진국과는 달리, '침해자가 팔려고 했던 가격'을 피해액으로 산정하고 있다. 그 결과 피해 규모가 5만 위안에도 못 미쳐 형사고소 대상에서 아예 제외되는 경우가 많다.[3]

여섯 번째로 지적해야 할 문제점은 공증 획득의 어려움이다. 중국의 관련 법규에 의하면 법원에 제출하는 모든 증거는 공증을 받아야 증거 능력이 있다. 그러나 중국 공증소의 규정이 까다로운데다가 요구 서류가 많아 필요 이상의 시간과 비용을 허비하는 경우가 많다. 한국기업들이 많이 진

1_Balfour et al.(2005) 참조.

2_"Williams, B. and Mihalkanin, D.(2011), "China's Special Campaign to Combat IPR Infringement," *The China Business Review*, Oct. - Dec. 2011, p. 44.

3_Zamiska, N.(2006), "A Question of Value: Zippo Case Sparks Clash. Does China's Low Value of Fake goods Coddle Counterfeiters", *The Wall Street Journal*, p. A13.

출해 있는 칭다오(青島) 지역 공증소를 예로 들면, 공증비만 하더라도 2,000~2만 위안에 달하고, 외자기업일 경우 2만 위안 이상을 요구하는 경우도 많다.[4] 또한 공증을 받기 위해서는 침해 상품 외에도 상품 거래 영수증을 물증으로 제시해야 한다. 소량 거래 상품의 경우 큰 문제가 없으나, 침해 업체가 대량 판매를 주로 하거나 수출 전문으로 하는 경우에는 침해 상품이나 침해 현장 사진·동영상 등의 물증 확보가 어려워 공증 과정 자체가 진행되기가 어렵다.

마지막으로 낮은 승소 확률, 재판 장기화로 인한 비용 증가, 피해액을 넘는 재판 비용(수임료, 공탁금, 소송비 등), 승소 시의 보복 가능성 등도 외자기업이 소송을 포기하게 하는 원인이 된다. 한 예로 워너뮤직, HMV, 소니뮤직 등 다국적 음반업체들은 바이두, 소후, 넷이즈 등 중국 내 포털들이 해적판 음원을 이용해 비즈니스를 하는 것을 알고 있었지만, 타 기업이 제기한 저작권 침해 소송이 1년 넘게 해결되지 않는 것을 보았다. 결국 소송 장기화로 인한 비용 손실의 누적, 승소 시의 경제적 실리, 패소 가능성 등을 고려해 소송을 포기하였다.

3) 간헐적으로 승소하는 외자기업

그렇다고 중국에서 외자기업이 항상 패소하는 것은 아니다. 국내외 정

4_윤대현(2010), "신성장정책: 중국 진출 우리 기업, 지재권 보호방안은," KOTRA 글로벌 Window(http://www.globalwindow.org/) 해외시장정보, 경제산업 동향 자료, 2010. 8. 12.

치·경제적 상황이 외국 혹은 외자 기업에게 유리하게 작용해 승소하는 경우도 있다. 예컨대 2006년의 경우 WTO에 가입한 지 만 5년째가 되는 해로 중국정부가 '가입양허 약속'(accession protocol)에 따라 소매 유통, 금융, IT 컨설팅 등 서비스 시장을 본격적으로 개방하기 시작한 시기이다. 또한 TRIPs 협정에 따라 법규를 투명하게 하고 지재권 보호에 관해 외국(혹은 외자) 기업을 차별하지 않는다는 것을 대내외에 과시할 필요도 있었다. 이와 관련 2006년부터 1년여의 기간 동안 외국·외자 기업은 중국 내 지재권 소송에서 잇따라 승소하였다. 특히 수도인 베이징 제1중급인민법원의 승소율이 높았는데, 2002~2006년 기간 동안 접수한 해외 지적재산권 침해 관련 소송 청구 건수(총 670건) 중 60%를 외국 측이 승소하였다.[5]

그 중에서도 미 화이자(Pfizer)사의 '웨이거'(偉哥) 상표권 분쟁 승소 사례가 가장 대표적인 예이다(후술하는 소송 사례 참조). 화이자사는 2005년 9월 발기개선제 비아그라의 유사 약품 '웨이거'를 제조·판매한 장수 롄환(聯環)약업, 상하이 둥팡(東方)제약, 광저우 웨이얼만(威爾曼)약업과 대형 약방들을 비아그라 입체 상표권 침해 혐의로 고소하고, 상표권 침해 행위의 즉각적 중지 및 100만 위안의 손해배상을 청구하였다. 화이자 본사가 원고여서 제1심은 베이징 제1중급인민법원이 맡았는데, 롄환약업과 동팡제약의 화이자 전용 상표권 침해를 인정, 피고로 하여금 민사상의 책임을 지도록 하는 원고 승소 판결을 내렸다.

일본의 소니컴퓨터엔터테인먼트사도 2002년에 승소한 경험을 갖고 있

5_베이징시 제1중급인민법원 쑤츠(宿遲) 부원장의 말. "해외 지재권 침해 중국 기업에 무더기 패소 판결," 조선일보 입력: 2006. 12. 28. 13:11; http://news.chosun.com/site/data/html_dir/2006/12/28/2006122800803.html;.

다. 소니컴퓨터엔터테인먼트는 2002년 2월 미국기업으로부터 GT 게임 소프트웨어의 저작권을 적법하게 매입·보유하고 있었다. 그런데 베이징에서 불법 해적판이 대량 유통되는 것을 보고, 불법 판매 유통업체인 옌타이(煙臺)의 미디어회사와 대리상을 법원에 고소하여 16만 위안의 손해배상을 받아 냈다.[6] 영국 프리미어리그사도 국가공상행정관리국에 등록한 자사의 '사자'(lion) 도형 상표가 중국의 한 이벤트 회사의 이의신청에 의해 무효화되자, 상표심사평가위원회를 상대로 행정소송을 제기, 철회 판결을 받아내 상표권을 되찾을 수 있었다.[7] 20세기 폭스사, 워너브라더스사, 콜롬비아 영화사 등 미국의 5대 영화사 역시 '반지의 제왕', '해리포터3' 등의 영화 콘텐츠를 포털사이트에 무단 등재 후 판매한 바이두(百度)를 상대로 한 저작권 분쟁에서 승소하여 100만 위안의 손해배상금을 받아 냈다.[8]

그러나 이 같은 승소 분위기가 앞으로 항상 지속된다는 보장은 없다. 중국의 사법부는 중앙정부 정법위원회의 통제 하에 있는데다가, 중앙 혹은 지방의 당·정 지도부가 해당 외자기업을 길들일 필요가 있다고 판단할 때 혹은 원고의 본국 정부와 중국 간의 국제 정치관계가 나쁠 때에는 언제든지 외국 측에 불리한 판결을 내릴 수 있기 때문이다.[9] 실무적 차원에서도 주의해야 할 점이 있다. 모든 민사소송에는 공소시효가 있는데 상표권 등 지재권 관련 분쟁의 공소시효는 권리 피침을 인지했거나 인지하게 된 시점

6_"해외 지재권 침해 중국 기업에 무더기 패소 판결," 조선일보 입력: 2006. 12. 28 13:11; http://news.chosun.com/site/data/html_dir/2006/12/28/2006122800803.html.

7_상기 주석과 동일.

8_상기 주석과 동일.

9_중국의 경찰·검찰·법원은 모두 중국의 당 정법위원회 지휘·관할 하에 있어 주요 사안에 관해서 지시를 받는다.

부터 2년이다(중국 '민법통칙' 제135조, 제141조). 또한 저작권자 혹은 저작인접권자가 권한 피침의 증거를 갖고 있고 침해 행위를 즉각 제지해야 할 필요가 있을 때에는 관할 인민법원에 피고의 침해 행위의 중단과 피해 재산의 보전을 청구할 수 있다. 또한 증거 인멸의 우려 혹은 향후 증거 입수 곤란 시에는 본안 소송 제기 전에 관할 법원에 담보(공탁금)를 제공함으로써 증거 보전을 신청할 수 있다.

중국의 민사소송 재판은 '직권 탐지주의'를 채택하고 있다. 따라서 소송 당사자가 자기 의견에 관한 증거를 제출하여 입증을 해야 한다. 다만, 당사자 및 대리인이 객관적인 사유로 자체 증거 수집이 불가능한 경우에는 예외적으로 입증 책임을 면제하고 법원이 자체 조사나 증거 수집에 나설 수 있다. 따라서 원고이든 피고이든 소송 당사자가 되면 자기 의견·주장 관련된 증거를 잘 준비해 제출해야 승소 확률이 높아진다.

4. 중국 내 지재권 소송 사례

[사례 1] 한국 게임 개발업체와의 저작권 분쟁을 M&A로 해결한 중(中) 게임 유통 서비스업체 '셩다'(盛大)

중국에서 인기를 끈 '미르의 전설' 시리즈

한국의 온라인 게임 '미르의 전설2', '미르의 전설3' 등 미르의 전설 시리즈는 2000년대 초반에 중국에 소개되어 인기리에 유통된 대표적인 성공작 중의 하나이다. '미르의 전설' 시리즈는 액토즈소프트(이하 '액토즈'; Actoz Soft)사와 위메이드엔터테인먼트(이하 '위메이드'; Wemade Entertainment)사가 공동 개발한 '다중 역할 수행'(MMORPG) 온라인 게임으로 중국 내 판매 유통은 '셩다'(盛大)사가 맡고 있었다.

액토즈와 위메이드사는 2000년 초부터 해외 수출을 모색하다가 중국 온라인 게임 시장의 거대한 성장 잠재력을 활용하기 위해 중국 진출을 시도하게 되었다. 유통 에이전트는 상하이 푸단대를 갓 졸업한 패기만만한 천톈차오(陳天橋)가 청년 창업자 겸 CEO로 있는 '셩다'(盛大)사였다.

제휴업체 탐색 과정에서 20대 말의 이 청년 사업가를 여러 차례 만난 액토즈와 위메이드사는 천 사장이 중국 온라인게임 유통시장 개척에 강한 사업적 감각과 의지, 그리고 영업력이 있다는 것을 직감하고 판매 서비스 제휴 계약을 맺는다. '미르의 전설2'의 중국어 명칭은 '러시에촨치'(熱血傳奇)로 정해 졌다. 이 게임은 중국 내 서비스를 개시한 지 채 1년도 안 되어 동시접속자 수 100만 명을 돌파하여, 당당히 시장점유율 1위의 게임으로 등극하였다.[10] 공동 개발자인 한국의 두 업체는 '미르의 전설2'의 중국 내 유통 서비스를 촉진하기 위해 지분을 서로 40%씩 맞교환해 보유하고 있었고 게임 저작권도 공동으로 소유·행사하고 있었다.

지재권 분쟁의 배경과 경과

그런데 성공의 기쁨을 만끽하기도 전에 문제가 발생했다. 게임 퍼블리셔인 셩다(盛大)사가 로열티를 제때 송금하지 않을 뿐만 아니라, '미르의

10_셩다(盛大)는 여세를 몰아 CCR사('포트리스' 게임) 및 넥슨사('비엔비' 게임)와도 중국 내 유통 서비스 제휴 계약을 체결한다.

전설2'를 베낀 다음 '촨치스지에'(傳奇世界, The World of Legend)란 유사한 게임 이름으로 독자적인 온라인 서비스를 개시한 것이다.

샨다사가 차일피일 지급을 미룬 런닝 로열티(매출액에 연동되어 있음)는 한화로 48억 원에 달했다. 특히 액토즈사는 게임 개발에 더 많이 기여한 위메이드 측에 로열티의 80%를 지급해야 했는데, 중국 내 매출액이 132%나 증가했음에도 불구하고 샨다의 로열티 미지급과 매출채권 회수율 하락으로 인해 순이익은 되레 30%나 감소하였다. 반면 샨다는 '미르의 전설2' 서비스 급증으로 대박을 터뜨렸다.

샨다 측은 라이선스료와 런닝 로열티의 적기 지급 거부의 책임을 한국 측에게 돌렸다. 이유인 즉, 중국 내 불법 서버의 접속 차단과 해킹 방지에 필요한 기술·노하우 백신을 한국 측이 제때 제공하지 않아 매출액 누수 현상이 심해지고 수익률이 하락하였다는 것이다. 그 결과 2002년 9월 '미르의 전설' 서버 터미널 프로그램이 유출되었고, 두 달 뒤인 11월에는 업그레이드 버전인 미르의 전설3 서버 프로그램이 유출되었다는 것이다.

더 대담한 시도는 샨다사의 게임 불법 복제 행위이다. 개발사가 아님에도 불구하고 샨다사는 '시연용 베타 버전'(closed beta version) 시제품을 복제한 다음 '전설의 판타지 세계'란 뜻을 가진 '촨치스지에'를 개발하여 상표등록을 하고 곧바로 서비스를 개시하였다. 한국의 두 개발사는 예상치 못한 사태에 당혹스러웠지만 합의를 염두에 두고 일단 구두 및 서면 경고를 여러 차례 하기로 했다. 그럼에도 불구하고 샨다는 이를 무시하고 오히려 '촨치스지에'의 게임 업그레이드와 유통에 박차를 가하는 한편, 불법 패치를 이용해 위메이드와 액토즈를 속이기까지 했다.

가만히 앉아 당할 수는 없다고 생각한 액토즈와 위메이드는 결국 2003년 10월 베이징시 인민법원에 샨다사를 저작권 침해(표절) 혐의로 고소하고, 손해배상을 요구하였다.[11] 그리고 셩다 측이 이익 분배율을 다시 높여 주지 않을 경우 2년 계약기간이 만료되는 대로 셩다 측에 부여한 중국 내 유통 서비스 에이전트(publishing agent) 권한을 회수하겠다고 통보했다.

한국 측의 고소 내용과 '셩다'의 반박

액토즈와 위메이드사는 고소장에서 "셩다사가 서비스하고 있는 게임 '촨치스지에'는 기존의 '미르의 전설2'와 새로 런칭한 '미르의 전설3' 시리즈 내용의 상당 부분을 표절·도용한 것"이라고 주장하였다. 사실 '촨치스지에'와 '러시에촨치'(熱血傳奇)를 비교해 보면 누가 봐도 콘텐츠와 캐릭터 등이 흡사했다.

보다 구체적으로 고소장에 나타난 첫 번째 혐의 내용은,[12] 셩다사가 '촨치스지에'란 게임을 개발할 때 '러시에촨치'라 불린 미르의 전설 게임의 캐릭터, 레벨 상승 방법, 캐릭터 육성법, 아이템, 그래픽, 사운드 등 100여 항목과 시스템을 도용하였다는 것이다.

둘째, 셩다사가 개발했다고 주장하는 '촨치스지에'(傳奇世界)란 게임명은 '미르의 전설'의 중국어 상표명인 '러시에촨치'(熱血傳奇)에서 '촨치'(傳奇)라는 단어를 따와 기존 고객에게 오해와 혼란을 가중시켰다는 점도 지적되었다.

마지막으로, 위메이드는 셩다 측이 게임 시스템을 복제하고 유사 게임명을 사용해 시장 질서를 어지럽히고, 허위 홍보를 통해 액토즈와 위메이

11_KOTRA, 2005, "韓流 국가의 한국 문화상품 지적재산권 피해 현황 및 대응방안," 기획조사 05-012.

12_최용록, 2006, 『한 중 지재권 관련 무역분쟁의 비교문화적 연구』, 무역위원회.

드의 기업 이미지를 훼손시키는 등 중국의 '불공정경쟁방지법'을 위반하였다고 주장하였다.

한편, 이 같은 침해 혐의 주장에 대해 셩다(盛大)도 즉각 반박에 나서면서 대응 조치를 취했다. 중국 내 신문·방송 등 대중매체에 '미르 사태'와 관련한 자사의 입장을 설명하는 보도 자료를 배포하는 한편, 인터넷을 검색해 자사에 불리한 내용을 보도하거나 비판한 기업에 대해서는 명예훼손 소송을 하겠다고 으름장을 놓았다.

한·중 양측 기업 간에 소송 전선이 공식적으로 형성된 것은 2002년 말부터이지만 중간에 간헐적인 협상이나 합의 시도가 전혀 없었던 것은 아니다. 그러나 피고인 셩다 측이 양보하기는커녕 오히려 한국 측(위메이드와 액토즈)에 대해 더 강경한 태도를 보였기 때문에 협상은 시작되자마자 결렬될 수밖에 없었다. 2003년 초 셩다는 '미르의 전설2'에 관한 라이선스 계약을 중도 해지하겠다고 한국 측에게 일방적으로 통보한 데 이어, 같은 해 7월에는 양사를 싱가포르 국제상공회의중재소에 제소했다.

이에 맞서 위메이드는 2003년 7월 셩다사가 서비스하고 있는 '촨치스지에'가 '미르의 전설2' 프로그램을 불법 복제하였고, '미르의 전설'의 사용자 DB를 불법적으로 사용하고 있다는 증거를 확보했다고 발표했다.

이 와중에 '미르의 전설3' 표절 사건이 또 발생했다. 위메이드와 액토즈는 다시 셩다를 저작권 침해 혐의로 베이징 중급인민법원에 고소하고 서비스 정지 가처분 신청을 했다. 한국 개발사 측의 고소 내용은 '미르의 전설2' 때와 크게 다르지 않다. "셩다가 시범 서비스 중인 '촨치스지에'(업그레이드 버전) 게임은 사용자 조직 환경과 캐릭터, 그래픽이 '미르의 전설3'와 너무 흡사하여 소스 코드를 역분석해 보니 복제한 것이 분명한 것으로 드러났다"는 것이다. 또한 아무런 경제적 보상도 없이 기존 '미르의 전설2' 사용자들이 쌓은 경험치와 아이템을 '미르의 전설3' 사용자들이 그대로 가져 와서 사용하도록 하는 이벤트를 진행한 것은 저작권법 위반이라고 주장하였다.

액토즈의 이탈과 위메이드의 고군분투

그런데 소송 도중에 한국 측에 균열이 발생했다. 공동 원고 중의 하나인 액토즈가 셩다와의 서비스 계약을 총매출액의 21%를 로열티로 받는 조건으로 2년간 추가 연장하기로 합의하고 공동 원고 대열에서 빠져 버린 것이다. 그리고 액토즈는 셩다사로부터 그 동안 받지 못했던 '미르의 전설 2' 라이선스료 400만 달러를 지급받았다.

어찌 보면, 셩다의 천 사장이 한국 측 공동 소송 원고의 힘을 약화시키기 위해 균열을 일으키는 책략을 썼다고도 해석할 수 있다. 어쨌든 이때부터 위메이드는 셩다 측과 홀로 싸우는 동시에 액토즈와는 수익 배분을 놓고 다투어야 하는 이중고에 빠지게 되었다.

그러나 사정이 어려워졌다고 갑자기 소송을 포기할 수도 없었다. 위메이드는 셩다가 '미르의 전설 2'의 DB 내용을 계약 종료일인 2003년 9월 28일 이후에도 '촨치스지에'에 그대로 사용한 것은 명백한 계약 위반 행위라고 주장하였다. 반면 셩다는 '촨치스지에'의 경우 'C언어'로 만들어져 델파이로 제작된 '미르의 전설3'의 복제판이라는 주장은 타당하지 않고, '미르의 전설2'를 서비스하면서 사용자들의 경험치 및 아이템 등을 기록한 DB 내용은 당연히 자신들의 소유이기 때문에 이를 원 개발자에게 돌려줄 이유가 없다고 반박했다.

셩다의 액토즈 인수

그러던 중 또 하나의 돌발 사건이 터졌다. 2004년 11월 셩다사가 위메이드 지분의 40%를 갖고 있는 액토즈의 지분 29%를 9억 7,129만 달러에 인수해 경영권을 확보한 것이다. 액토즈사가 위메이드 지분의 40%를 가지고 있었기 때문에 이미 셩다의 자회사가 된 액토즈와의 소송은 의미가 없어져, 액토즈는 공동 원고에서 떨어져 나갔다. 결국 위메이드 혼자 셩다와 소송을 견뎌 내야 했다.

액토즈는 과거의 중국 내 판매 제휴 서비스 회사이던 셩다의 자회사가 되었고 피고 측과 한 배를 타게 되었다. 액토즈를 손에 넣은 천(陳) 사장은 영업과 마케팅에 전념하기 시작했다. 특히 로컬 판매 유통망을 대폭 확충하였는데, 미르의 전설 시리즈는 2004년 한 해에만 13억 6,000위안의 매출을 올려 한때 중국 MMORPG 시장의 절반 이상을 점하기도 했다.

위메이드도 결국은 혼자 소송을 지탱할 힘이 모자람을 느끼고 점차 타협의 길을 모색하게 되었다. 셩다사와 비공개 심사 4회, 법정 밖의 수차례 조정 등을 거쳤지만 화해하는 편이 낫겠다는 판단을 한 것은 2005년 초이다. 결국 2005년 베이징 인민법원이 중재 최종안을 제시했고 위메이드가 이에 동의함으로써 4년여 간에 걸쳐 한·중 당사자 간에 벌어진 지재권 침해 소송은 '화해'로 마무리되게 되었다. 셩다는 "'촨치스지에'가 위메이드의 '미르의 전설2'를 베낀 것"이라는 법원의 판단을 받아들였고, 위메이드는 어느 정도의 경제적 피해 보상을 받게 되었다.

보다 구체적으로 보면, 액토즈가 보유한 위메이드 지분(40%) 전량을 위메이드가 2,000만 달러에 인수해 경영권을 강화하였고, 액토즈와 셩다(盛大)는 '미르의 전설2' 계약을 3년간 더 연장하였다. 상황이 이렇게 전개되자 베이징 중급인민법원은 1차 공판을 취소하였다.[13] 그 후 셩다는 표절 논란에서 벗어나 '촨치스지에'에 대한 저작권을 인정받고, '촨치스지에'와 '미르의 전설' 시리즈를 중국 내에서 안정적으로 서비스하게 되었다.

분쟁 과정에서 나타난 한국 측의 문제점

비록 화해 조정으로 끝나긴 했지만 '미르의 전설' 저작권 분쟁 공방 과정은 우리에게 다소 씁쓸한 교훈을 남겨 주었다.

첫째, 한국 측 공동 개발사인 '위메이드'사 와 '액토즈'사는 왜 균열을 미리 봉합할 수 없었을까? 양사는 '미르의 전설' 시리즈의 공동 개발자였고 중국어판 게임 '러시에촨치'(熱血傳奇)에 대한 공동 저작권을 가지고 있었음에도 불구하고, 지재권 소송 과정에선 전혀 그 이점을 살리지 못했고 적전 분열 양상을 노출시켰다.

'위메이드'사는 한때 '액토즈'사의 동의나 참가 요청 없이 단독으로 소송을 제기하려고 한 적도 있었다. 나중에야 액토즈와의 공동 소송 쪽으로 방향을 전환했지만 그때는 이미 중국 셩다 측에게 한국 측의 진영에 약점이 있다는 것이 드러난 뒤였다. 중국 저작권법상 "공동 저작권은 분리가 불가능하기 때문에 개별적으로 단독 소송을 제기하는 것은 의미가 없다"는 중국 지재권법의 기본 취지와 내용도 제대로 파악하지도 않은 채 조급하게 소송을 하려 했던 점은 법에 대한 무지인 동시에 전략적 실수였다.

둘째, 한국의 두 원고는 중국 행정당국과 사법부가 저작권 및 저작인접권 관련 법규 해석에 관해 매우 신축적이고도 느슨한 태도를 갖고 있다는 점을 몰랐다. 대기업은 본사나 법인 내에 법률 자문 팀이 있으나 중소기업의 대부분은 법률적 자문 없이 법규를 충분히 검토하지 않고 성급하게 소송을 제기해 낭패를 보는 경우가 많은데, 액토즈나 위메이드도 예외가 아니었다.

13_허민, 2007, "미르의 전설 한-중 지재권 분쟁 4년만에 화해로 마무리," 디지털타임즈, 2007년 8월 20일자.

사실 두 회사는 주무부서인 중국판권국(中國板權局)의 관련 법규 유권해석을 미리 숙지했어야 했다. 이 유권해석에 따르면, "저작권 침해 여부의 기준은 '독창성'에 있지, 제목 자체에 있지는 않다"는 것이다. "개개 작품(게임)은 저작권법상 보호 대상이 되므로, 제목 자체가 유사하다고 해서 타 작품의 저작권에 대한 침해로 볼 수 없으며, 작품명의 수정을 강요할 수도 없다"고 결정을 내린 판례가 있는데, 한국 측은 이 같은 과거의 법규 해석과 판례 내용조차 몰랐었다.[14]

그나마 다행인 것은 미르의 전설 지재권 분쟁으로 인해 다른 한국 게임업체들이 중국 게임 유통업체들의 계약 위반과 지재권 침해의 심각성을 인지하게 되었다는 점이다. 이 사건 이후 한국 게임업체들은 중국 현지의 지재권 보호 관련 정책·법규·체제는 물론, 중국기업의 문화를 공부하는 스터디 모임을 만들고, 협회를 설립하는 등의 대응책을 진지하게 모색하기 시작했다.

M&A를 통한 지재권 분쟁 해결의 후유증

'미르의 전설' 저작권 분쟁은 중국법원의 중재 하에 조정·화해를 통해 무난하게 종결된 것으로 보인다. 그러나 중재 이전에 셩다가 공동 소송 당사자 중 하나인 액토즈를 인수했다는 사실을 상기하면 결코 긍정적이라고 할 수 없다.

우선, 액토즈의 경우 셩다에 인수된 이후 위메이드와의 관계를 완전히 청산하였다. 따라서 액토즈는 위메이드 지분 매각 이후에도 기존의 '미르

14_최용록(2006), 전게서 참조.

의 전설' 시리즈에 대해서만큼은 공동 소유권을 갖고 있음에도 불구하고 위메이드가 새로 개발한 신작 게임에 대해서는 전혀 이익을 공유할 수 없게 되었다. 2000년 위메이드 설립 당시 액토즈는 2대 주주였고, 매출의 대부분을 위메이드가 개발한 '미르의 전설' 시리즈에서 얻었다. 샨다에 인수된 뒤에는 '미르의 전설' 시리즈를 대신할 새로운 온라인 게임이 없어 모바일 게임에 주력하게 되었는데 RPG 온라인 게임 티르, A3, 드레곤네스트, 천년 등이 흥행에 성공하지 못했고 스카이콩콩, 밀리언아서에서 그나마 체면을 유지할 수 있었다.[15]

둘째, 최대 주주가 된 샨다가 액토즈에게 지급한 지분 인수 대금 187억원은 당시 시장 예상치보다 매우 낮은 액수로 외부자들은 액토즈가 기업을 너무 헐값에 팔았다고 비난하였다. 샨다로서는 지재권 분쟁을 빨리 종결짓고 나스닥에 기업을 공개하는 것이 주요 목표였고 이를 사전에 잘 몰랐던 액토즈는 중국 내 지재권 분쟁 패소 가능성에 겁을 먹은 나머지 너무 싼 가격에 지분을 매각했다는 사후 평가가 중론이다. 실제로 샨다는 위메이드의 2대 주주인 액토즈를 인수한 뒤 위메이드에 대한 지분 매도에 반대 입장을 제기해 온 최웅 액토즈 사장을 해임해 버렸다.

반면, 위메이드에게 화해는 새로운 변신의 계기가 되었다. 위메이드는 액토즈사와의 해묵은 과거를 청산하고 지분 매각 대금으로 게임 개발 인적 자원을 보충하고 차기작들을 개발하는 데 박차를 가하게 되었다.[16] 그 결과, 창천 온라인, 실크로드 온라인 등 RPG 게임은 물론, 로스트사가, 젬파이터 등 캐주얼 액션 게임으로 시장점유율을 향상시켰고 2013년 1월에 출

15_액토즈소프트 홈페이지(www.actoz.com/) 참조.

16_김정은, "위메이드-中 샨다, 4년 지재권 분쟁 끝," 한국경제신문, 2007년 2월 13일자.

시한 '윈드러너'라는 모바일 게임으로 공전의 히트를 친 바 있다.[17]

사례가 주는 교훈과 전략적 시사점

셩다 사례가 주는 교훈과 부정적인 시사점은 다음과 같다.

첫째, 셩다의 액토즈 인수는 한국 게임 개발업체가 저작권을 지키지 못하고 중국 유통업체의 자본력 앞에 무릎을 꿇은 최초의 사례이다. 중국기업은 자금력만 있으면 얼마든지 지재권 침해로 인한 피해를 M&A를 통해 쉽게 해결할 수 있다는 자신감을 갖게 되었다.

둘째, 이 사례는 중국 측의 기술 추격 의지를 경시·과소평가하거나 자사의 기술 보안 시스템은 과대평가하는 성향이 있는 한국기업들에게 중국 시장에서의 예상하지 못한 지재권 피침 리스크를 일깨워 주었다. 특히 게임 개발자가 이번 사례처럼 둘 이상일 경우 한국 측 공동 원고 간에 균열이 생기거나 공조가 효과적으로 이루어지지 않을 경우 핵심 역량인 기술을 쉽게 빼앗길 수 있다는 교훈도 가르쳐 주었다.

셋째, 이 사례는 민간기업 차원의 무분별한 국제적 지분 매각(cross-the-border equity sale)이 게임 산업의 핵심 기술 유출로 연결될 수 있음을 보여준 첫 번째 사례이다. 정부가 민간 당사자 간의 국제적 M&A 계약 체결 자체를 막을 수는 없겠지만, '기술 유출 민감 업종' 목록을 사전에 공표하여 핵심 기술 역량의 유출로 이어지는 계약 체결을 억제하거나, 체결된 계약과 관련한 사전 심사를 강화하는 조치를 취할 필요성을 확인시켜 주었다.

업체도 저작권은 자신의 지적 재산이기도 하지만, 때로는 공공재적 성

17_위메이드(www.wemade.com/) 참조.

격도 띄고 있으므로 업계 전반에 부정적 영향을 미치는 헐값 지분 매각과 그에 수반되는 '제살 깎아먹기 식' 기술 유출은 자제하고, 불가피하게 매각할 경우 산업 전체의 기술 경쟁력 약화를 방지하기 위해 관련 협회와 노력해야 할 필요성이 커졌다. 해당 업종의 협회도, 이 사례에서처럼, 개별 민간기업이 일시적인 재무 유동성 보강을 위해 업계 전체에 해가 되는 핵심 기술을 헐값에 매각하거나 기술 인력 유출이 발생할 경우, 지분 매각 정보를 업계 간에 공유하고 상호 감시 체제를 구축·강화하기 위해 노력해야 할 필요성이 커졌다.[18]

마지막으로, 샨다 사례는 게임 개발 역량이 뛰어난 한국 게임 개발업체에 대한 중국 게임업체의 M&A 시도가 앞으로 더 거세어질 것임을 알려 주는 신호탄이라 할 수 있다.[19] 중국정부의 정책적 지원과 위안화 강세, 중국 기업의 나스닥 상장(IPO)을 통한 신속한 자금력 확충은 이 인수 가능성을 한층 높여 줄 것이다.[20] 그 동안 중국 게임업체는 자국 내 서비스 영업망에 있어서는 우위에 있었지만, 게임 개발 능력과 기술력, 브랜드 인지도에서는 한국 게임업체에 뒤져 있었다. 그리하여 한국, 대만 업체들의 우수한 게

18_위즈게이트와 태울, 위메이드, JC엔터테인먼트 등 중국 게임시장에 진입한 국내 업체들 간에 이 같은 노력이 감지되고 있다. 게임업체 상호 간에 모임을 정례화 하여, 시장 정보를 공유하고 공동의 손해를 야기시키는 문제에 관한 공동 대책을 논의하는 움직임이 그것이다. KOTRA, 2005, "韓流 국가의 한국 문화상품 지적재산권 피해 현황 및 대응방안," 기획조사 05-012.

19_"中 게임업체 상장 열풍, 자체 게임 개발 붐일 듯," 대한무역진흥공사 웹사이트, Global windows, 2007년도.

20_실제로 샨다, 텐센트(Tencent), 나인(The Nine) 등 중국 게임 서비스 업체들은 나스닥 기업 공개와 홍콩 증시 주식 상장을 통해 공모 자금을 확보한 다음, 자체 게임 개발에 주력하고 있다.

임 판권 획득을 위해 상호 경쟁했으나, 이제는 한국 게임 개발업체 인수·합병이라는 새로운 길이 열린 셈이다.

[사례 2] '비아그라' 지재권 분쟁에 휘말린 화이자의 승소

화이자의 중국시장 진입

화이자(Pfizer)는 뉴욕에 근거지를 둔 글로벌 다국적 제약 회사이다. 화이자는 1998년 남성 발기부전 개선제인 '비아그라'(Viagra)를 개발한 후 전 세계적으로 판매망을 늘려,[21] 2004년에는 매출액 기준으로 세계 최대의 제약사가 되었다. 화이자의 글로벌 제약부문 매출액은 2009년 기준 441억 7,000만 달러이고, 매년 매출액의 약 16%를 연구개발에 꾸준히 투자해 왔다.

비아그라가 개발·출시된 것은 1998년 4월이지만, 그 후 비아그라는 화이자사의 매출액 증대에 가장 많이 기여하는 '캐시 카우'(cash cow)가 되었다. 비아그라의 글로벌 매출액은 1999년 10억 달러에서 2005년에는 15억 5,000만 달러로 늘어났다.[22] 이 약품은 유럽, 중남미, 중국 등지로 수출되고 있는데, 파란색 알약 형태가 가장 인기가 많다.

화이자사가 중국시장에 관심을 갖기 시작한 것은 80년대 말부터이다. 개혁·개방 이후 중국경제의 고성장, 건강에 대한 관심 증가로 의약품 시장

21_'비아그라'(Viagra)의 주요 유효 성분은 '실데나필'(Sildenafil)이라는 화학물질이다.

22_미 FDA는 비아그라에게 특허를 내준 뒤에도 치료 효과가 유사한 바이엘(Bayer)사의 레비트라(Levitra)와 엘리릴리(Eli Lilly)사의 시알리스(Cialis)에 대해서도 특허를 내주었다. 그러나 화이자의 비아그라가 글로벌 발기부전 치료제 시장에서 가장 강한 지배력을 행사하고 있다.

이 급속히 확대될 것으로 보았기 때문이다. 그리하여 1989년 랴오닝성 따롄에 의약품 공장을 세운 데 이어 1991년에는 5억 달러를 투자, 장수성 쑤저우(蘇州; 1991년)와 우시(無錫; 1995년)에도 공장을 세웠다.

발기부전 개선제인 비아그라 수출은 2000년도부터 개시되었으나, 대중(對中) 수출이 본격화된 것은 내수 판매 허가를 획득한 2000년 7월 이후다. 중국인의 성(性)의식 개방, 장년층과 65세 이상 인구의 비중 증가로 인해 발기부전 개선제 시장이 폭발적으로 성장하기 시작했기 때문이다.

그러나 수출 방식만으로는 중국 물량 공급에 한계가 있다고 보고, 2004년 산둥성 옌타이(煙台)에 비아그라를 주로 생산하는 제약법인을 건립했고, 상하이 창장(長江) 하이테크 파크(2005년)와 우한(2010년)에 각각 연구개발센터를 열었다. 그리고 중국시장의 비중이 커지자 2010년에는 화이자 아시아 지역본부를 화이자 지주회사와 중국본부가 있는 상하이로 옮겼다. 또한 2011년 말까지 중국에 총 10억 달러를 투자하였으며, 8개의 생산법인과 2개의 R&D센터에 1만여 명의 임직원을 고용하게 되었다. 비아그라의 중국어 상표명은 두 가지다. 대만과 홍콩에서는 '웨이알강'(威而剛)이란 상표를 사용하고 있으며, 중국 대륙에서는 '완아이커'(萬艾可)라는 상표명을 사용한다.

중국 내 판매 부진의 이유

중국의 발기부전 개선제 시장은 2009년에 약 27억 달러(200억 위안) 규모로 성장했다. 그러나 조기 시장 진입과 투자 확대에도 불구하고 화이자의 중국 내 판매 실적은 기대수준에 미치지 못하고 있다. 발기부전 치료제 시장 내 점유율은 3%에 불과하고, 화이자의 전 세계 내 비아그라 판매액에서 점하는 중국의 비중도 0.5%로 미미하다.

성과 부진에는 중국정부의 약품 유통 및 광고에 대한 규제도 작용했으나, 고가격 정책을 고수한 화이자의 전략적 판단 실수도 일조했다. 화이자는 연구개발비 부담 때문에 중국 내 판매가를 미국(10달러)보다 더 비싼 11.8달러(50mg 기준)로 책정했다. 실제로 비아그라 1정의 중국 내 소매가는 128위안인데, 이는 판매 개시 연도인 2000년 중국 농민 소득의 25%를 넘는 수준이다. 중국 소비자들은 비아그라 정품을 외면하는 대신, 유사한 효능을 가진 유사 비아그라(imitation Viagra)나 짝퉁 비아그라(counterfeit Viagra)에 눈을 돌리게 되었다.

유사 혹은 불법 복제약의 경우, 성인용품점, 밤업소, 노점상 등에서 판매되는데, 가격이 싼데다가 의사 처방전 없이도 손쉽게 구입할 수 있다는 이점이 있다. 더욱이 중국정부는 토종 복제약(예: 偉哥; 웨이거)의 대중매체 광고를 허용하면서도 화이자의 비아그라, 바이얼의 레비트라(Levitra; 艾力達), 엘리릴리사의 씨알리스(Cialis; 希愛力) 등 외국 오리지널 약품에 대해서는 매체 광고를 허용하지 않는 등의 차별적인 정책을 실행하고 있어서 단기간에 브랜드 인지도를 올리기가 어려웠다.

그러나 더 치명적인 것은 짝퉁 혹은 유사, 밀수 의약품에 대한 중국 내 처벌이 약하다는 점이다. 사실 짝퉁 비아그라는 1998년 4월 미국에서 판매가 개시된 지 채 한 달도 지나지 않아 중국에 등장했다. 짝퉁의 대부분은 비공식적 루트로 밀수된 샘플에 기초하여 중국 내 여러 지역에서 불법으로 대량 복제 생산된 것이었다. 조사 결과, 중국에서 판매되는 발기부전 개선용 약품의 80% 이상이 가짜 혹은 유사 비아그라이고, 아예 상표조차 없는 모조 비아그라도 많았다. 2005년에는 불법 혹은 유사 약품의 판매 비중이 한때 97%까지 치솟았다. 랴오닝성 선양에 있는 선양페이롱(瀋陽飛龍)이라는 토종 복제약 업체는 1998년 12월부터 다음 해 4월에 걸쳐 720만 달러

표 7-3 | 중국 내 화이자 비아그라 및 위조 브랜드의 추정 매출액

연도	비아그라의 추정 매출액		지재권을 침해한 비아그라 위조 제품 추정 매출액	
	미화(백만 달러)	100만 위안	미화(백만 달러)	100만 위안
2002	9.7	80	48.3	400
2004	12.1	100	241.5	2,000

자료: Li, Yahong et. al(2009), "Viagra in China: A Prolonged Battle over Intellectual Property Rights," Asia Case Research Center, Univ. of Hong Kong, p.25에서 재인용.

표 7-4 | 중국 남성 발기부전 개선제 시장에서의 다국적 브랜드와 토종 브랜드 경쟁력 비교

발기부전 개선제 약품명		중국어 상표명	제약사	시장 진입 연도	처방전 필요 여부	효과 지속시간	1알당 가격
다국적 브랜드	비아그라	완아이커(萬艾可)	Pfizer(輝瑞)	2000. 7	필요	4시간	50mg, 98위안(11.8달러)
	레비트라(Levitra)	아이리다(艾力達)	바이얼(拜耳)	2004. 11	필요	4시간	20mg, 128위안(15.5달러)
	씨알리스(Cialis)	시아이리(希愛力)	Eli Lilly(禮來)	2005. 6	필요	3~6시간	20mg, 136위안(16.4달러)
토종 브랜드	웨이거(Weige)	偉哥	광저우 Viamen(威尔曼)	2003. 9	불필요	3~6시간	40mg, 50위안(6달러)
	이러(Yi le)	怡樂	리쮸(麗珠) 제약	2004. 4	불필요	3~6시간	40mg, 17위안(2.1달러)

자료: http://www.pfizer.com.cn/pfizer-china/index_en.aspx; Yahong Li et. al (2009).

어치의 유사 비아그라 복제약을 판매하다가 적발되었다.

연이은 지재권 분쟁에 휘말린 화이자

진입 이후 중국 토종기업과의 끊임없는 지재권 분쟁에 휘말려서 중국 내 영업과 마케팅 활동에 집중할 수 없었다는 것도 실적 부진의 주요 원인 중의 하나이다.

비아그라(Viagra) 특허권과 상표권은 획득하고 있었으나 중국 토종 제네릭 업체들의 이의제기가 받아들여져 특허권은 전리국(專利局)에 의해 2004년 7월 ~ 2006년 6월의 기간 동안 취소되어 권한 정지되었고, 3D 상표권은 무단 도용당했다. 이 같은 사태는 '비아그라'가 중국에 정식 등록된 이후 발생한 사태여서 화이자에게는 더 충격적이었다. 화이자는 법적 보호를 받기 위해, 1994년 초 공상행정관리국에 비아그라(Viagra)를 '완아이커'(万艾可; Wanaike)라는 상표명으로 등록하고, 자체 3D 로고도 등록하였다.[23] 2001년 9월에는 특허권 유관부서인 중국 지식산권국(SIPO: China State Intellectual Property Office)으로부터 비아그라(약학명 Sildenafil)에 관한 중국 내 '전용 특허권'(use patent)도 부여받았다. 무려 7년간의 심사 끝에 이루어진 결정이었다.

웨이얼만 등 12개 복제약 회사, 비아그라 특허 등록 무효화 요청

문제는 화이자사가 1994년 비아그라 특허 출원 신청 당시 주성분인 실데나필(Sildenafil)의 임상 실험 자료를 제출하지 않았다는 점이다. 특허법 개정으로 임상 자료의 제출 조건이 강화되고 있었으나, 화이자는 법 개정 내용을 알지 못해 사전 대비를 못 하였던 것이다.

이를 안 중국의 12개 로컬 제약회사들은 공동으로 지식산권국(기구 확대 개편 전의 專利局)에 비아그라 전용 특허의 무효화를 신청했다. 이들은 비

23_화이자사는 홍콩과 대만시장에서는 비아그라의 중국어 상표명으로 '힘센 위대한 강하다'란 뜻을 가진 '웨이알강'(威而剛)을 등록해 사용하고 있었다.

화이자의 지재권 분쟁의 경위와 경과

- 1994년: 중국 공상국에 '완아이커'(萬艾可)라는 비아그라 전용 특허 신청
- 1997년: 화이자사, 대만과 홍콩에는 중국어 상표명으로 '웨이알강'(威而刚) 출원
- 1998년 4월: 미국에서 비아그라 런칭 및 판매 개시
- 1998년 5월: 중국 내 비아그라 밀수품 적발
- 1998년 5월: 광저우 Viamen사 '웨이거'(偉哥; Weige) 상표권 신청 및 등록
- 2000년 7월: 화이자, 비아그라의 중국 내수 판매 허가 획득
- 2001년 9월: 화이자, 중국 내 비아그라 전용 특허권 획득
- 2001년 10월: 중국 20여 개 토종 제약업체, 비아그라에 대한 특허 경위 조사와 반발, 공동 이의신청
- 2002년 6월: 광저우 웨이얼만(Viamen)사, '웨이거'(偉哥) 상표권 및 특허 등록
- 2003년: 웨이얼만사, '웨이거'를 비아그라의 3D 상표 마크를 사용하여 런칭
- 2004년: 중국정부, 유사 비아그라에 대한 처방전 규제 완화, 약국 판매 허용
- 2004년 7월: SAIC, 화이자사의 중국 내 비아그라 특허권 등록 취소
- 2005년 1월: 미 상무장관 화이자 사태 강력 비난
- 2005년 4월: USTR, 「Spcial 301조 보고서」에서 중국이 TRIPs 협정의 심각한 위반을 지적
- 2005년: 화이자, 웨이얼만 제약회사 고소(상표권 침해, 비아그라 3D 상표 도용 혐의)
- 2006년 6월: 화이자 승소, 중국 내 비아그라 전용 특허권 회복
- 2007년: 화이자, 3D 상표 도용 부분은 승소, '웨이거' 상표권 침해는 패소
- 2014년: 비아그라의 주요 구성성분인 Silidenafil'에 대한 중국 내 특허 만료 예정

아그라 특허 만료 시점에 맞춰 복제약(generic drug)의 개발·생산을 위해 총 1,200만 달러 이상을 투자했는데, 만일 비아그라에 대해 전용 특허권이 부여되면 상당 기간 동안 투자 손실을 볼 수밖에 없었기 때문이다.

전용 특허 무효 신청을 낸 토종 제약사들은 12개사였으며, 이들의 간사 회사는 광저우에 본사를 둔 웨이얼만(Viaman) 제약이었다. 2002년 당시 중국 언론매체에서는 비아그라의 중국 상호명이 비공식적으로 '웨이거'(偉哥)로 쓰이고 있었는데 웨이얼만사가 발 빠르게 이를 상표로 출원하여 6월 21일 인정받은 것이다. 기억하기 좋고 브랜드 인지도도 높은 상표명이어서 웨이얼만사는 '웨이거' 런칭 첫 해에만 4,830만 달러어치의 유사 비아그라를 합법적으로 팔 수 있었다. 당시 중국 내 마케팅 전문가들은 '웨이거'의 브랜드 가치가 8,500만~1억 2,000만 달러를 넘을 것으로 추정할 정도였다. 그러나 같은 해 화이자는 중국에서 고작 970만 달러어치의 비아그라를 파는 데 그쳤다.

중국 소비자들이 웨이거를 선호하는 것은 '웨이거'라는 이름이 대중매체와 인터넷에 '비아그라'로 워낙 많이 알려져 있는데다가, 가격도 싸고 처방전도 필요하지 않았기 때문이다. 다른 복제약으로는 리쮸제약의 '이러'(怡樂)가 있었으나 '웨이거' 만큼의 시장 지배력은 없었다.

지식산권국의 비아그라 특허권 부여 무효화

만일 비아그라의 전용 특허권이 중국 내에서 인정될 경우 웨이얼만 등 토종업체들은 '황금알을 낳는 거위'라고 할 수 있는 발기부전 치료제 시장을 화이자사에 통째로 넘겨야 하고 그 동안의 복제약 개발 투자비를 특허 만료 기간 이후에야 회수할 수 있기 때문에 큰 손실을 보지 않을 수 없었다. 궁리 끝에 이들은 "비아그라의 치유 효과를 입증할 만한 충분한 임상 데이터를 화이자사가 제출하지 않았다"는 약점을 파고들었다. 지식산권국은 재심 끝에 이들의 요청을 받아 들여 2004년 7월 화이자사의 중국 내 비아그라 전용 특허권 등록을 취소했다.

중국 지재권 당국의 이 같은 전용 특허 취소 결정은 당사자인 화이자 사는 물론, 사태의 추이를 지켜보고 있던 미 상무부, 다른 외국 다국적 제약사에게도 충격적인 뉴스였다. 2005년 1월 당시 미 상무부 장관 도날드 에반스(Donald Evans)는 중국을 방문하여 화이자의 중국 내 특허 등록 취소 조치는 비상식적이고 차별적인 자국 브랜드 보호 조치라고 비난하였다.[24]

반면, 고가의 정품 비아그라(완아이커) 구입을 주저하던 중국의 소비자들은 웨이얼만 제약의 유사 약품 '웨이거'를 선호하게 되었다. 결국 화이자사는 특허 취소 결정 이후 5년 동안에 걸쳐 판매 실적에 막대한 타격을 입게 되었다. 다른 다국적기업들도 WTO에 가입한 상황 하에서 중국 당국이 내린 특허권 철회 결정을 보면서 중국정부가 공언대로 외국기업의 지재권을 진정으로 보호할 의지가 있는지에 대해 의구심을 갖게 되었다.

법원의 특허 등록 무효화 취소 판결

지식산권국에 의해 특허 철회 결정이 내려진 이후, 화이자는 2005년 6월 이 결정에 불복하고, 베이징 제1중급인민법원에 특허 등록 취소의 무효화 및 특허권 원상 복구를 요구하는 소를 제기했다. 2006년 6월 법원은 1년 반여의 조사 끝에 원고인 화이자의 손을 들어 주었다.

12개 중국 토종업체들은 2심 법원인 베이징 제1고급인민법원에 항소

24_Li, Yahong et. al.(2009), "Viagra in China: A Prolonged Battle over Intellectual Property Rights" 참조.

하였으나 고급인민법원이 기각하였다. 고급인민법원 재판부는 "지식산권국 특허심사국은 화이자에 내린 특허 철회 결정을 무효화 하고 원상 복귀하라"고 판시하는 동시에 "2014년까지 화이자의 전용 특허를 보호하라"는 내용의 최종 판결을 내렸다. 이로써 화이자의 비아그라의 중국 내 전용 특허권이 회복되었다.

상표권 및 특허권 침해 소송에서도 화이자 연이어 승소

그러나 화이자의 시련은 여기서 끝나지 않았다. 화이자는 자사의 특허권과 상표권을 침해한 중국의 여러 제네릭 의약업체들을 연달아 고소했는데, 대부분 승소하긴 했지만 송사에 핵심 역량을 쏟은 나머지 판매 실적과 시장점유율은 여전히 부진을 면치 못했던 것이다.

중국 대중매체의 책임도 적지 않다. 화이자가 중국시장에 진입했을 때 중국 언론은 '비아그라'를 '웨이거'(偉哥)로 음역해 소개했는데,[25] 광저우에 있는 웨이얼만(威爾曼; Guangzhou Viaman Pharmaceutical Co.)약업이 '웨이거'를 재빨리 상표 등록을 하는 바람에 막상 중국시장에 진입한 이후에는 이 상표명을 사용할 수 없었다.[26] 할 수 없이 '완아이커'(萬艾可)란 상표로 등록한 뒤 웨이얼만약업을 상대로 전용 상표권 침해 소송을 제기한 것이다.

25_'웨이거'(偉哥)는 '힘센 위대한 형님'이란 뜻을 가진데다가, 발음도 '비아그라'에 가까워 화이자가 상표로 사용하길 원했으나, 중국 로컬 업체들이 선수를 쳐 '웨이거'를 등록해 이 상표명을 포기할 수밖에 없었다.

26_웨이얼만 약업은 1998년 5월 20일 공상행정관리국에 '웨이거(偉哥)'뿐만 아니라 웨이제(偉姐), 웨이난(偉男), 웨이뉘(偉女) 등의 상표를 동시에 출원·등록함으로써, 화이자 등 외국 브랜드뿐만 아니라 경쟁 토종 브랜드의 발기부전 치료제 시장 진입을 원천 봉쇄했다. 웨이얼만사는 같은 달 홍콩에도 웨이거의 상표권을 출원·등록하는 치밀함을 보였다.

한편, 화이자사는 2003년 비아그라 특유의 마름모꼴과 남색을 결합한 3D 입체 상표를 상표국에 신청해 등록하였다. 그런데 일부 토종 제약업체들이 이 도형 상표까지 유사 제품 '웨이거'에 사용하였다. 화이자사는 자사 제품인 비아그라와 유사한 효능을 가진 비아그라 복제약을 제조·판매한 광저우 웨이얼만(威爾曼)약업, 장수 롄환(聯環)약업, 상하이 둥팡(東方)제약 등과 이를 판매한 한 대형 약국을 2005년 9월 비아그라 3D 상표권 침해 혐의로 고소했고, 침해의 즉각 중지 및 100만 위안의 손해배상 청구소송을 냈다.

이에 대해 베이징시 제1중급인민법원은 롄환약업과 둥팡(東方)제약의 전용 상표권 침해 사실을 인정, 그에 상응하는 민사상의 손해배상 책임을 지도록 판시했다. 다만, 웨이얼만약업, 롄환약업 등이 사용하는 '웨이거'란 명칭 자체에 대해서는 상표권 침해를 인정하지 않았다. 또한 2005년 9월에는 토종 복제약품 판매업체인 '베이징신개념의약건강'(Beijing Health New Concept Pharmacy Co.)을 상대로 한 상표권 침해 소송을 제기했는데, 2006년 12월 28일 베이징 제1중급인민법원은 피고에 대해 유사 비아그라 판매의 즉각 중단을 명령했다. 같은 해 비슷한 시기에 장수성의 유사 약품 제조 판매 업체인 롄환약업을 상대로 한 특허권 침해 소송에서도 화이자는 승소해 유사 약품 제조의 즉각 중단과 30만 위안(약 3만 8,000달러)의 손해배상 판결을 받아 냈다.

이 같은 연이은 승소 판결은 중국 내 화이자의 시장 지배력 강화에 큰 도움이 되었다. 당시만 해도 유사한 효능을 가진 다국적 발기부전 치료제 씨알리스(Cialis), 레비트라(Levitra) 등이 이미 중국시장에 상륙한 상태였고, 토종 복제약(generic) 업체들도 월등한 가격 경쟁력과 광범위한 유통망으로 화이자의 시장을 위협하고 있었기 때문이다.

그러나 화이자가 중국 내 모든 지재권 분쟁에서 승리한 것은 아니다.

화이자는 광저우 웨이얼만약업이 1998년부터 타 회사의 화이자 상표권 및 특허권 침해를 유도하고 사주했다는 혐의로 고소했으나, 2007년에 패소한 바 있다.

화이자 소송 사례가 주는 전략적 시사점

비아그라 지재권 보호를 둘러싼 화이자의 지재권 소송 사례가 우리에게 주는 전략적 시사점은 다음과 같다.

첫째, 중국시장 진입 전에 자사의 상표를 현지에 미리 출원·등록하는 것이 매우 중요하다는 점이다. 그리고 상표 출원 전에 중국 대중매체에서 자사의 대표적 상품·서비스가 어떻게 불리는지를 미리 파악해 가장 인기 있게 불리는 상표로 출원·등록해야 한다는 점이다. 상표명을 직접 짓기 어려우면, 중국 현지인의 기호를 반영할 수 있는 브랜드 네이밍(Brand naming) 전문 컨설팅 업체에 의뢰하는 것도 하나의 대안이 될 수 있다. 만일 화이자가, 1998년 4월 미국 내 비아그라 판매 런칭 전에 중국언론에서 쓰이고 있던 '웨이거'라는 상표와 전용 특허를 미리 출원·등록해 놓았더라면 중국 내 위조·유사 비아그라로 인한 경제적 피해를 훨씬 줄일 수 있었을 것이다.

둘째, 중화권 전체를 하나의 시장으로 보고 뜻과 발음이 좋은 상표명을 고른 다음, 중국어 상표명을 일원화시켜 등록하여 일관되게 사용해야 한다는 점이다. 화이자의 경우 '웨이거'라는 좋은 상표명을 웨이알만약업이란 중국 업체에게 빼앗긴 후 별다른 의미도 없는 '완아이커'(萬艾可)라는 상표를 대륙 시장에서 사용하였다는 점이 패착의 시작이었다. 당시 대만과 홍콩에서는 '웨이알강'(威而刚), 중국 대륙에서는 '완아이커'라는 두 개의 상표명의 동시 사용은 고객들에게 브랜드 명칭의 혼선을 초래하였고 브랜드 이미지 포지셔닝에도 방해가 되었다. 만일 '웨이얼강'을 선택해 전 중화권에 포지셔닝 전략을 집중적으로 펼쳤더라면 비아그라란 브랜드를 보다 신속하고도 강력하게 인지시킬 수 있었을 것이다.

셋째, 화이자와 같은 지재권 분쟁을 피하려면 중국의 지재권 관련 법규의 개정 내용은 물론 향후 개정 방향에 대해서도 소상히 파악하고 있어야 한다는 점이다. 화이자의 전용 특허권이 철회된 것은 지식산권국 특허심사국에 임상 실험 자료를 제출하지 않아 중국 토종업체에게 이의제기 및 등록 철회의 빌미를 주었기 때문이다. 중국 의약청, 법원, 검찰 등 유관기관과 인적 네트워크를 잘 유지·관리하고 특허 및 상표권 분쟁이 빈번하게 일어나는 IT, 바이오, 의약 업종이라면, 본사나 현지에 중국 지재권 법규를 전문적으로 연구하는 직원과 중국 지재권 전문 변호사를 고용하는 것도 필요하다고 본다.

넷째, 중국인의 구매력 수준을 감안해 제품 값을 합리적으로 책정해야 한다는 점이다. 만일 도시 중산층 구매력 수준에 맞게 현지 로컬 복제약품보다 10~20% 정도만 비싸고 효능 지속 시간이 약간 짧은 보급형 비아그라 약품 군을 출시했다면, 화이자의 시장점유율은 훨씬 높아졌을 가능성이 크다.

마지막으로, 중국정부나 관계당국에 대해 복제 의약품의 '마구잡이 시판'의 리스크를 부각시키고 희박한 보건·안전 의식과 불법 의약품 구입으로 인한 리스크를 더 열심히 교육·홍보했더라면 하는 아쉬움이 있다. 특히 의사의 처방전도 없이 효과가 검증되지도 않은 유사 비아그라를 복용할 경우 고혈압, 두통, 호흡 장애 등 치명적 부작용을 초래할 수 있다는 것을 인터넷과 대중매체를 통해 충분히 홍보하지 않았다.[27] 분쟁이 해결된 뒤에야

27_실제로 중국에서는 2001년 한 해에만 19만 2,000명이 각종 짝퉁 약품의 부작용으로 사망한 바 있다.

중국 화이자는 현지 법인 홈페이지에 비아그라의 공식 유통 딜러, 위조품 의약의 부작용과 폐해, 정식 약품 수입 방법 등을 올려놓기 시작했다.[28] 한국기업도 이처럼 "소 잃고 외양간 고치는" 식의 과오를 되풀이해서는 안 될 것이다.

(자료: "해외 지재권 침해 중국 기업에 무더기 패소 판결," 연합뉴스, 2006. 12. 28; "Pfizer Wins Patent Case in China," *The Wall Street Journal*, Dec. 29, 2006~January 1, 2007; http://seekingalpha.com/article/52698/-pfizer-emerges-victorious-in-china-viagra-patent-battle; "Pfizer Emerges Victorious in China Viagra Patent Battle," http://www.edpillsnews.com/pfizer-emerges-victorious-in-china-viagra-patent-battle.html; Harris, G. (2004), "Pfizer Reports China Has Lifted Its Viagra Patent." *The New York Times*, July 08, 2004; http://www.nytimes.com/2004/07/08/business/pfizer-reports-china-has-lifted-its-viagra-patent.html; Li, Yahong, Lu Jiangyong, Tao Zhigang, Wei Shang-jin (2010), "Viagra in China: A Prolonged Battle over Intellectual Property Rights," Asia Case Research Centre, The Univ. of Hong Kong, HKU 902, 09/ 463C).

[사례 3] 애플 '아이패드'의 중국 내 상표권 분쟁과 화해 과정

선전 프로뷰와의 중국 내 상표권 분쟁

애플도 예외 없이 중국 내 아이패드 상표권에 관해 분쟁에 휘말려 피해를 본 적이 있다. 애플은 중국시장에 진입한 이후 '아이패드'(iPad)를 판매하려 했으나 중국 내 '아이패드' 상표권을 이미 갖고 있는 회사가 있어 다른

28_http://www.pfizer.com/products/counterfeit_and_importation/counterfeit_importation.jsp

이름을 쓰거나 상표권을 매입해야 하는 딜레마에 처한 적이 있다.

분쟁의 상대방은 광둥성 선전에 있는 '프로뷰 테크놀로지'(Proview Technology, 중국 상호명: 深圳唯冠科技)라는 대만계 중국회사다. 애플은 프로뷰 테크놀로지와 2010년 이후 상표권 침해 소송을 벌였지만, 선전의 1심 중급인민법원은 2011년 12월 애플에게 상표권 불인정의 패소 판결을 내렸다. 애플로서는 항소할 수도 있었지만, 항소심에서마저 패소할 가능성을 배제할 수 없고, 삼성전자 갤럭시탭과 같은 경쟁자들이 점유율을 잠식하는 상황 하에서 언제까지 상표권 분쟁에만 휘말릴 수도 없었다. 그리하여 2012년 6월 말 선전 고등인민법원의 중재로 '프로뷰 테크놀로지'(이하 '프로뷰 테크')로부터 '아이패드' 상표권을 6,000만 달러에 매입하고 중국 내 영업에 집중하기로 결정하였다.

프로뷰 테크의 본사는 대만에 있다. 하지만 홍콩 증권시장에는 '프로뷰 인터내셔널 홀딩스'라는 지주회사가 상장되어 있으며 광둥성 선전에는 '선전 프로뷰 테크놀러지'(이하 '선전 프로뷰')라는 생산·판매 법인을 갖고 있다. 프로뷰 인터내셔널의 유럽 자회사인 프로뷰 일렉트로닉스는 2000년 아이패드 상표권을 유럽 등지에 등록하였고, 중국 내 자회사인 선전 프로뷰는 2001년 관할 공상행정관리국에 아이패드 상표권을 '웨이관'(唯冠)이라는 상표명으로 등록했다.

한편, 영국 IP Application Development사는 2009년 선전 프로뷰의 본사이자 모기업인 타이베이 프로뷰 테크놀로지로부터 3만 5,000파운드(약 5만 5,000달러)를 주고 전 세계 '아이패드'(iPad) 상표권을 넘겨받는 양수도 계약을 체결하였다. 얼마 뒤에는 유럽 자회사인 프로뷰 일렉트로닉스로부터도 유럽 지역 아이패드 상표권을 인수했다가, 2010년에는 이 상표권 둘을 통합해 애플사에 10만 파운드에 재매각하였다.

이 같은 복잡한 과정을 거쳐 아이패드에 대한 글로벌 상표권을 매입한 애플로서는 당연히 중국 내 상표권도 포괄 양수되었을 것으로 생각했다. 그리하여 중국에서 '아이패드' 상표를 사용하는 선전 프로뷰를 아이패드 상표권 침해 혐의로 2010년 4월 선전시 중급인민법원에 고소하고 400만 위안의 손해배상을 청구하였다. 그러나 선전 프로뷰는 "중국에 등록된 아이패드 상표는 자사 모기업과 애플 간의 '포괄적 상표권 양수도 계약'과는 무관하게 선전 프로뷰가 보유한 고유의 지재권이다"라고 주장하면서, 애플을 상표권 침해 혐의로 역고소했다.

1심에서 선전 프로뷰(深圳唯冠)에 패소

1심인 선전시 중급인민법원은 2011년 2월, 8월, 10월 등 세 차례에 걸친 심리 끝에 선전 프로뷰(深圳唯冠)의 손을 들어 주었고 애플 측의 '아이패드' 상표권 침해 주장은 기각되었다. 판결의 요지인 즉, "애플이 유럽 등지의 상표권을 포괄적으로 매입하긴 했지만, 2010년 당시 대만 본사는 중국에 기 등록된 아이패드 상표권을 판매할 적법한 권한이 없었고 매각 대상에 이를 포함시키지도 않았다. 따라서 애플사는 중국에서 판매하는 태블릿 PC 제품에 '아이패드'란 상표를 사용할 권한이 없다"고 판시한 것이다. 패소 직후 애플사는 이에 불복하고 광둥성 고등인민법원에 항소하였다.

판매점 진열대에서 아이패드 내려

2심 심리가 진행되는 상황에서 1심에서 승소한 '선전 프로뷰'는 공세적 태도로 전환했다. 2012년 2월 6일 선전 프로뷰는 베이징 법률자문 회사를 통해 베이징시 시청(西城)구 공상행정관리국 등 전국 주요 대도시 공상행정관리국(이하 공상국)에 자사의 상표권을 침해한 '아이패드' 제품의 판매에

표 7-5 | 중국 내 애플의 '아이패드' 상표권 분쟁 전개 과정

일시	분쟁 전개 과정
2000	대만 프로뷰 여러 국가에 'iPad' 상표 출원
2001. 6. 20	선전 프로뷰(深圳唯冠) 중국 공상행정관리국 상표국에 아이패드 상표 등록
2009. 12	영 IP Application Development, 대만 프로뷰로부터 전 세계 'iPad' 상표권 매입
2010. 2	영 IP Application Development, 애플에 'iPad' 상표권 전매 양도
2010. 4	애플, 선전 프로뷰를 상대로 '아이패드' 상표 사용권 침해 소송을 선전시 중급인민법원에 제기, 선전 프로뷰에 400만 위안의 손해배상을 청구.
2010. 9	애플, '아이패드' 태블릿PC 중국 런칭
2010. 10	프로뷰 테크, 애플을 상대로 100억 위안(약 1조 8,000억 원) 규모의 상표권 침해 손해배상 소송을 제기
2011. 1	선전 프로뷰, 베이징 공상행정관리국에 애플을 iPad 상표권 침해자로 신고
2011. 6. 28	홍콩 1심 법원, 애플의 아이패드 상표권을 인정
2011. 12. 6	선전 중급인민법원, 애플의 '아이패드' 중국 내 상표권을 불인정해 패소 판결 내림
2012. 2. 5	베이징 공상행정관리국 애플사에게 행정 처벌 가능성 시사. 애플 직영점에 대해 약 2억 4,000만 위안 과태료 집행 위협
2012. 2. 7	다른 지역 공상행정관리국도, 2심 패소 시 애플에 총 100억 위안 이상의 과태료 부과 예정 공표
2012. 2. 14	프로뷰 테크, 중국 세관에 '아이패드' 제품 수출입 통관 중단 요구
2012. 2. 15	애플, 아마존에 '중국에서 판매 중단' 요청
2012. 2. 18	선전 프로뷰 양롱샨 회장 기자회견 "아이패드 대륙상표권 매각한 적 없다"
2012. 2. 20	광둥성 훼이저우 법원, '쑨단' 체인점에 아이패드 소매 판매 금지 판정
2012, 2, 21	중국 내 '아이폰' 상표권을 갖고 있다는 중국 업체 등장
2012. 2. 22	상하이 법원 공판에서 증거 불충분, 기각 판결
2012. 2. 29	광둥성 고급인민법원 애플의 항소심 2심 판결 유예
2012. 5. 7	광둥성 고급인민법원, 애플과 선전 프로뷰 간에 법원 중재절차에 따라 합의안 도출을 위해 노력중임을 발표
2012. 6. 26	애플, 광둥성 고등인민법원의 중재조정안에 동의하고, 선전 프로뷰테크로부터 6,000만 달러에 중국 내 '아이패드' 상표권을 확보

자료: 매일경제신문, 2012. 2. 22, A10 및 기타 인터넷 자료

대해 조사해 줄 것을 공식 요청했다. 이 요구에 따라 베이징을 비롯한 상하이, 선전, 장수성 쉬저우(徐州) 등 각지의 공상국은 전자제품 전문 판매점, 양판점과 애플 직영대리점을 대상으로 조사에 착수했다. 먼저 베이징시 공상국이 관할 구역 내 애플사 직영대리점에 대해 2억 4,000만 위안의 과태료를 산출하여 통보해 왔다. 그리고 만일 2심에서도 애플이 패소한다면, 중국 각 지역의 공상국들은 애플사의 중국 내 불법 경영에 대해 총 100억 위안을 상회하는 과태료를 내야 한다는 통지를 보냈다.[29]

상표권 침해 조사가 본격화되자 주요 대도시의 전자제품 판매점과 애플 대리점 주인들도 흔들리기 시작했다. 많은 대리점들이 아이패드를 진열대에서 철거하거나 판결이 나올 때까지 아이패드 판매를 잠정 보류하는 결정을 내렸다. 중국 '상표법' 및 관련 조례에 따르면 침해 혐의가 있는 제품을 팔 경우 상품을 몰수당할 뿐만 아니라 벌금까지 물어야 하기 때문에 판매점들로서는 그 같은 리스크를 떠안을 이유가 없었기 때문이다. 실제로 허베이성 스자좡(石家莊) 신화(新華)구 공상국 경제검사대대 부대장 가오웨이(高煒)는 상표권 침해 혐의를 조사하는 과정에서 아이패드 45대를 몰수했고, 다른 지역의 아웃렛도 공상국 조사원들에게 아이패드 제품을 몰수당했다. 또 베이징시 공상국은 애플 아이패드를 파는 시단(西單) 다예청(大悅城)점에 대해 판매를 계속할 경우 수억 위안대의 벌금을 물리겠다고 위협하기도 했다.

29_상표권 침해 업체의 불법 영업액은 매출액에 침해 물품 재고 실제 평가액을 더한 금액으로 산정하는데, 재고 평가액 산출이 어려울 경우, 재고품 수량에 해당 제품의 판매단가를 곱해 산출한다('상표법 및 동 실시 세칙 집행에 관한 약간의 문제에 관한 통지(關於執行商標法及其實施細則若干問題的通知)' 참조). 과태료는 '상표법 실시 조례' 제52조에 따라 불법 경영액의 3배 이하, 침해 규모가 비교적 적고 계산이 어려운 경우는 10만 위안 이하로 추정하게 되어 있다.

훼이저우 법원, 소매점 판매 금지 판결

그 뒤에도 좋지 않은 소식이 연달아 터졌다. 2012년 2월 21일 광둥성 훼이저우시 중급법원은 선전 프로뷰 테크의 상표권을 침해한 아이패드의 소매 판매 금지 판결을 내렸다. 이에 따라 '쑨단' 등의 소매 체인점은 애플 아이패드 제품의 판매를 즉각 중단했다.

선전 프로뷰는 중국 내 다른 지역 지방법원에도 '아이패드' 상표권 침해와 소매점 판매 금지 소송을 잇달아 제기했다. 그나마 희소식이 하나 있었는데, 그것은 상하이 푸동(浦東) 신구 중급인민법원만이 "프로뷰 테크 판매 금지 청구를 상표권 침해 증거 부족으로 기각하고 광둥성 고급인민법원의 최종 판결 후 재심한다"는 판결을 내린 것이었다(2012년 2월 22일). 이로 인해 자칫 중국 전역으로 확산될 뻔했던 아이패드 판매 금지 분위기에 제동이 걸렸고, 최종 확정 판결이 나올 때까지 애플은 상하이에서만큼은 아이패드를 팔 수 있었다. 그러나 선전 프로뷰는 집요했다. 미국시장에서도 대대적인 소송을 제기할 움직임을 보였고, 2월 14일에는 선전과 훼이저우 1심 법원에서의 잇따른 승소 모멘텀을 살리기 위해 중국 세관 당국에 대해서도 아이패드 제품의 수출입 통관 금지를 요청했다. 만일 선전 프로뷰가 항소심에서도 승소했더라면, 아이패드의 중국 내 판매는 물론 수출입 자체가 봉쇄될 수도 있었을 것이다.

모회사의 상표권 일괄 매도 계약 효력 인정 여부가 핵심

사실 아이패드 상표권 분쟁의 발단은 애플이 아이패드를 개발하기 훨씬 전인 2000년까지 거슬러 올라간다. 대만 IT업체인 '프로뷰 테크놀로지'는 이미 '아이패드'란 이름으로 태블릿PC를 만들어 팔고 있었고, 대만은 물론 세계 10여 개국에 '아이패드' 상표권을 등록해 놓고 있었다. 중국 상표권은 2001년 선전 소재의 생산법인 선전 프로뷰(唯冠科技)를 통해 등록해 놓고 있었다.

그러나 미국 금융위기로 인해 영업이 부진해지자 대만의 프로뷰 테크놀로지는 2009년 애플에 '아이패드' 상표 사용권을 일괄 매각하기로 결정했다. 상표권 일괄 매각은 영국의 IP 어플리케이션 디벨롭먼트(IP Application Development)가 대행하고 있었다. IP 어플리케이션 디벨롭먼트는 '아이패드' 상표권을 대만 프로뷰 측으로부터 3만 5,000파운드(5만 5,000달러, 약 6,100만 원)에 샀고, 이것을 다시 애플에게 10만 파운드(1억 7,000만 원)를 받고 양도했다. 그러나 선전 프로뷰 측은 영국의 IP 어플리케이션 디벨롭먼트가 애플에게 아이패드 상표권을 일괄 매도했을 때 자사의 법인장이 그 계약에 서명한 적이 없다고 하면서 중국 대륙 내 '아이패드' 상표는 자사 것임을 주장했다.

그러자 애플이 2010년 선전 프로뷰(회장: 양룽산)를 상표권 침해 혐의로 고소했다. 선전 프로뷰도 이에 맞서 2010년 10월 애플을 상대로 100억 위안(약 1조 8,000억 원) 규모의 상표권 침해 및 손해배상 소송을 제기했다.

양측 간 법정 공방의 핵심은 "해외 모회사가 중국 내 자회사 영업 지역의 상표권까지 일괄적으로 매각할 수 있느냐"의 여부와 "매각이 가능할 경우 매각 대상에 중국의 상표권이 포함되었느냐의 여부"였다. 선전 프로뷰 양룽샨 회장의 중국 내 아이패드 상표권 보유 주장은 다음 두 가지 논리에 기반하고 있다.

첫째, 대만 모회사라 할지라도 중국 내 현지 법인의 보유 자산인 상표권을 적법한 사전 협의 절차나 적절한 보상 없이 팔 권한은 없다. 따라서 모회사의 상표권 일괄 매도 계약은 원인 무효라는 것이다.

둘째, 설령 판매 권한이 있다고 가정하더라도 상표권 매도 계약서에 서

그림 7-2 | 애플의 '아이패드' 상표권 일괄양수 과정과 분쟁 내용

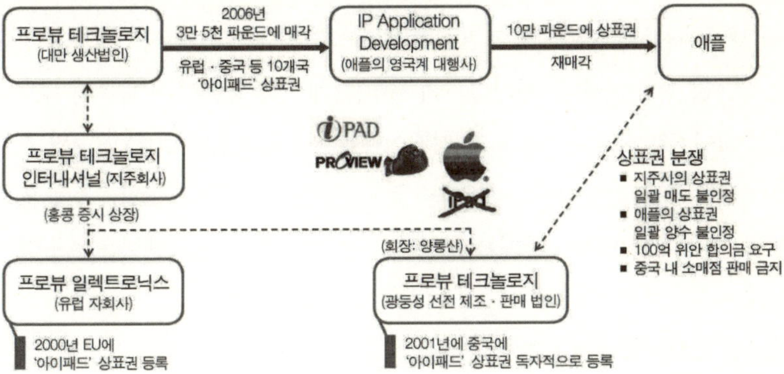

자료: 각종 인터넷 및 신문 기사를 읽고 저자가 요약하여 작성

명한 모회사 측 당사자가 적법한 권한을 가진 대만 프로뷰 회장이 아닌 법률 담당 임원(部長)이므로 계약 자체가 무효라는 것이다.

자사 상표권 침해, 프로뷰의 100억 위안 손해배상 요구 배경

2010년 10월 선전 프로뷰는 광둥성 선전시 1급 인민법원에 중국 내 아이패드 판매 금지, 수출 금지를 요구하는 소송과 함께 상표권 사용료로 100억 위안(약 15~20억 달러)을 지불하라는 청구소송도 제기했다.

선전 프로뷰가 이처럼 애플과의 상표권 분쟁에 공세적으로 나선 데에는 회사의 누적 적자를 메우기 위한 합의금을 벌기 위해서라고 보는 소문이 있었다. 한때 세계 4위의 디스플레이 업체였던 프로뷰 테크는 미국 금융위기 이후 경영난으로 인해 38억 위안에 달하는 빚을 지고 대부분의 사업을 중단한 상태였다. 2009년 하반기에만 9,700만 달러의 순손실을 기록

해 홍콩 증시에서 주식 거래가 중단되기도 했는데, 마지막으로 거래됐던 프로뷰 인터내셔널의 주가는 0.2홍콩달러(약 29원)에 불과했다.

한편, 애플은 홍콩에서도 프로뷰 테크 인터내셔널이란 지주회사를 상대로 상표권 침해 소송을 제기했는데, 흥미롭게도 홍콩에서는 애플이 승소했다(2011년 6월 28일). 그러나 그 기쁨이 채 가시기도 전에 2012년 2월 본토의 광둥성 선전인민법원(1심)은 "중국 내 상표권은 선전 프로뷰 측에 있으므로 중국 내 아이패드 판매를 금지한다"는 정반대의 패소 판결을 내렸다.

2심 법원의 조정을 통한 극적 해결

1심 판결이 내려진 뒤 애플 측은 2심인 광둥성 고등인민법원에 일단 항소를 제기해 놓았다. 하지만 고민에 빠지게 되었다. 시간·비용이 들더라도 선전 프로뷰 측과 싸워 자존심을 회복하고 중국 내 아이패드 상표권을 공고히 할 것인지, 아니면 눈덩이처럼 커지고 있는 판매 금지에 따른 기회 손실을 줄이고 선전 프로뷰 측과 합의할 것인지를 놓고 고민하게 된 것이다.

때마침 2심인 광둥성 고급인민법원은 두 당사자에 대해 법원 중재절차를 통해 조정에 의한 합의를 유도했으나(2012년 5월), 쌍방은 손해배상 금액을 놓고 첨예하게 대립했다. 선전 프로뷰 측은 상표권 침해 소송 관련 비용 및 기타 손실에 대해 애플사가 약 4억 달러는 보상해야 한다고 주장한 반면, 애플사는 손해배상액이 많을 경우 이미 저작권 침해 소송이 걸려 있는 중국 유명작가들까지 배상액을 높여 나쁜 영향을 미칠 것을 우려했다.

그러나 2012년 6월 말 애플사는 결단을 내려야만 했다. 삼성전자, 레노버 등 경쟁사들이 중국 태블릿PC 시장에서 빠른 속도로 점유율을 늘리고 있는 상황 하에서 상표권 소송에 발목이 잡혀 있는 것은 득보다도 실이 더 크다고 판단했기 때문이다. 배상액이 6,000만 달러로 축소 조정되자 애플사는 광둥성 고급인민법원의 조정 합의안을 받아들이기로 했다. 선전 프로뷰로서도 부채 상환 일정에 쫓기고 있는 상황이었기 때문에 당초의 4억 달러 보상액을 고집할 수만은 없었다.

드디어 2012년 7월 2일 광둥성 고등인민법원의 중재 하에 쌍방은 '아이패드(iPad) 상표권'에 대한 중재안에 합의하였고, 애플사는 선전 프로뷰 측에 6,000만 달러의 합의금을 지급함으로써 중국 내 상표권을 확보하게 되었다.

이로써 애플은 근 3년여에 걸친 중국 내 상표권 분쟁에 종지부를 찍고, 태블릿PC 수요가 폭발적으로 증가하고 있는 아시아 최대의 아이패드 시장을 본격적으로 공략할 수 있게 되었다. 그리하여 2012년 3월에는 관련 당국의 수속을 거쳐 아이패드는 세 번째 모델인 '뉴아이패드'(New iPad)를 출시하였다. 미국 국제무역위원회(ITC)에 따르면, 애플은 2010년 3분기 최초 모델 출시 시점부터 2012년 3월까지 중국 본토에서만 600만 대의 아이패드를 판매한 것으로 알려져 있다. 선전 프로뷰와의 상표권 분쟁으로 뉴아이패드가 미국이나 홍콩보다 4개월가량 늦은 7월 20일에야 중국에 정식 출시되었지만, 중국 내 판매량은 급속히 회복되어 2012년 2분기 115만 대에서 2012년 3분기에는 207만 대로 급증하였다. 만일 애플 측이 자존심 회복에만 매달렸다면, 더 큰 경제적 손해를 보았을 것이다.

사례가 주는 전략적 시사점

아이패드 상표권 분쟁 사례가 주는 전략적 시사점은 다음과 같다.

첫째, 중국처럼 지재권 침해 리스크가 큰 거대 신흥 시장에 진입할 때에는 글로벌 기업이라 할지라도 지재권의 현지 적법성에 관해 미리 조사를 해봐야 한다는 점이다. 애플의 경우 중국 현지 법인의 모회사로부터 상표권을 일괄 양수하였으나 여기에 당연히 중국 내 상표권도 포함되어 있을 것이라고 안이하게 생각한 것이 문제였다.

둘째, 법적 분쟁에 휘말린 뒤에는 계속 법적 투쟁을 할 것인지, 아니면 합의하여 실리를 취할 것인지를 신속히 결정하는 게 중요하다는 점이다. 애플은 해당 제품 시장 상황, 경쟁자의 진입 추이와 경쟁 격화 가능성, 승소 가능성과 기회비용 등을 종합적으로 검토해, 중장기적으로 득보다 실이 많다고 판단, 신속한 결단을 내렸는데, 천만다행이라고 할 수 있다.

수년 전부터 미국 등 세계 각국 정부는 중국 측에 대해 지재권 보호를 위한 강도 높은 조치를 적극적으로 취해 줄 것을 요구해 왔다. 중국정부 자체적으로도 12차 5개년 규획(2011~2015)에 지식·기술 산업 육성을 주요 정책 목표로 하고 있기 때문에 자주혁신을 위한 지재권 보호법 개정을 서둘렀다. 실제로 2012년 말에 개정된 상표법 및 실시 세칙에 의하면, 상표권원 소유자의 권리가 대폭 강화되었다. 유명상표일 경우 중국 내에 상표권이 등록되어 있지 않았더라도 타인이 이를 도용하거나 악의적인 목적으로 유사 상표를 선 등록한다 할지라도 법적 보호를 받지 못하도록 하고 있다. 다만 중국 내 지재권 보호 문제는 법규의 완전성만이 아니라, 법규 집행 과정에서의 실효성도 문제이므로 해당 개정 법규가 어느 정도의 효과를 거둘지는 좀 더 시간을 두고 관찰해 봐야 할 것이다.

(자료: 미 인터넷매체 GDNet의 보도, Dec. 6, 2011; "아이패드를 아이패드라 못 부르고", 한국경제신문, 2011. 12. 8, A16; 河北青年報, 2012. 2. 9, 동 신문, 2012. 2. 13; "중국서 상표권 분쟁 아이패드, 진열대서 사라져," 연합뉴스, 2012. 2. 13; "중국 아이패드 판매 금지 지역 확산," 매일경제신문, 2012. 2. 22, A10; "중국産 아이패드, 분쟁에도 수출 가능할 듯," 머니투데이, 2012. 2. 16; "애플, 중국內 아이패드 상표권 다툼 6천만弗에 해결," 연합뉴스, 2012. 7. 2, http://www.yonhapnews.co.kr/international/2012/07/02/0603000000AKR2012070214960

0009. HTML; http://www.cnipr.com/cn *China Brand Report* 제27호, MetaBranding&Design, 2012. 2).

[사례 4] 쉬바스 리갈(Chivas Regal) 2건의 상표권 소송

글로벌 위스키 제조·판매 업체인 '쉬바스 리갈'(Chivas Regal)은 1990년대 초 중국시장에 진입했다. 그러나 중국 내 양주 소비가 급증하자 인기가 많은 위스키 브랜드인 '쉬바스 리갈'의 유사 브랜드나 위조 주류 생산·판매도 늘어나게 되었다. 쉬바스 브랜드의 소유주는 퍼노드 리카드(Pernod Ricard)사이다.

2009년 쉬바스 브라더스(Chivas Brothers)사는 쉬바스(Chivas; 芝華士)와 쉬바스 리갈 등을 공상행정관리국 상표국에 모두 유명상표로 등록하였다. 그런데 중국의 한 의류업체가 '쉬바스 리갈' 상표를 의류 브랜드에 불법적으로 사용하였다. 이를 보고, 퍼노드 리카드(Pernod Ricard)사는 중국 의류업체를 고소했다. 승소를 기대했으나 결과는 예상 외로 패소였다. 중국 인민법원은 "'주류' 저명상표와 '의류' 저명상표는 다르며, 중국기업의 상표 사용은 정당하다"고 본 것이다.

그 후에도 쉬바스 브라더스(Chivas Brothers)사는 상표권을 또 한 번 침해당했다. 2012년 3월 '옌타이주류'(煙台芝華士酒業有限公司)가 쉬바스 상표를 위조·도용한 것이다. 쉬바스 브라더스사는 상표권 소유주인 리카드사와 협력하여 피고 주소지를 관할하는 항저우 중급인민법원에 침해의 즉각적 중단과 손해배상 청구소송을 냈다. 다행스럽게도 이번에는 중국법원이 쉬바스 측의 손을 들어 주었다. 법원이 포장용기 입체 상표 등 쉬바스 리갈 측이 수집·제출한 4개 상표 침해 증거를 인정하면서 옌타이 주류 측에 총 50만 위안을 손해배상 하도록 판결을 내린 것이다.

피해 규모에 비해서는 약소한 배상액이지만, 중국에서 입체 상표에 대한 상표권 침해를 최초로 인정받았다는 점에서 의미가 있는 판결이었고, 쉬바스와 상표권 소유주인 리카드사는 중국 내 상표권 보호에 자신감을 되찾게 되었다.

(자료: http://www.cnipr.com/news/dxal/201208/t20120827; 중국지식재산권신문(中國知識產權網) 2012. 8. 24 자료).

5. 외자기업의 대응전략

앞에서 살펴본 중국의 행정적·사법적 피해구제 제도와 소송 사례는 외자기업(혹은 외국기업)에게 다음과 같은 전략적 시사점을 준다.

1) 지재권의 현지 출원·등록은 필수

첫째, 지재권 현지 출원·등록이 외자 혹은 외국 기업의 권익 보호를 위해 매우 중요하다는 사실이다. 중국은 속지(屬地)주의, 선(先) 출원주의의 원칙을 채택하고 있기 때문에 국제 상표 및 본국의 특허 등록증이 있더라도 현지에 출원·등록을 하지 않으면 피해 발생 시 권리를 주장하거나 보호

받기가 어렵다. 더욱이 중국에서 행정절차 혹은 민사소송을 통해 침해자의 권리를 무효화시키려면 중국 현지에 상표 및 특허를 신청·등록할 때 소요되는 비용의 10~20배 이상의 비용이 소요된다. 따라서 향후 중국시장 진출 가능성이 조금이라도 있다면 관할 행정당국에 지재권을 반드시 등록해 두는 것이 좋다.

특히 실용신안권(중국에서는 '實用專利')의 경우 '발명특허'와는 달리 아이디어 차원의 '고안 단계 기술'을 보호하기 위해 마련된 제도여서 '진보성'(progressiveness)을 평가하는 기준이 낮다. 또한 실용신안권에 관해서는 '무심사 등록' 제도를 시행하고 있어 등록 자체가 용이하기 때문에 토종업체가 유사 실용신안권을 선(先) 등록할 경우 중국 업체로부터 갑자기 침해경고장을 받거나 소송에 휘말릴 수 있다. 실제로 중국에 컨테이너 도난 방지 손잡이를 판매하기 위해 제조 판매 법인을 설립한 한 한국기업은 관련 실용신안권을 출원한 중국 업체로부터 고소를 당했는데, 중국 1심 법원으로부터 패소 판결을 받아 손해배상을 해야 했다.[30]

2) 침해기업 등기 확인 및 침해 증거 확보

두 번째로 중요한 것은, 소재지 공상행정관리국에 가서 침해기업의 공상(工商) 등기를 확인하는 것이다. 불법 복제품이나 모조품을 생산·판매하는 침해자들의 대부분은 우리나라의 사업자등록증인 '영업허가증'(營業執

30_"대중국 수출업체, 중국 실용신안권 강화에 발목," 전자신문, 2013. 7. 23; http://www.etnews.com /news/economy/education/2802791_1491.html.

照)도 없는 무등록 불법 업체이기 때문이다. 침해기업의 소재를 파악하지 못하면 행정구제도 어렵고 손해배상 소송 청구 시 관할 1심 법원을 정하기도 어려울 뿐만 아니라, 설령 승소했을 경우에도 실질적인 손해배상을 받기가 어렵다.

3) 합법적인 증거 확보 절차·방법 준수

세 번째 시사점은 관련 피침 증거 확보 시 관련 법규와 절차를 준수해야 한다는 점이다. 특히 특허권 피침의 경우, 〈표 7-6〉의 구비서류를 준비해 법원에 제시해야 하는데, 불법적인 방법과 절차, 수단을 통해 획득한 증거는 증거 능력이 없다.

또한 앞에서도 언급했듯이, 법원에 제출하는 증거는 반드시 공증을 받아야 한다. 소량의 상품 거래일 경우에는 해당 거래의 영수증, 대리상을 통한 거래의 경우에는 영수증 이외에도 침해 상품 제조업체와 대리상 간의 판매대리 계약서 사본 등이 필요하다. 또한 구매량이 아주 적거나 이동이 어려운 붙박이 상품의 경우 복제품, 위조품 제조·판매 현장 및 침해 상품의 사진이나 동영상 등을 확보하는 것이 중요하다.

다만, 침해기업이 외국 측의 현장 방문을 거부하는 경우가 많고 강제 진입 시에는 예상치 못한 충돌 사태가 빚어질 수 있다. 또 급습에도 불구하고 침해 증거를 획득하지 못하게 되면 불법 침입죄로 역고소를 당하게 된다. 이 같은 리스크를 줄이기 위해서는 단속기관과 친분 관계를 잘 유지하고, 다양한 경로를 통해 현장에 침해 상품이 존재하는지의 여부 등을 미리 파악하고 있어야 한다. 특히 유관기관 관료와 함께 공동 조사를 벌이는 것

표 7-6 | 행정 구제조치를 이용할 경우의 구비서류: 특허권 피침의 경우

	기본요건/서류	관련사항/첨부서류
자격	피청구인 자격, 신분, 영업범위, 주소 증명	- 기업 공상 등기 조회 정보 (각 지역 공상행정관리국에서 검색 가능)
신청 시	행정조치 신청서	- 특허 침해 분쟁 청원서(专利侵权纠纷请求书) - 특허권자 위탁서(授权委托书) - 책임자 신분증명서(负责人身份证明书) - 법인 대표 신분증명서(法定代表人身份证明书)
특허권 증명	특허증서	- 특허 등기부 복사본
피침해 증명	특허 침해 사실을 증명하는 증거	- 특허 침해 제품 사진 - 특허 침해 제품 동영상 - 특허 제품 관련 거래 영수증
비용과 손실 증명	청구인의 비용과 손실액 증명	- 비용: 변호사 선임 비용 등 관련 영수증 - 손실: 특허 사용료 및 유지료 등 관련 영수증

주: 위 행정조치 신청요건과 구비서류는 특허권을 침해받을 경우이나, 상표권의 경우도 서류의 내용만 바뀔 뿐 기본적으로 유사함.
자료: KOTRA 칭다오KBC 조사 자료; 윤대현 (2010), "신성장정책: 중국 진출 우리 기업, 지재권 보호방은," KOTRA 글로벌 Window(http://www.globalwindow.org/) 해외시장정보, 경제산업 동향 자료, 2010. 8. 12.

이 안전하고 효과적인데, 이를 위해서는 기업 소재지와 가까운 KOTRA나 특허청, 지재권보호협회 등 한국 정부기관을 통해 현지 경찰, 공상국 등 지재권 유관부서의 협조를 미리 구해 놓는 것이 좋다.

실제로 산둥성 칭다오에서 광통신 케이블을 제조·판매하고 있던 A업체는 자사의 주력 제품인 케이블 보호관의 특허가 침해되었다고 판단, 특허청, KOTRA 칭다오 무역센터 등의 자문을 받았다. 그 후 특허 침해 합동조사단을 구성하여 증거를 확보한 다음, 칭다오의 한 공증소에 찾아가 공증을 의뢰했다. 그런데 공증소 측은 거래 영수증, 현장과 침해 상품 관련된 사진 등 보다 구체적인 물증이 없다며 공증 자체를 거절하였다. 이에 A기업 침해 상품 조사단은 현장을 다시 방문하여 침해 상품 생산 현장을 동영상으로 찍고, 침해 상품 사진을 확보하는 등 증거 확보 노력을 한 다음에야 비로소 공증을 받아 해당기업을 고소할 수 있었다.[31] 그러나 이 같은 사례는 매우 운이 좋은 경우이고, 대부분의 한국기업은 방문 자체를 거부당하거나 접근 시 침해기업 측에 대해 격렬히 저항하는 경우가 많다.

4) 소송을 통한 '노이즈 마케팅' 효과의 극대화

중국에 진출한 중소기업은 일반적으로 정보력과 상황 대응력이 낮다. 따라서 소송을 가급적 피하고 침해기업 측의 합의를 유도해 침해 상품의 생산 중단 및 손해배상을 받으려고 한다. 그러나 이때 중국 측은 소(訴)의 취하를 조건으로 요구하는데, 자칫 잘못하면 소 취하를 확인한 후 오히려 침해 행위를 확대하는 경우가 많다.

적지 않은 수의 다국적기업은 정반대의 전략을 취한다. 가급적 소송을 피하려는 동기는 같지만 일단 침해자에게 기율을 가르쳐 줄 필요를 느끼면 시간·비용에도 불구하고 소송을 제기한다. 조직력과 자금력이 강하기 때문이기도 하지만 자사 상품의 브랜드 피침 및 고소 사실이 인터넷과 대중매체에 보도되면 그 동안 해당 브랜드를 몰랐던 소비자들까지 해당 상품·서비스의 존재를 알게 되는 소위 '노이즈 마케팅' 효과를 거둘 수 있기 때문이다. 또한 잠재적 침해 업체에게도 침해하면 반드시 고소를 당해 처벌받

31_광통신 케이블 보호관은 도로 공사 시에 사용되는 고가 상품으로 일반기업은 구매 자체가 불가능한 제품이고 중국 국가기관이나 통신 관련 국유기업이 주 고객이다. 일반기업은 구매 자체가 불가능한 제품이었다. 윤대현(2010), "신성장정책: 중국 진출 우리 기업, 지재권 보호 방안은," 경제산업 동향 자료, 2010. 8. 12. 참조.

는다는 일종의 강력한 '경고 신호'(warning signals)를 보낼 수 있고, 합의가 결렬되더라도 소송을 통해 구제를 받을 수 있기 때문에 합의 제안 자체에 힘이 실리게 된다.

5) 형사처벌 요건 완화에 관해 본국 정부에 건의

중국에서 지재권 침해 사범의 형사처벌은 매우 어렵고 소송을 하더라도 승소한다는 보장이 없다. 특히 당이 사법부를 지배하고 있는 중국의 상황 하에서 원고의 본국 정부와 중국 간의 관계가 나빠질 때는 언제든지 중국법원이 입장을 바꿔 원고 패소 판결을 내리도록 법원에 영향력을 행사할 수 있다.

따라서 한국기업의 입장에서는 본국 정부에 애로사항을 건의하고, 본국 정부는 미국 등 선진국과 공동으로 통상외교적 노력을 펼쳐 지재권 침해 사범의 형사처벌 요건을 완화하고 법제도를 엄격히 집행하도록 촉구할 필요가 있다고 본다.

8장

기업 및 정부 차원의 대응전략

1. 진출 기업 차원의 대응전략

이상을 종합해 볼 때, 중국 내 지재권 침해에 효과적으로 대응하기 위해서는 중국에 진출한 한국기업 차원의 대응전략과 정부 차원의 전략이 필요하다.

우선, 진출 기업 차원에서는 ① 진입 전략, ② 지재권 관리 전략 전반, ③ 조직 및 시스템 관리, ④ 제품 및 기술 관리, ⑤ 가격 전략, ⑥ 판매 유통 관리, ⑦ 관계 관리(relationship management) 등 모든 경영 분야에 걸쳐 중국 내 상황 변화에 신속하면서도 효과적인 대응을 할 수 있는 시스템을 구축해 놓아야 한다.

본국 정부 역시 중국 내 지재권 침해의 재발을 방지하고, 현재 및 미래의 피해기업을 줄이기 위해서 한·중 FTA 협상 내 지재권 관련 부문의 내용을 충실화하는 등의 통상외교적 노력이 필요하다. 우선, 기업 차원의 경영 전략적 대응부터 살펴보도록 하자.

1) 진입 전략 측면

(1) 독자 방식 진입 혹은 독자 방식으로의 전환

우선, 중국 내 지재권 보호의 첫 단추는 어떤 진입 방식으로 중국시장에 진입하는가부터 시작해야 한다. 기술 라이선싱이나 합자·합작 방식의 경우 중국 파트너의 학습 혹은 임직원을 통한 기술 유출 가능성이 높아 지재권 침해 리스크에 대한 노출도가 높다고 할 수 있다. 따라서 중국시장 진입 시에는 지재권 피침 가능성이 큰 라이선싱보다는 직접투자 방식을 택하고, 직접투자 방식 내에서도 합자·합작 형태보다는 100% 경영 통제가 가능한 단독 투자, 즉 독자(獨資) 방식을 채택하는 것이 좋다. 이는 A. M. Rugman(1980)이나 A. M. Rugman et. al(1985)의 연구 결과와도 일치한다. 실제로 P&G로 인수되기 전의 질레트의 경우 중국 합자·합작 파트너를 통해 양날 면도기 제조 기술 특허, 노하우, 설계도 등이 불법 유출·도용되었다. 또한 중국에서 디지털카메라와 프린터를 생산하고 있던 일본의 캐논사의 경우 중국 합자 파트너의 기술 이전 요구와 하이테크 시장 기술 침해가 너무 심각해지자 아예 중국 사업을 접고 본국으로 귀환해 버렸다.[1] 외국

1_차이나이코노미(www.chinaeconomy.co.kr) 2004. 9. 22. 자료.

그림 8-1 | 중국 내 지재권 침해에 대한 기업 차원 대응: 전략의 틀과 주요 정책 조치

① 중국시장 진입 방식	■ 독자(獨資) 방식 진입 및 독자(獨資) 방식으로의 전환
② 지재권 관리 전반	■ IPR 보호 전략 방향의 명확화 ■ IPR 지식기술 공개 간의 비용 · 편익 비교 ■ 관련 전문가 양성 및 법규 숙지 ■ 지재권 현지 출원 및 등록 ■ 현지 법인에 대한 지재권 양도
③ 조직 및 시스템 관리	■ 내부 조사 · 보고 · 상시 모니터링 체계의 구축 · 개선 ■ Hotline 구축 및 신고자에 대한 인센티브 제공 ■ 외부 모니터링 조직을 통한 보안 ■ 소비자 교육 · 홍보 캠페인의 강화 ■ 행정처리 및 사법구제 절차 교육
④ 제품 및 가격 관리	■ 위조 민감 품목의 집중 관리 ■ 잦은 기술혁신과 '카테고리 킬러' 제품의 개발 ■ 포장 · 디자인 · 물류 방식의 지속 혁신 ■ 혁신을 통한 획기적 가격 인하
⑤ R&D 현지화	■ R&D 현지화 대상 제품 · 기능의 신중한 선정 ■ 핵심 기술과 주변부 기술의 구분 관리
⑥ 조달 · 판매 · 유통 관리	■ 아웃소싱, OEM-ODM업체들 집중 관리 ■ 유통업체와의 상생 관계 구축 · 유지
⑦ 중국 유관부서와 한국 공관 이용	■ 중국 내 유관부서 관료들과의 친분 유지 ■ KOTRA 'IP 차이나 데스크' 의 활용 ■ 본국 정부 및 관련 단체 · 협회와의 공조 관계 유지

기업과의 합자·합작을 원하는 중국 측의 동기가 자본 확충보다는 기술과 브랜드 파워 부족을 메우려는 데 주목적이 있으므로 IT, 이동통신, 정밀전자, 자동차, 제약 등 지재권 침해 민감 산업인 경우 법이 허용하는 한 가급적 독자 방식으로 진입하는 것이 기술 보호에 유리하다고 할 수 있다.

문제는 금융, 통신, 인터넷 등 주요 고부가가치 기간 서비스 부문과 첨단 기술 업종의 경우 중국 국가발전개혁위원회가 '외상 투자 업종 지도 목록'을 통해 독자 방식의 진입을 허용하지 않거나 투자 지분한도를 49% 이내의 소수 지분으로 제한하고 있다는 점이다. 따라서 불가피하게 합자·합작 투자 방식으로 중국시장에 진입할 수밖에 없는 경우가 많다. 다만,

WTO 양허 일정에 따라 진입 규제나 투자 지분한도 제약이 완화되면 가급적 합자·합작에서 독자 방식으로 전환하는 것이 좋은데, 이때에도 계약 조건에 불법 기술 유출 시의 법적 책임과 보호 의무, 지재권 분쟁 발생 시의 중재에 관한 조항을 포함시키는 것이 중요하다. 또한 계약 체결 이후에도 직원의 채용, 배치, 교육·훈련, 핵심 R&D 직원의 퇴사 후 사후 관리 등 지재권 침해 발생 시 대응 조치를 항상 염두에 두어야 한다.

2) 지재권 관리 전략 전반

(1) 보호 전략 방향의 명확화

지재권 관리 전략 전반의 방향을 명확히 하는 것도 중요하다.

우선, 중국 정부나 기업은 외국인 투자 유치 시 항상 13억 5,000만 명의 거대 시장의 이점을 부각시키면서 신소재, 바이오, 신재생 에너지, 정밀전자, 반도체, 이동통신 등 7대 전략 육성 산업에 대한 직접투자나 기술 제휴를 권유한다. 하지만 중국 내의 열악한 지재권 침해 상황에 대해서는 아예 언급을 하지 않거나 과거보다 개선되고 있으므로 크게 걱정하지 않아도 된다는 식으로 설명을 해 진입 희망 기업을 안심시킨다.

그러나 막상 진입하고 나면, 진입 기업들은 자신이 하나의 '거대한 지재권 침해 함정'(big IPR trap)에 빠져 있음을 알게 된다. 이 같은 차이나 딜레마를 극복하기 위해서는 지재권 민감형 IT, 제약, 바이오 산업의 경우 중국시장에 진입하더라도 전사적 차원에서 지재권 침해 리스크를 재평가하는 한편, 보호 전략과 시스템을 구축·개선하는 데 보다 많은 시간과 경영 자원을 할당하지 않으면 안 된다. 특히 경영 전략 차원에서 사전적인 지재권 침해 예방 조치와 적발 이후 사후적 대응 조치에 관한 사내 매뉴얼과 시스템을 구축하는 것이 중요하다.

(2) IPR 보호와 지식·기술 공개 간의 비용·편익 비교

앞장의 행정적·사법적 구제에서도 언급했지만, 지재권 보호에는 편익(benefit)과 비용(cost)이 수반된다. 우선 혁신자나 발명자가 일정 보호 기간(예: 특허의 경우 출원 후 20년) 동안 기술혁신으로 인한 이익을 독점적으로 향유하는데, 이는 '점유성'(appropriability) 편익이라 할 수 있다.

그러나 지재권의 법적 보호를 받기 위해 등록을 하는 과정에서 기업은 기술과 제조 노하우를 공개해야 하고, 지식·기술의 공개로 인해 후발 진입자는 공개된 기술 노하우를 습득해 추격의 발판을 마련하게 된다. 또한 발명자나 개발자는 법적 보호 기간이 만료되면 더 이상 점유성 이익이 상실되고 복제품이나 제네릭 의약품이 등장하므로 '전략적 피침 가능성'(strategic vulnerability)이 커진다. 이는 지적재산권 획득의 대가(cost)라고 할 수 있다.

기업은 지재권 출원·등록의 혜택과 기술·노하우 공개의 대가 간의 상반 관계(trade-off)를 인식하고 출원 전에 비용·편익을 냉정하게 비교 분석해 봐야 한다. 지재권 침해가 심한 중국과 같은 신흥 시장에서 경쟁자의 강력한 기술 추격 의지와 모방 관행을 과소평가한 나머지 지나치게 지재권 출원·등록의 편익만을 과대평가하게 되면 법적 보호 기간 만료 전에 시장 진입 이익의 상당 부분을 잃어버릴 수 있다.

따라서 중국 내 해당 업종 지재권의 보호 필요성, 자사의 기술 진보 속도, 경쟁사의 기술 수준과 추격 능력, 노하우 공개에 따른 피침 가능성 등을 종합적으로 검토한 다음, 지재권 출원의 최적 타이밍을 결정해야 할 것이다.

(3) 관련 법규 숙지 및 전문가 양성

중국의 지재권 관련 법규를 숙지하고 전문가를 양성하는 것도 중요하다. 기술 유출이나 상표 도용 등 지재권 침해 문제가 발생하면 행정적·사법적 피해구제 절차에 들어갈 수 있도록 임직원들에게 관련 법규를 숙지하도록 하고 교육·훈련을 강화해 전문가를 양성해야 한다. 특히 중국의 저작권 법규는 한국과 많이 다르므로, 보호 대상 지재권이 도서, 음반, 컴퓨터 소프트웨어 등 정보재 산업인 경우 직무 발명, 공동 발등 등 중국 저작권법과 조례의 내용에 관해 교육을 강화할 필요가 있다.

(4) 지재권 중국 현지 출원 및 등록

중국 내에서 지재권을 법적으로 보호 받으려면 현지에 지재권을 출원·등록해야 한다. 다만, 지재권 분야별로 출원·등록에 관한 유관부서, 출원 서류, 권한 취득 절차, 침해 구제 제도 등이 다르다는 점에 유의할 필요가 있다.

우선, 상표권의 경우 중국 법이 '선(先) 출원주의'를 채택하고 있으므로 하루라도 빨리 관할지 국가공상행정관리국 상표국에 출원·등록하는 것이 중요하다. 그리고 출원에서 등록까지 통상 1년 내지 1년 반의 시간이 걸리므로 충분한 시간적 여유를 두고 출원 서류를 준비해야 한다. 만일 동일한 일시에 상표권이 출원될 경우 각 출원자는 상표국의 통지를 수령한 날로부터 30일 이내에 출원 상표를 먼저 사용하고 있다는 증거 서류를 제출하는 쪽이 상표권자가 된다.

출원된 상표가 관계 규정에 부합될 경우 상표국은 예비 판정을 거쳐 공고하고, 부합되지 않을 경우에는 출원인에게 기각 사유를 서면 통지한다. 물론 상표국 결정에 불복할 경우에는 통지 접수일로부터 15일 이내에 상표 평심(評審)위원회에 재심을 청구할 수 있다. 또 출원 상표에 관한 이의가 있을 경우 예비 판정을 받은 상표 공고일 3개월 이내에 이의를 제기할 수 있다. 따라서 중국 내에서 유사 상표 등록으로 인한 피해를 방지하기 위해서는 한국기업은 등록 예비 판정을 받은 상표의 목록과 내용을 상시 모니터하고 있어야 한다.[2]

특허권의 경우 한국과는 달리 실용신안권과 의장권을 별도 취급하지 않고, 발명특허와 함께 광의의 특허권 범주에 포함시켜 다루고 있다. 또한 속지주의 원칙 상 중국 고유의 특허 성립 및 효력 발생 요건이 있으므로 숙지할 필요가 있다. 중국에 대한 특허 출원은 '공업 소유권 보호에 관한 파리 조약'(중국은 1985년 3월 가입)에 기초하여 개별국(중국)에 출원하는 방식과 '특허 협력 조약'(PCT: Patent Cooperation Treaty)을 통한 국제 출원을 통해 중국 등 모든 회원국에 동시에 출원한 것과 같은 효과를 거둘 수 있다.[3]

파리조약을 이용하는 첫 번째 개별 출원 방식에는 우선권 제도라는 것이 있는데, 한·중 양국 모두가 체약국이므로 이 제도의 이용이 가능하다.

2_등록된 상표나 갱신된 상표의 권한존속 기간은 10년이며 기간 만료 6개월 전에 등록 갱신을 신청해야 한다.

3_PCT는 1978년 6월에 발효된 다자 간의 조약으로 특허 및 실용신안의 해외 출원 절차를 통일하고 간소화 하는 데 목적을 두고 있다. 2003년 1월 현재 118개국이 가입해 있고, 한국은 1984년 8월에 가입했으며, 중국, 북한도 체약국이다. PCT의 국제 특허 출원 업무는 세계지재권기구, 즉 WIPO 산하의 국제사무국(제네바 소재)이 총괄하고 있다. 네이버 검색 자료 및 시사상식 사전 자료 참조.

즉 한국기업은 중국 현지에 항구적 주소와 영업장을 가진 것 여부와 관계없이 국내 발명특허나 실용신안특허는 출원한 지 1년 이내에, 그리고 의장특허는 6개월 이내에 동일 특허를 중국에 출원하면 파리조약에 따라 중국 특허 출원으로 인정되고 한국에서의 출원일이 곧 중국의 출원일로 간주된다.[4] 다만, 중국 현지에 진출한 현지 법인이 직무상 신제품·신기술을 발명했을 경우에는 판매·사용 전에 특허권을 소재지 특허국(專利局)에 당해 외자기업 명의로 출원해야 한다.

두 번째 출원 방식은 PCT를 이용하는 방식인데, 중국을 지정해서 관련 서류를 한국 특허청에 제출하면 된다. PCT 출원은 하나의 발명을 다수국에 출원하므로 시간, 비용을 절약할 수 있다는 이점이 있으나, 출원 기업은 반드시 소정 기간 내에 중국에 진입해야 한다는 제약이 있음을 유의할 필요가 있다.

상표권의 경우처럼 특허권도 선(先) 출원인에게 특허권이 먼저 부여되며, ① 예비 심사 → ② 출원 공개 → ③ 실질 심사의 과정을 거친다. 보통은 출원일로부터 4년이 소요되나, 10년 이상이 걸리는 경우도 있다. 특허권의 존속 기간은 분야별로 다른데, 발명특허는 출원일로부터 20년이고, 실용신안특허와 의장권은 각각 10년이다.

저작권의 경우 외국인, 외국기업 작품이라 할지라도 한·중 양국이 '베른협약'(Berne Convention)에 가입해 있기 때문에, 내국민 대우, 무방식주의, 사후 기산주의 원칙에 따라 보호된다.[5] 따라서 한국인이 저서, 드라마,

---

4_미 진출 한국 법인이나 한국 내 외국인은 중국 국제무역촉진위원회(CCPIT) 특허·상표 사무소 등 '특허대리기구'(대외특허사무소)를 통해 위임 수속을 하면 된다.

5_베른협약의 정식 명칭은 '문학 및 미술 저작물 보호에 관한 국제 협정'이다. 이 협약의 가맹

영화, CD 등을 출간·출판했을 경우에도 별도의 국제 출원·등록 절차 없이 한국 내 저작·창작물의 완성 그 자체로 저작권을 획득하게 되며, 중국에서도 저(창)작자 생존 기간과 사후 50년 동안 받게 되어 있다. 다만, 중국에서 위탁을 받고 창작한 작품에 대한 저작권은 위탁자와 수탁자 간의 사용허가 계약에 따르며, 계약이 체결되지 않았을 경우에는 수탁자에게 귀속된다. 사용 및 보수 지급 기준 역시 계약 내용에 따르나 약정이 불명확한 경우 주관부서인 국가판권국(國家版權局)이 다른 유관부서와 공동 제정한 보수 지급 기준에 따르면 된다.

(5) 현지 법인에 대한 지재권 양도

지재권의 출원·등록도 중요하지만, 일단 중국에서 지재권 분쟁이 발생하면 지재권의 소유자 명의가 본사인가 현지 법인인가에 따라 관할 법원, 실질적 보호 강도 등이 다르다. 본사 명의이면 '경외(境外) 외국기업' 사안으로 취급되고, 현지 법인 명의이면 '경내(境內) 외자기업' 사안으로 분류되어 국내기업에 준하는 대우를 받으므로 더 강한 법적 보호를 받는다고 할 수 있다.

따라서 본사가 소유한 기술 특허, 의장권이라 할지라도 현지 법인에 양도한 다음, 현지 법인 명의로 중국 현지에 등록해 놓는 것이 보호에 더 유

국은 다른 가맹국 국민의 저작물을 자국민의 저작물과 동등하게 대우해야 하고(내국민 대우의 원칙), 특허 및 상표권과는 달리 효력 발생에 출원·등록 등의 절차 없이 저작물의 완성 그 자체로써 효력이 발생하도록 규정되어 있다(무방식주의; 발생주의). 저작권은 저작자의 생존 기간 및 사후 50년 동안 보호되며(사후 기산주의; 소급 보호주의), 상대국의 보호 기간이 자국 보호 기간보다 짧을 경우에는 짧은 국가의 기간만큼만 보호하면 된다(보호 기간의 상호주의). 네이버 검색 자료, 시사상식 사전 및 시사경제용어 사전 참조.

리하다고 할 수 있다. 실제로 LG전자는 자사의 히트 제품인 '3면 입체 에어컨'과 관련된 의장권을 텐진 LG전자 법인에 양도한 다음, 중국의 특허 관리 주무부서인 '전리국'(專利局)에 등록함으로써 효험을 봤다. 신페이전기(新飛電器)라는 토종기업이 디자인을 베낀 짝퉁 에어컨을 싼 가격에 시장에 유통시키자 LG전자가 이 기업을 특허(의장권) 침해로 고소해 승소한 것이다. 법원은 신페이전기에게 LG전자 디자인 특허 침해 제품의 생산·판매를 즉각 중단하고 손해배상을 하도록 판결을 내렸다. 만일 LG전자의 의장권이 본사 명의로 등록되어 있었다면 더 힘겨운 싸움이 되었거나 패소할 수도 있었을 것이다.

삼성물산 중국법인 역시 현지 법인 명의의 상표권 등록으로 혜택을 보았다. 삼성물산은 중국 진입 이후에도 아파트 건설 사업을 하고 있지는 않았지만, 만일의 경우에 대비하여 2002년 고급 아파트 브랜드인 '래미안'(來美安)을 중국 상표국에 등록해 두었다. 그런데 랴오닝성 선양 등지의 주요 대도시에서 래미안 짝퉁 브랜드가 출현한 것이다. 삼성물산 중국법인은 현장을 방문해 상표권 침해 사실과 침해 범위, 규모 등을 조사했는데, 선양 라이메이안(來美安) 유한개발공사의 경우 삼성물산의 상표뿐만 아니라, 광고, 분양 방식까지 완전히 복제한 것으로 드러났다. 삼성물산 중국법인은 여러 차례 경고장을 보냈으나 침해기업이 침해 사실 자체를 인정하지 않자, 삼성물산은 소송에 앞서 2007년 초 선양 공상행정관리국 산하 상표평심위원회에 해당기업을 고발하였다. 선양의 상표평심위원회는, 지재권 소유자가 중국법인인 점, 3년여 기간 동안 수집된 침해 증거 자료가 광범하고 신뢰성이 있다는 점을 감안, 토종기업에게 상표권 침해 사실이 있다는 결정을 내렸다. 그 후 선양 라이메이안은 1,060만 위안(당시 환율로는 약 12억 원)의 벌금을 내는 데 합의하였다.[6]

3) 조직 및 시스템 관리

(1) 내부 조사·보고·상시 모니터링 체계의 구축·개선

지재권 보호 관련 조직과 시스템을 정비하는 것도 중요하다. 특히, 기술 특허 침해 제품, 해적판, 모·위조품의 발견, 소비자의 부정적 반응, 매출 피해 조사 등과 관련한 내부 시스템을 확립하고, 보고 및 대응 체계를 구축하는 것이 중요하다. 또한 지재권 보호 프로세스, 매뉴얼, 보호·관리에 소요되는 예산, 인적 자원 조직 등이 적정한지, 관련 시스템이 상호 유기적으로 잘 연계가 되고 있는지, 교육 훈련의 내용은 현실에 부합되는지를 수시 점검하여 미비점을 지속적으로 개선·보완해 나갈 필요가 있다.

Barry Berman(2008)은 조달, 생산 및 유통 등 전 부가가치 사슬에서 지재권 침해를 탐지·조사하고 이를 유관 행정기관, 사법부 등에 고발하거나, 조사를 요구할 수 있는 내부 조직과 시스템을 갖춰 놓는 것이 무엇보다 중요하다고 주장한 바 있다. 글로벌 제약사인 화이자(Pfizer)도 '비아그라' 모조품과 유사품으로 막대한 피해를 본 이후에야 현지 법인 내에 전문 인력을 파견·양성하여 지재권 침해 상황을 상시 모니터링 하고 있다.[7]

조기 경보 발동 체제의 구축도 중요하다. 건강에 이상이 있으면 전조 증상이 있듯이 지재권 침해 발생 시에도 '경고 신호'(warning signals)가 발생한다. 문제는 중국에 진출한 많은 중소기업들의 경우 이 같은 조기 경보 시스템 자체를 갖고 있지 않거나, 혹은 리더십의 관심·의지 부족으로 인해

6_홍순도(2010), 268~270쪽.

7_Balfour, F. et. al.(2005), "Fakes!", *Businessweek*, No. 3919, pp. 54-64.

신호를 인지하고도 무시하거나 효과적으로 대응하지 못하는 경우가 많다.

중국시장 내에서 지재권 침해를 알려 주는 주요 경고 신호는 다음과 같다.

- 내수시장 매출의 급격한 감소
- 해적판 적발률 급증
- 고장률, 반품 환불률, 무료 수리 요구 비율, 워런티 클레임 급증
- 알리바바(阿里巴巴; http://china.alibaba.com/), 타오바오닷컴(淘寶網; http://china.taobao.com/) 등 온라인 상거래나 경매 사이트에서 자사 제품 대량 출현 및 할인 판매 급증
- 평소 거래하지 않던 생소한 기업으로부터의 핵심 부품 주문 증가
- 밀수, 무자료 거래 등 회색 시장(gray market)에서의 자사 상품 거래 급증

이 같은 경고음이 발생하면 외자기업은 지체 없이 침해 사범 적발 노력을 강화하여 관련 당국에 조사를 의뢰하고 보다 철저하고 광범위한 단속·처벌을 요청해야 한다. 또한 중국 내 지재권 보호 관련 법제적 및 정책적 환경이 지속적으로 변화하고 있고, 침해자들의 방식도 점차 지능화하고 있으므로, 내부 시스템과 프로세스, 인력도 지속적으로 혁신해 나가지 않으면 안 된다.

(2) 핫라인 구축 및 신고자에 대한 인센티브 제공

소비자나 협력사, 대리점, 딜러 등 외부 관계자들이 특허권이나 상표권 침해 사실을 발견·신고할 경우 이를 보상해 주고 결과를 통지해 주는 인센티브 체계 구축도 필요하다. 특히 MS차이나처럼 핫라인 전화나 인터넷을

소프트웨어나 온라인 게임업체의 중국 내 저작권 보호 전략

- 소프트웨어(SW) 구입 설치 시 소비자로 하여금 인터넷 혹은 휴대폰으로 허가나 인증을 받도록 하고 복제 소프트웨어 발견 시 신고하면 보상금을 주는 SAM(Software Asset Management) 시스템을 도입한다.
- 불법 복제를 방지하는 장비를 설치하고 소프트웨어 자체가 해킹당하거나 불법 혹은 편법적으로 복제당하지 않도록 보안 시스템을 지속적으로 개선한다.
- OEM(Original Equipment Manufacturing) 업체와 계약을 체결할 때는 하드웨어 출고 시 정품 소프트웨어가 탑재·설치되어 있는지의 여부를 반드시 확인해야 한다는 조항을 넣는다.
- 해적판 판매 전력이 있는 중소 대리상이나 딜러, 판매 유통업자(vendors)는 대리상 네트워크에서 제외하고, 유지시킬 경우에도 상당한 페널티를 부과한다.
- 해적판을 쓰던 소비자로 하여금 정품 소프트웨어를 구입하도록 하는 데 기여한 대리상이나 딜러에 대해서는 해당 물량만큼 공급가격을 할인해 주는 'volume discount' 정책을 실시한다.
- PC나 스마트폰 소프트웨어를 광대역 통신망을 통해 서비스 받도록 번들링(bundling) 정책을 실시하고, 클라우드 컴퓨팅(cloud computing) 서비스를 이용할 경우, 보다 싼 값에 소프트웨어를 공급·판매한다.

통해 발견한 위조품 등을 신속히 신고·접수하고 사실로 확인될 경우 적절한 경제적 보상을 하고 이를 소비자들에게 적극 홍보하는 것이 중요하다. 중국에서 소프트웨어나 온라인 게임을 개발·판매하는 업체 역시 박스 내용과 같은 보호 전략을 도입하는 것이 바람직하다.

(3) 외부 모니터링 조직을 통한 보안

대기업의 경우 중국 내 지재권 침해를 전문적으로 모니터링하고 조사하는 회사를 기존 조직으로부터 분할·분사시켜 별도로 설립·운용하는 것도 생각할 수 있다. 지재권의 관리·보호에는 축적된 지식·노하우와 모니터링 경험이 필요하기 때문이다. 실제로 지재권 관리 전문회사들은 위조품들이 자주 거래되는 징둥상청(京東商城), 타오바오(淘寶), T-mall(天猫), 모구지에(蘑菇街) 등 중국의 유명 대형 온라인 쇼핑몰이나 경매 사이트들도 모니터하지만, '100% 진품'이라던가 '파격적 할인' 광고를 많이 내는 중소형 신생 쇼핑몰 사이트도 집중적으로 감시하여 의외의 단속 실적을 거두기도 한다.[8]

이 같은 중소 온라인 쇼핑몰은 위조품 제조업체나 해적판 유통업체가 직접 설립·운영하는 경우도 있고 전자상거래 업체와 제휴하여 운영되는 경우도 있다. 이들을 잘 감시할 경우 위·모조품의 불법 유통처와 판매 행태를 알 수 있고 위·모조품 유통 경로를 역추적하여 제조지를 알아 낼 수도 있다. 특히 스마트폰, 태블릿PC, 디지털카메라 등 IT제품의 경우 전문적인 모니터링의 필요성이 더 큰데, 최종 소비자(end-users)를 가장하여 위조품이나 짝퉁 제품을 사 들인 다음, 제조·판매 현장을 알아내 증거를 수집하기도 한다.

8_Berman, Barry(2008), "Strategies to Detect and Reduce Counterfeiting Activity," *Business Horizons*, Vol. 51, pp. 191-199.

(4) 소비자 교육 및 홍보 캠페인의 강화

지재권 침해를 줄이는 데는 소비자에 대한 교육과 홍보도 중요하다. Freeman(2006)은 "중국, 인도, 브라질과 같은 신흥 시장에서 복제품·위조품 시장이 계속 성장하고 있는 것은 이 같은 제품을 선호하고 소비하는 소비자가 상시 존재하기 때문"이라면서 "수요 측면을 고려하지 않은 공급자에 대한 어떠한 단속과 처벌 조치도 침해 제품의 공급 자체를 막지는 못할 것"이라고 강조한 바 있다.

이와 관련, 소비자를 대상으로 지재권 침해 제품을 구입하는 것이 얼마나 나쁜가를 교육시키고 홍보하는 것이 중요하다.

첫째는 중국 소비자로 하여금 복제품, 유사 제품을 정품·진품과 구분할 수 있도록 짝퉁 제품 식별법을 알려야 한다.

둘째, 중국 소비자로 하여금 불법 복제품과 위조품을 구매하지 않도록 윤리적 의지, 처벌에 따른 불리함 등을 홍보하는 것이다. 이때 주로 홍보하는 것은 위·모조품, 유사 제품의 열악한 기능·품질뿐만 아니라, 해적판 콘텐츠나 위조품 구입 시 소비자가 받을 처벌의 내용과 수위 등이다. 해적판이나 짝퉁 제품을 구입하면 발명과 창조 유인이 약해지고, 국가 브랜드 이미지가 나빠지며, 중장기적으로는 소비자의 후생에도 나쁘다는 점도 교육시키는 것이 중요하다. 그리고 멜라민 파동이 발생한 2008년부터는 저질 유사 식품, 약품, 일용품 구입이 초래하는 보건·위생·안전상의 리스크에 대해서도 그 유해성을 강조할 필요가 있다.

교육 프로그램이나 홍보 행사를 통한 지재권 보호에 큰 성과를 거둔 외국기업으로는 월트 디즈니(Walt Disney)사와 마이크로소프트사를 들 수 있다. 월트 디즈니사는 제품 홍보 시 가격이 지나치게 싸거나 홀로그램이 없는 제품은 복제품·유사 제품으로 의심해야 한다는 점을 강조하였다. 또한 'Disney Magical Journey' 교육 캠페인 중 정품 홀로그램을 보유해 교육에 참여한 소비자들 중 당첨된 사람에게는 공짜 DVD와 TV, 혹은 홍콩 디즈니랜드로의 여행 경품을 제공하였는데, 이 홍보 캠페인 이후 소비자 신고가 늘어나 침해 제품 구매 억제에 상당한 성과를 거둘 수 있었다.[9]

마이크로소프트(Microsoft) 역시 소비자나 유통업자가 해적판 소프트웨어를 신고할 수 있는 핫라인과 인터넷 시스템을 구축하는 한편, 해적판 소프트웨어는 스파이웨어(spyware)나 바이러스를 침투시키는 경우가 많아 컴퓨터에 큰 피해를 줄 수 있다는 점을 광고와 판촉 행사 시 강조함으로써 해적판 구입을 일정 부분 저지할 수 있었다.[10]

캘러웨이(Callaway) 골프업체의 경우 팸플릿 배포 및 광고 캠페인을 벌이면서 미국에서 쓰던 '9가지 가짜 제품 식별법'을 중국의 자사 웹사이트에 공지하여 효과를 거두었다. 주요 모조품·위조품 판별 기준으로는 공인받지 못한 무자격 딜러나 대리상에서 판매되는 상품, 가격이 지나치게 싼 상품, 주요 골프용품의 부분품에 고유의 일련번호(serial number)가 없는 상품 등이 제시되었다.

그러나 자동차, 가전제품, 술, 식품, 약 등의 경험재(experience goods)는 소비자가 사용하거나 먹어 봐야 그 품질을 알 수 있기 때문에, 이들 품목의 경우 보건, 건강, 안전 등과 결부시켜 모조품, 위조품의 유해성을 강

9_Fowler, Geoffrey A.(2006), "Disney Fires a Broadside at Pirates," *The Wall Street Journal*, May 31, 2006.

10_Berman, Barry(2008), "Strategies to Detect and Reduce Counterfeiting Activity," *Business Horizons*, Vol. 51, pp. 191-199.

조하는 캠페인을 펼치는 것이 효과적이다.

이 같은 교육과 홍보 노력에 힘입어, 위·모조품(짝퉁) 천국 중국에서도 느린 속도이긴 하지만 진품을 사려는 소비자들이 점차 늘어나고 있다. 컨설팅 업체인 맥킨지&컴퍼니의 조사에 따르면 짝퉁 의류나 가죽 제품을 사겠다는 중국 소비자의 비율이 2008년 31%였으나, 2010년에는 15%로 2년 사이에 절반 이상 줄었다.[11] 또 시장 조사업체인 차이나 마켓 리서치(China Market Research)가 2011년 실시한 설문조사에서 조사 대상 집단인 28~35세 중국 여성 중 95%가 "짝퉁 핸드백을 갖고 다니면 창피할 것 같다"고 응답한 바 있다.

(5) 행정처리 및 사법구제 절차 교육

지재권 침해 사태 발생 이후 사후적 처리에 관한 교육도 중요하다. 지재권 침해가 적발되면 물증의 확보, 관할 단속·처벌 기관에 대한 통지, 합의와 조정, 여의치 않을 경우의 소송 등에 관한 지식·경험이 필요하다. 지재권 보호를 담당하는 임직원은 물론, 내부 경영관리, 영업·마케팅을 하는 임직원도 기본적인 지식은 갖고 있어야 더 좋은 성과를 거둘 수 있다.

더욱이 중국의 지재권 소관부서는 앞에서도 언급한 바와 같이 분야별로 다르다. 특허권의 경우 전리국(專利局), 저작권은 판권국(板權局), 상표권·의장권은 '공상행정관리국 상표평심위원회' 등으로 분산되어 있는데, 기업 관할 관청의 위치, 담당 공무원, 그리고 관련 규정과 절차는 미리 숙

11_"Chinese Shoppers Lose Taste for Fakes," *The Wall Street Journal*, Feb. 14, 2012.

지하고 있어야 불이익을 받지 않을 것이다.

또한 행정적 혹은 사법적 절차 진행 과정에서 협상에 의한 '합의·조정(調解)'이 이루어지면 모든 일이 끝난 것으로 생각할 수 있는데, 이는 이해 부족이다. '합의·조정'은 법적 효력이 없기 때문에 어느 일방이 이행하지 않으면 행정소송을 제기하거나 침해 행위의 발생지(혹은 피고의 주소지)를 관할하는 기층인민법원에 민사상의 손해배상 소송을 제기할 수밖에 없다는 점도 유의할 필요가 있다.

4) 제품 및 가격 관리

(1) 위조 민감 품목의 집중 관리

제품 공급 측면의 대응도 수요 측면의 대응 못지않게 중요하다. 기업 내부에 조사 보고 및 대응 체계가 구축되었다 할지라도 경영 자원의 제약, 감시 비용을 감안하여 침해 모니터링의 효율성을 높이는 것이 중요하다. 중국 내 모방 주체들의 숫자, 강력한 모방 인센티브 등을 고려할 때 감시 노력과 자원을 제품 라인업 전체에 감시 자원을 분산시키기보다는 자사의 주력 제품이면서도 중국 내 위조품이나 해적판 유통 비중이 높은 일부 제품군에 집중하는 것이 좋다.

이때 필요한 것은 집중 감시 대상 제품(혹은 서비스) 목록을 작성하고 목록 내에서도 우선 감시 순위를 정하는 것이다. 특히 고가 사치재(예: 골프클럽, 명품 의류, 핸드백, 고가 화장품), 게임 소프트웨어, 디지털 문화 콘텐츠의 경우 침해자에게 이윤 마진이 높기 때문에 지재권 침해 민감 제품(susceptible products)으로 분류해 놓고 더 많은 단속 인원을 투입해 잦은 빈도와 고강도로 감시하는 것이 필요하다.

(2) 잦은 기술혁신과 카테고리 킬러 제품의 개발

잦은 기술혁신도 지재권 침해 예방에 중요하다. 중국 시장경쟁 환경이 격화되고 있는데다가 기술 진보 및 변화 속도가 워낙 빠르고 토종기업들의 대부분이 대담한 모방을 통한 신속 추격 전략을 채택하고 있기 때문이다. 이 같은 상황에 대응하기 위해서는 외자기업의 입장에서 R&D 현지화를 통해 기술혁신 주기를 최대한 짧게 가져가는 수밖에 없다.

중요한 것은 현지 R&D 센터에서 개발할 제품인데, 가급적 중국 시장 수요에 부합될 뿐만 아니라, 모방·복제가 어려운 '카테고리 킬러'(category killer) 제품에 집중하는 것이 좋다.[12] 이를 위해서는 중국 로컬기업의 모방 심리와 위조 성향을 이해하는 것이 중요한데, 시장에서 불법 모방 제품을 수거하여 그 기능과 디자인 등을 평가해 보는 '리버스 엔지니어링' 전략이 필요하다. 특히 '기술 침해 가능성'(technological vulnerability)이 큰 스마트폰, 하이테크 가전제품, 고부가가치 화장품의 경우 어느 기능이 모방·위조 대상이 되고, 어떤 모방·위조 제품이 가장 인기가 있는지를 조사해 향후 신제품 개발 시 반영할 필요가 있다.

12_'카테고리 킬러'(category killer) 제품이란 타 업체와 비교할 수 없을 정도의 독특한 기능과 디자인과 기술력을 갖추고 있지만 체인화된 전문 매장을 통해 저가격에 판매될 수 있는 제품을 말한다. 세계적인 완구판매점 체인인 '토이저러스'가 카테고리 킬러의 원조이나, 최근엔 가구, 가구, SPA 의류, 식품 분야로까지 영역이 확산되고 있다.

중국 현지 시장에 독특하고(unique) 참신한(noble) 제품을 내놓는 것은 지재권 침해 방지에도 도움이 되지만, 나중에 사법적 구제절차에 들어갔을 때에도 승소 확률을 높이는 데 유리하다. 반면, 독창성과 신규성이 부족할 경우, 중국기업이 유사·모방 제품을 내놓을 경우, 패소 가능성이 높아진다. 실제로 LG전자는 광둥성의 가전업체인 거란스(格蘭仕; Galanz)가 자사의 마이크로웨이브 오븐 특허권을 침해했다는 혐의를 잡고 150만 위안의 손해배상 소송을 제기했으나 패소했다. 중국법원이 LG전자 제품의 독창성과 신규성이 부족하다고 판단하고, 원고 측의 침해 주장의 근거가 부족하다고 일축했기 때문이다.

(3) 포장·디자인·물류 방식의 지속 혁신

개발된 신제품의 위조품이나 유사품 출현을 막는 데는 기능뿐만 아니라 제품의 포장 디자인과 물류를 자주 혁신하는 것도 중요하다.

우선, 소비자가 짝퉁 브랜드임을 쉽게 식별 수 있도록 상표, 포장 및 디자인을 바꾸어야 한다. 둘째, 판매·유통 과정에서 침해자를 추적할 수 있는 RFID(Radio Frequency Identification Devices)나 QR(Quick Response) 코드 등과 같은 하이테크 상표 부착(high-tech labeling), 트랙킹(tracking), 추적(tracing) 관련 기술과 시스템을 개발·도입하는 것이 필요하다. 디자인, 포장, 유통 물류 시스템 전반을 자주 바꾸면 침해자의 위조나 복제에 따른 거래비용(transaction costs)이 늘어날 뿐만 아니라, 소비자도 가짜라는 것을 쉽게 인지할 수 있기 때문이다.

포장 방식을 바꿔 유사·모조품 소매 유통 비중을 줄이는 데 성공한 대표적인 예로는 버드바이저(Budweiser) 브랜드로 유명한 안호이저 부시(Anheuser-Busch Co.)와 쓰리컴(3Com)을 들 수 있다. 안호이저 부시는 중고 맥주병에 유사 맥주를 채워서 파는 짝퉁 버드바이저로 인해 매출액이 급감하자 병에 부착되는 상표형 포일(foil)을 중국에서는 구할 수 없는 비싼 수입 포일로 바꾸었다. 이 포일은 '온도 민감형 상표'와 같아서 차가운 온도에 노출될 경우 색깔이 붉게 변하는 속성이 있어서 누구든지 가벼운 테스트 과정을 거치면 모방·유사 제품인지의 여부를 쉽게 구별해 낼 수 있었다.[13] 쓰리컴(3Com)도 자사의 주력 제품 중 하나인 스위치에 4차원적 홀로그램 상표를 부착함으로써 불법 복제를 어렵게 하는 데 성공하였다.

이외에도, 베이징에서 소아용 유산균 제제 '마미아이'(한국제품명 메디락비타)를 제조·판매하고 있는 한미약품의 경우, 한국에서는 10여 개 혹은 100여 개가 들어있는 박스 외부에만 바코드를 부착하였지만, 중국에서는 방식을 달리하여 출고 전에 개개 제품마다 바코드를 일일이 부착함으로써 유사 혹은 가짜 제품의 유통 비중을 줄일 수 있었다. 유관부서 단속 공무원들도 바코드를 단말기에 비추어 보면 즉시 해당 제품이 한미약품과 정식 유통 계약을 체결한 지역의 대리상 유통 제품인지를 쉽게 판단할 수 있어 단속을 쉽게 할 수 있었다. 그리고 가짜로 판명될 경우 경찰, 세관과 협조하여 즉시 유통 경로를 역추적해 제조 장소를 급습해 단속할 수 있었다.

다만, 중국에서 RFID나 QR 코드와 같은 첨단 트랙킹 시스템을 도입할 때는 유통 대상 지역의 관련 물류 방식의 첨단도나 물류 인프라가 어느 수준인지를 냉정하게 먼저 검토할 필요가 있다. 자사의 물류 기술과 방식이 아무리 현대화되었을지라도 해당 지역 물류 유통업체나 딜러의 물류 시스

13_Balfour et al.(2005) 참조.

템이 전근대적일 경우 첨단 물류 관리의 연계성과 효율성이 떨어져 관련 시스템 도입 예산이 낭비될 수 있기 때문이다.

[사례 1] 월트 디즈니 월드의 위조·모조품 방지 캠페인

상하이 디즈니 테마 파크 허가 획득

월트 디즈니(Walt Disney)사는 중국에서 디즈니 브랜드 완구, 의류, 캐릭터 상품을 판매하고 있다. 베이징, 상하이, 광저우 등지에 중국 지역본부가 있으며 600여 명의 임직원과 6,000여 개의 소매 아웃렛을 거느리고 있다. 2009년 11월에는 20여 년간의 노력 끝에 중국 중앙정부로부터 최종 허가를 받아 상하이에 도쿄(1983), 홍콩 디즈니랜드(2005)에 이어 아시아에서 세 번째로 큰 디즈니랜드 스타일의 테마 파크를 개설할 수 있게 되었다.

디즈니사는 테마 파크 건설에 외국인 투자 사상 최대인 35억 달러를 투자하고 있으며, 새로 설립되는 합자기업 상하이디즈니(가칭)사 총 등록자본금의 40%는 자사가 출자하고 나머지 60% 지분은 여러 중국기업이 공동 출자한 지주회사를 투자에 참여시키고 있다. 아직 테마 파크의 세부 설계가 완성되지 않았고, 부지 매입, 인력 채용 및 훈련, 장비와 소프트웨어 구축 등에도 불확실성이 많지만, 테마 파크가 완공하면 중국 대륙 내 월트 디즈니 브랜드 인지도 제고에 크게 기여할 것으로 기대하고 있다.

해적판에 좌초당한 문화상품 시장 개척 노력

디즈니사 매출에서 점하는 테마 파크 입장료는 그리 높지 않으며 대부분의 매출액은 캐릭터 상품과 애니메이션, 영화 등 디지털 콘텐츠 등 문화

상품 판매 쪽에서 나온다. 그런데 비교적 순조로운 진척을 보이고 있는 테마파크 하드웨어 건설과는 달리 중국 문화상품 시장 개척에서는 고전을 면치 못하고 있다.

그 첫 번째 이유는, 중국 내 디즈니 브랜드 인지도 제고에 중요한 영향을 미치는 디즈니TV 방송 채널의 개통이 외국 미디어 진입에 대한 정부 허가를 못 받아 결실을 거두지 못하고 있고, 애니메이션이나 영화 수출 역시 중국정부의 영화 수입 편수 쿼터 제한(연 20편에서 1년에 1편씩 증가) 때문에 기대한 만큼의 성과를 거두지 못하고 있다.

그 대안으로 디즈니사는 비디오 게임, 브로드웨이 스타일(Broadway style)의 쇼 공연, DVDs나 아동용 플러시 완구(plush toys), 캐릭터 상품(예: Princesses 101), 미키마우스 의류 판매로 중국시장을 개척하려 하고 있다. 예컨대 주요 지방방송국 채널에 매주 '미키마우스 클럽 하우스'(Mickey Mouse Club House)라는 아동용 프로그램을 12시간가량 방영하고 있고, 디즈니의 브로드웨이(Broadway) 사업부는 지방도시를 순회하면서 '라이온 킹'(The Lion King) 쇼도 하고 있으며, 상하이에는 여러 개의 영어학교를 체인점 형태로 개설·운영하고 있다.

위조품 방지 매직 여행 캠페인의 고무적 성과

그러나 디즈니사의 이 같은 중국 문화상품 시장 개척 노력이 모조품, 무단 복제품 등 해적판의 범람으로 고전을 면치 못하고 있다. 진품에 가까우면서도 가격은 절반 미만으로 싼 위조품과 해적판이 난무하고 있기 때문이다. 중국 소비자들은 아무런 거리낌 없이 해적판을 구입하거나 콘텐츠를 불법 다운로드 하고 있는데, 이들의 나쁜 습관을 고치기 위해 2006년 4월부터 '위조품 방지 디즈니 매직 여행 캠페인'(Disney Magical Journey Anti-Counterfeiting

Promotion Campaign)을 대대적으로 전개하기 시작하였다.

캠페인의 주요 대상은 이미 나쁜 습관에 길들여진 성년 소비자들보다는 미래의 잠재 고객인 어린이들로 정했다. 캠페인의 핵심은, 정품 소프트웨어나 문화 콘텐츠를 구매·사용하는 아동들에 대해 인센티브를 제공하는 것이었다. 예컨대 월트 디즈니 매장, 온라인 쇼핑몰에서 정품을 구매한 다음, 비치한 양식이나 혹은 다운로드한 서식에 정품에서 떼어 낸 미키마우스 홀로그램(hologram) 스티커를 붙이고 인적 사항, 연락처를 적어 우편으로 보내면, 당첨자에게 DVD, 휴대폰, LCD-TV, 홍콩(디즈니랜드)으로의 왕복 여행권 등의 크고 작은 경품을 제공하였다. 캠페인의 총괄책임자는 상하이 지역 본부의 소매 및 마케팅 담당 부사장인 캔 채플린(Ken Chaplin)이었는데, 채플린은 각 지역 책임자를 선임하여 매장별로 일관된 전략을 집행하였다.

우선, 중국 내 13개 대도시의 모든 매장에 캠페인 포스터를 붙인 다음, 아동용 오락만화 TV방송의 '드래곤 클럽'(Dragon Club) 프로그램을 시청하는 중국의 어린이를 대상으로 미키마우스가 그려진 붉은 색 홀로그램 찾는 법을 홍보하였다. 주요 매장의 홍보 광고와 TV방송 캠페인 광고에는 다양한 무늬·모양의 미키마우스 홀로그램 스티커를 보여주고 홀로그램 스티커는 오직 정품에만 붙어 있다는 사실을 강조했다. 콘솔형 컴퓨터 게임도 정품에만 등록번호가 있다는 사실을 상기시키고 양식에 이를 적어 보내게 하였다.

이 같은 캠페인의 성과는 매우 고무적이었다. 캠페인이 시작된 2006년 4월 21일 이후 3주도 안 되어 25만 명이 위조품 방지 캠페인에 참여하였고 양식이 부족해 추가 인쇄하는 사태까지 벌어졌다. 캠페인 기간 동안 많은 중국 어린이와 소비자들이 정품만을 구입하였고, 신고된 해적판·위조품 판매·유통 업자는 유관 단속기관에 넘겼다. 캠페인 기간 동안의 집중 단속 활동에도 불구하고 여론은 부정적이지 않았고, 브랜드 인지도는 오히려 높아졌다.

단속 활동을 하면서 판매 촉진 캠페인을 같이 벌였기 때문이다. 예컨대 중국인들이 상서롭게 생각하는 '88'이란 숫자를 이용, 88위안(당시 환율로는 약 11 미 달러)어치 이상을 산 고객들에 대해서는 액수에 따라 디즈니 문화상품을 살 수 있는 쿠폰을 제공했다. 더 큰 성과는 이 캠페인에 참여한 대부분의 중국 소비자를 통해 평상시에는 알기 힘든 부모의 소득 수준, 소비패턴, 자주 가는 아웃렛이나 매장에 관한 정보를 획득할 수 있었다는 점이다.

일부 캠페인 참여자들의 도덕적 이반

다만, 3주간의 캠페인에도 불구하고 위조품이나 해적판을 제조·판매하는 업자들을 완전히 적발해 없앨 수는 없었다. 캠페인 후반부에 일부 영악한 소비자나 악덕업체들은 미키마우스 홀로그램까지 복제해 정품 구입 쿠폰을 대량으로 받아 가는 도덕적 이반(moral hazards) 현상도 발생했다. 이는 개개 기업 차원의 간헐적인 단기성 캠페인만으로는 중국에서 침해 사범 단속에 큰 성과를 거두기 어렵고, 결국은 범정부 차원의 엄격한 법규 집행, 중국 내 단체·협회에 의한 소비자 계몽·교육 등이 일관되게 지속되어야만 개선될 것임을 시사해 준다.

그럼에도 불구하고 디즈니사의 위조품 방지 캠페인의 긍정적 영향은 부인할 수 없다. 무엇보다도 중국 소비자, 특히 자라나는 아동들이 지재권 침해가 나쁘다는 것을 알게 되었고, 정품 구입의 즐거움을 맛보게 해주었으며, 홀로그램을 통한 위조품 식별법도 홍보할 수 있었다. 실제로 이 캠페인 이후 디즈니사는 스마트폰으로 홀로그램 스티커에 인쇄된 번호를 찍거나 비추어 위조품을 즉각 식별해 내는 방법을 보다 널리 보급시키고 있으며, 모조품 판매 지역과 관련 제품을 문자로 보낼 수 있는 보다 발전된 기술을 개발하고 있다.

이외에도 ① 위·모조품 제조업체들의 거래비용을 증가시켰다는 점, ② 캠페인 기간 동안이나마 불법 위·모조품에 대한 효과적인 단속 활동을 전개할 수 있었다는 점, ③ 평소에 얻기 힘든 소비자 정보를 축적해 추후 디즈니 상품 판촉용 데이터베이스를 구축했다는 점 등은 기대 이상의 성과라 할 수 있다.

(자료: "Brilliant Anti-Piracy Strategy by Disney in China," http://www.chinadaily.com.cn/world/2006-05/31/content_605106.html; Geoffrey A. Fowl er(2006), "Disney Fires a Broadside at Pirates," The Wall Street Journal, May 31 2006, B3; Barnes, B.(2009), "China Approves Disney Theme Park in Shanghai," http://www.nytimes.com/2009/11/04/business/global/04disney.html; 같은 기사, The New York Times, November 4, 2009).

기술혁신·원가절감을 통한 획기적 가격 인하

기술혁신이나 원가절감을 통한 획기적 가격 인하도 정품·진품의 소비 촉진에 도움이 된다.

우선, 진품이나 정품을 사고 싶어도 높은 가격 때문에 짝퉁 제품, 위조품을 살 수밖에 없었던 소비자들이 정품 가격이 획기적으로 가격이 낮아진다면 구매에 관심을 갖게 될 것이라는 점이다.

둘째, 정품 가격을 획기적으로 낮추면 위조업체나 짝퉁 제품 제조업체의 마진폭이 줄어들어 불법 복제나 모방의 유인이 약화된다는 점이다. 예컨대 일본의 오토바이 제조업체인 야마하(Yamaha)는 제조 방법과 디자인을 혁신해 1,800달러 하던 오토바이의 평균 소매가를 725달러로 60% 가량 낮추었다. 그 결과 위조업체들도 판매가를 1,000달러에서 500달러로 낮출 수밖에 없었고, 마진율 하락으로 인해 위조품 출현빈도도 크게 떨어지게 되었다.[14]

다만 가격 인하 효과는 일용 소비재인가 명품 사치재인가에 따라 소비자의 반응이 다르게 나타날 수 있다. 일반적으로 일용 공산품의 경우 수요의 가격 탄력도가 높아 가격 인하에 따른 수요 증대 효과가 큰 편이다. 상하이 근교에서 포장 랩을 제조·판매하는 한국의 크린랩이 좋은 예다. 크린랩은 자사 제품이 뜨거운 음식을 포장하더라도 인체에 해로운 환경 호르몬 성분이 나오지 않는 환경 친화적 제품이라는 점을 강조하면서 고가 정책을 펼쳤다. 그러나 안전성과 기능이 탁월함에도 불구하고 저가 유사 제품의 출현 자체는 막을 수 없어 고전을 면치 못했다. 이 같은 상황 하에서 로컬 제품보다 기능성이 뛰어나지만 가격이 획기적으로 싼 제품을 중국 현지에서 개발, 유사 제품을 퇴출시키는 데 상당한 성과를 거둘 수 있었다.

Peggy Chaudhry & Stephen A. Stumpf(2007)도 혁신을 통한 가격 인하 전략이 복제품이나 유사 제품의 출현을 저지하고 저소득층의 위조품 구매 비중을 낮추는 데 상당한 효과를 발휘한다는 연구 결과를 발표한 바 있다. 다만, 구찌, 샤넬, 루이비통 등과 같은 명품의 경우 가격 인하의 효과가 크지 않다는 것이 정설이다. 명품 업체들은 어지간해서 가격을 인하하지 않고, 인하하더라도 소폭에 그치기 때문이다. 가격을 대폭 인하할 경우 오히려 나쁜 소재를 썼거나 끝마무리가 잘 안 된 제품, 디자인에 실패한 제품 혹은 짝퉁 제품으로 오해를 받을 수 있다. 따라서 명품 브랜드에는 비(非)가격 차별화 전략을 쓰는 것이 보통이다.

14_Balfour et al.(2005) 참조.

[사례 2] 짝퉁 근절을 위한 락앤락의 5계명

한국의 유명 밀폐용기 업체인 락앤락(Lock&Lock)은 중국에서도 다양한 밀폐용기를 제조·판매하여 상당한 성공을 거두고 있다. 중국어 상표명은 '러커우러커우'(樂扣樂扣)이다. 그러나 인기가 있다 보니 유사 브랜드가 등장하고, 같은 브랜드 명칭을 쓰면서도 외양이나 포장만 살짝 바꾸는 업체도 늘어나고 있다.

다양한 사후 대응책을 실험해 본 결과, 락앤락 중국 법인장은 법원까지 가지 않고도 중국에서의 짝퉁 전쟁에서 승리할 수 있는 방어책을 '5대 짝퉁 근절법'으로 내놓아 임직원들에게 교육시킴으로써 성과를 거둘 수 있었다.

'5대 짝퉁 근절법'의 첫 번째 계명은 "제품 경쟁력을 키우라"는 것이다. 외양은 비슷하게 베낄 수 있지만, 기능과 품질은 베끼기 쉽지 않기 때문이다. 밀폐용기의 핵심은 '강력한 밀폐성'인데, 락앤락사는 수만 번 접었다 폈다 해도 '똑따기 잠금 힌지'(locking hinge)가 떨어지지 않고, 닫을 때 명쾌한 '똑딱' 소리가 나기 때문에 처음 물건을 사는 소비자라도 소리만으로 진품 여부를 식별할 수 있도록 했다. 로컬 유사 브랜드는 말할 것도 없고, 미국의 터퍼웨어(Tupperware)조차 락앤락의 이 같은 기능을 따라 잡기 어려웠다.

두 번째 계명은 "제품 생산주기를 최대한 단축하라"는 주문이다. 모방자들을 물리치기 위해서는 중국 로컬 업체보다 제품 개발주기를 짧게 가져가는 속도전이 효과적이라는 것이다. 실제로 락앤락은 일반 유리와 플라스틱 밀폐용기가 중국에서 어느 정도 보급되자, 도자기로 된 밀폐용기를 개발함으로써 지속적으로 시장을 선도할 수 있었다.

세 번째 계명은 "소비자들에게 짝퉁 구별법을 교육시켜 내편으로 만들어라"이다. 실제로 락앤락사는 중국 내 홈페이지에 자사 제품과 짝퉁 제품

> **락앤락의 중국 내 짝퉁 근절 5계명**
>
> 1. 제품 경쟁력을 강화하라.
> 2. 제품의 라이프 사이클을 단축하라.
> 3. 소비자들에게 짝퉁 구별법을 교육시켜 내편으로 만들어라.
> 4. 소송은, 침해자에게 일단 강력한 경고장을 보낸 다음에 생각해라.
> 5. 전담팀을 꾸려 현장을 단속해 증거를 확보한 후 제조업체가 아닌 유통·판매업체에게 경고장을 보내라.

구별법 등을 소상하고도 친절하게 올려놓고 있고 매장에도 관련 화보 자료를 전시·배포하고 있다.

넷째, "중국 측과의 법적 소송에는 시간·비용이 많이 들므로 최후의 수단으로서만 써라"는 것이다. 대신 위반 업체를 발견하면 신속하고 철저히 조사한 다음, 구체적인 침해 증거를 제시하면서 강력한 내용의 경고장을 보내는 것이다. 송부 대상은 지재권 침해 제품 제조사가 아니라 유통업체와 판매자이다. 즉 시장으로부터 위조품과 짝퉁 제품을 퇴출시키면 제조사가 이를 생산할 유인이 줄어들 것을 예측하고 택한 전략이다.

다만, 전혀 소송을 하지 않고 경고만 하면 힘이 실리지 않으므로 상징적인 차원에서 1년에 두 번 정도는 소송을 진행하고, 소송을 할 때는 비교적 규모가 큰 중국기업을 시범 케이스로 고른다. 그리고 고소 사실을 언론에 노출시켜 널리 알림으로써 작은 업체들이 함부로 락앤락 제품을 베끼지 못하도록 한다.

마지막으로, 회사 내에 강력한 단속 및 고발 전담팀을 꾸려 운영하는 것이다. 그리고 지역별, 상권별, 유통 경로별로 사전에 치밀한 계획을 세운 다음, 기민하게 조사를 의뢰하여 유관기관과 공동으로 단속을 펼치는 것이다. 실제로 락앤락은 2010년 8월 평상시 친분을 쌓아놓은 장수성 타이저우(泰州)시 공상행정관리국 관리들과 함께 단속 활동을 펴 모조품 1만 2,000여 개와 금형 설비 등을 몰수한 바 있다.

단속 시에도 가급적 위법 행위 현장을 직접 포착하여 증거 제품을 압수하고 사진을 찍는 등 증거 자료를 수집한 다음, 이를 담당기관인 소재지의 지방 공상행정관리국에 고발 조치할 수 있도록 노력하였다. 담당부서 임직원들이 이 같은 5계명을 철저히 지킨 결과, 락앤락사는 다른 중국 진출 한국기업들에 비해 짝퉁으로 인한 피해를 최소화할 수 있었다.

(자료: 매일경제신문, 2011. 7. 26, A18과 기타 인터넷 자료를 참조하여 작성).

5) R&D의 현지화

(1) R&D 현지화 대상 제품 기술의 신중한 선정

1999년까지만 해도 중국에 진출한 한국기업은 중국에서 조립·가공만 하고, 대부분의 경우 R&D 활동은 한국 본사에서 하였다. 이 같은 방법은 기술의 도용과 유출을 막을 수 있다는 점에서 이점이 있다. 그러나 다음과 같은 이유로 이 같은 전략은 앞으로 지속 가능하지 않다.

첫째, 중국 토종기업들의 기술력이 빠른 속도로 높아지고 있다는 점이다. PC의 레노버(聯想), 백색가전의 하이얼, 평면TV 분야의 스카이워스, 통신 네트워크 장비의 화웨이(華爲), 스마트폰 분야의 ZTE, 샤오미 등은 파괴적 혁신을 통해 중국시장 내 외국 브랜드의 시장점유율을 점차 잠식해 나가고 있다. 특히 기술적 립프로깅(leap-frogging)과 기술 도약(quantum jump)을 통해 외국기업보다 빠른 라이프 사이클을 가져감으로써 외국 브랜드의 고객을 빠른 속도로 탈취하고 있다. 이 같은 상황 하에서 한국에서 연구·개발한 상품을 중국에서 테스트 마케팅한 뒤 판매하기에는 시장 대응이 너무 느리고, 그 사이 시장은 국내외 경쟁 브랜드에 선점 혹은 잠식당하게 된다. 그러나 R&D 현지화를 하면서 중국시장에 맞는 제품을 만들어 중국기업과 윈-윈(win-win)하는 협력 관계를 유지하면서도 중국 내 시장점유율을 유지·확대할 수 있다.

둘째, 한국에서 R&D를 해서는 중국인의 수요·기호를 적기에 반영해 제품을 출시하기 어렵다. 중국에서 맞는 브랜드를 만들려면, 판매 후 소비자 반응을 R&D와 생산에 즉각 반영해 기능과 디자인, 품질을 개선시켜야 하는데, 기존의 '본사 개발 – 현지 조립' 방식은 현재의 중국 내수시장 패러다임에는 맞지 않다. 중국 시장경쟁 구조의 변화, 중국인과 가정 생활방식의 변화, 중국인의 사고 변화, 다국적기업의 R&D 현지화 동향을 생각할 때, 한국기업도 현지 시장을 위한 현지인에 의한 상품 설계와 개발을 염두에 둔 'Made for China' 및 'Made with China' 전략을 실행해야 할 때가 되었다.

셋째, 한국에서 R&D를 할 경우 개발된 상품은 중국의 관련 산업·기술 구조의 지원을 받을 수 없을 뿐만 아니라, 기술 표준, 인증 기준에도 맞지 않는 제품을 생산할 가능성이 크다. 반면, R&D를 중국에서 수행할 경우 엔지니어, 대학 연구소의 인프라를 이용, 중국의 표준과 기준에 부합되는 제품을 신속히 출시할 수 있는데다가, 중국의 공급 사슬(supply chain)과 관련 전후방 연관 산업의 기술을 적기에 활용할 수 있다는 이점이 있다.

넷째, 연구 인력과 개발비 면에서도 현지 R&D가 한국에서의 R&D보다 유리한 측면이 있다. 중국에서는 실리콘밸리에서 적게는 수만 달러 많게는 수십만 달러를 줘야 구할 수 있는 우수한 기술 인재를 월 몇 천 위안의 급여에 구할 수 있다. 칭화(清華)대, 쟈오퉁(交通)대, 톈진(天津)대, 하얼빈 공대 등 이공계가 강한 종합대학은 물론, 중국과학원 산하의 연구소에도 석박사 과정이 개설되어 있다는 점도 강점이다. 또한 중국 현지 개발의 경우 물류비, 관세를 물지 않아도 되므로 한국 내 개발보다도 가격 경쟁력이 강해진다고 할 수 있다.

마지막으로, 중국에서 R&D 현지화를 하면 내수시장에 보다 쉽게 접근할 수 있는 동시에 전국 주요 도시에 개설된 52개 국가급 고·신기술 개발구에 입주하고 하이테크·뉴테크 산업에 대한 중국정부의 세제상의 우대정책의 혜택을 볼 수 있다. 중국 국무원은 장려 업종에 속한 고·신기술 산업의 외국인 직접투자에 대해서는 '2년 면세, 3년 감면'의 제도 중 감면 기간을 매년 심사해 최장 3년을 한도로 연장해 주고 있으며, 특별 가속상각을 인정하고 있고, 토지 사용료·인재 획득·원부자재 확보·전력 공급 면에서도 우선권을 주고 있다.

이러한 여러 가지 이유 때문에 한국기업을 비롯한 많은 외국기업은 중국 내에 'R&D(연구개발)센터'를 설치, 중국시장에서의 장기적 기술 우위를 지켜나가고 있다.

(2) 핵심 기술과 주변부 기술의 구분 관리

중국 내 특정 세부 시장(market segment)에 신규로 진입하는 경우 진입 초기에 선택한 제품과 기술은 향후 기업의 지속 성장과 생존에 지대한 영향을 미친다. 왜냐하면 기업의 핵심 역량이란 단기적으로 형성되는 것이 아니라, 장기간에 걸쳐 축적되는 것이기 때문에 관련 기술을 어떻게 축적하고, 강화하느냐의 여부에 따라 당해 기업의 성장과 생존의 확률이 영향을 받게 되어 있다.

이때 기업의 기술 축적은 '양날의 검'(double-edged sword)과 같아서 기회(opportunity)와 위협(threat) 요인을 둘 다 내포하고 있기 때문에 주의할 필요가 있다. 기업은 한편으로는 축적된 기술을 활용하여, 표적 세분 시장에서 성장을 지속할 수도 있지만, 축적해 놓은 기술에 집착하다 보면 진부화된 기술에 묶여서 오히려 성장이 저해될 수 있다. 요컨대 중국 내 세부시장(market segments)의 기술 수준에 따라 자사 제품의 기술 수준과 콘텐츠를 결정해야 하는데, 이때 중요한 것은 기업의 기술 선진도와 핵심 기술(core technology) 역량인 것이다. 만일 초기에 핵심 혹은 기반 기술에 투자하게 되면, 차후 관련 제품으로 확장함으로써 성장과 생존의 확률을 높일 수 있지만, 주변 기술(peripheral technology) 혹은 응용기술로 시작하게 되면 당장은 좋을지 모르나 차후에 성장에 제약을 갖게 된다는 점이다.

중국시장 진입 전에 R&D 현지화를 어느 제품·기술부터 시작할 것인가에 관한 결정은 본사가 결정을 해줘야 하며, 이는 반도체, 이동통신, 디지털 가전, TFT-LCD, 온라인 게임, 보안 솔루션 등 하이테크 업종의 경우 특히 중요하다. 진입 기업의 본사는 특허 등 지재권의 전략적 가치와 중국 현지에서의 피침 가능성 등을 종합적으로 고려하여 R&D 현지화 여부를 결정하고, 기업의 역량·자산을 핵심적인 것과 주변부의 것으로 구분한 다음, 현지화의 범위와 수준을 결정해야 한다. 이를 위해선 본사 내에 기술 현지화, 기술 이전 전문가가 있어야 하고, R&D 현지화 대상 제품·기술의 분야, 범위, 이전 한계에 관한 명확한 기준과 사후관리 시스템 구축이 선행되어야 한다.

실제로 중국시장에서 성공한 삼성전자의 애니콜, 현대차의 중국형 아반떼 '위에둥'(悅動)이나 중국형 NF쏘나타 '링샹'(领翔), 스마일게이트의 크로스파이어 등은 대부분 초기부터 경쟁력 있는 제품으로 진입한 후 중국시장 수요와 기술 표준에 맞게 현지화를 시키면서도 기술 보안을 철저히 지킨 브랜드였음을 알 수 있다. 반면, 기술 침해를 우려하여 아예 R&D 현지화를 추구하지 않거나, 현지화 수준, 범위에 관한 구체적이고도 명확한 기준이나 기술 보안 전략 없이 그때그때의 중국정부의 요구에 따라 현지화를 졸속으로 진행한 기업은 경쟁력을 잃고 있다. 또한 중국에서 지나치게 공격적인 기술 제휴를 할 경우 얼마 안 되서 핵심 역량을 잃어 시장에서 도태될 수도 있으므로 현지화의 대상과 범위, 수준을 과학적으로 결정하고, 기술 보안을 철저히 하는 것이 중요하다.

6) 조달 판매 및 유통 관리

(1) 아웃소싱, OEM · ODM 업체들 집중 관리

중국 내 아웃소싱 업체, OEM·ODM 업체 등 로컬 업체의 관리도 모방·복제가 어려운 제품의 개발이나 R&D 현지화를 통한 잦은 신제품 출시 못지않게 중요하다.

우선, 로컬 업체의 관리는 아웃소싱 등 외주 공급업체를 선정할 때부터 신중하게 해야 한다. 단순히 아웃소싱 업체 선정 시 기술력만 볼 것이 아니라, 다른 발주업체와의 관계, CEO의 도덕성, 윤리 경영 실적 등을 종합적으로 검토해야 한다. 계약 기간 동안 기술 특허나 저작권·상표권 침해, 영업 비밀 누설 등 계약 조건을 위반한 비윤리적이고 불량한 외주기업들에 대해서는 법적 제재 조치를 취하는 한편, 향후 외주업체 목록에서 탈락시킬 필요가 있다.

둘째, 사전 통지를 하지 않고 외주 공급업체를 불시에 방문해 샘플대로 제대로 된 정품을 생산해 내는지 점검하는 것도 하나의 방법이다. 불시 점검은 외주 공급업체의 지재권 침해 등 계약 위반의 현장을 적발하고 증거를 확보할 수 있다는 점에서도 유리하다.

셋째, 계약 종료 후에는 기술, 생산과 관련된 설계도면, 금형은 물론, 판매 마케팅과 관련된 서류를 반드시 회수했는지 여부를 반드시 확인해야 한다. 이와 관련해서는 운동화 메이커이자 판매전문 업체인 '뉴밸런스'(New Balance)사의 사례가 좋은 교훈을 준다. 뉴밸런스사는 2006년 중국 내 생산 공급업체와 아웃소싱 계약을 체결했는데, 중국 업체가 계약기간 만료 이후에도 생산과 관련된 주요 설계도, 마케팅 관련 정보를 반환하지 않았다. 뿐만 아니라 뉴밸런스와 계약이 파기된 이후에도 운동화 생산에 중요한 샘플과 주물 금형, 포장지, 상표 라벨, 로고, 광고도면 등을 그대로 이용해 무려 20만 켤레의 운동화와 구두를 무단으로 생산 판매하였다(Parloff et al., 2006).[15]

그 결과 뉴밸런스사는 막대한 손해를 보았다, 다행히 재판에서 승소하여 중국 인민법원으로부터 990만 달러의 손해배상금 판결을 받아 냈으나,

---

15_Parloff, R., Chandler, C., & Fung A.(2006), "Not Exactly Counterfeit", *The Fortune*, Vol. 153, No. 8, pp. 108-116.

차후 재발 가능성이 크다고 보고, 아웃소싱 공급업체와 외주 공급업체 선정 과정을 혁신(Kahn, 2002)하는 한편, 위조가 어려운 하이테크 상표 라벨을 도입하고, 외주업체로의 원부자재 흐름 과정을 종전보다 더 철저히 모니터링하게 되었다.

결론적으로 아웃소싱에 따른 피해를 줄이기 위해서는 한 업체에게 외주 독점권을 주지 말고 과거의 경력과 실적을 바탕으로 하여 복수의 아웃소싱 업체를 정하여 서로 경쟁하도록 하는 것이 필요하다. 또한 생산 공정 단계별로 여러 업체에 분산하여 아웃소싱 하되 최종 조립은 반드시 자사가 스스로 하는 것이 좋다. 특히 지재권 침해에 자주 노출되는 핵심 부품이나 품목의 경우 중장기적으로 수직적 통합(vertical integration)을 통해 자체 생산을 늘리는 한편, 항상 잠재적 아웃소싱 업체를 추가로 확보하고, 기존 업체와 계약을 파기·해지할 때에는 반드시 관련 도면이나 정보를 모두 회수하여야 한다(Parloff et al., 2006; Kurtenbach, 2006).

(2) 유통업체와의 상생 관계 구축·유지

유통 측면의 대응전략도 생각할 수 있다. 우선, 소매상, 대리상 및 딜러 등 유통업자들과 원활한 관계를 유지함으로써 위·모조품의 유통 경로를 파악, 사전에 차단하거나 원 제조지를 사후 추적할 수 있을 것이다. 소매 유통업자들은 소비자들에게 물품이 전달되기 직전까지의 유통 경로를 알고 있기 때문에 보다 객관적이고 정확한 정보를 갖고 있을 수 있다.

유통업체의 협조를 얻기 위해서는 평상시 딜러, 대리상들과 장기적인 안목에서 상생 관계를 구축하여 신뢰를 구축·유지하는 것이 중요하며, 이들을 대상으로 교육 및 홍보 캠페인을 벌여 위·모조품을 퇴치하는 것이 유통업체 자신에게도 좋다는 점을 주지시킬 필요가 있다. 실제로 유통업체가 정품이 아닌 위·모조품이나 복제품을 판매하였을 때, 소비자는 최종 판매자인 딜러나 소매상에게 손해배상을 요구하거나 심한 경우 소송을 걸 수도 있다. Arogyaswamy and Byles(1987)도 제조업체뿐만 아니라 유통업체들도 침해 제품에 대한 경각심을 갖고 있을 때 비로소 위·모조품 공급이 줄어들 수 있다고 주장한다.

7) 중국 유관부서와 한국 공관·협의회 이용

(1) 중국 내 유관부서 관료들과의 친분 유지

중국 공상행정관리국 산하에는 지식산권국, 상표국, 국가판권국, '가짜 단속판공실'(打假辦公室) 등이 있으며, 경찰(公安), 세관(海關), 상무부 등도 지재권 침해 제품 단속에 직·간접적으로 관련되어 있다. 특히 '가짜 단속 판공실'과 경찰, 세관은 짝퉁 제품을 단속하는 주무부서들이므로 외자기업 관련 담당자는 평상시에 이들과 좋은 친분 관계를 맺어 놓을 필요가 있다. 텐진에 생산법인을 갖고 있는 제일모직도 이들 관련부서 관료들과 좋은 관계를 구축한 덕분에 고급 의류 브랜드인 짝퉁 '울시' 제품 단속 시 협조를 받을 수 있었다.[16]

16_홍순도(2010), 271쪽.

표 8-1 | 중국 IP-China Desk의 진출 기업 지재권 피해구제 경비 지원

	해외 지재권 침해 심판 및 소송비 지원	중국 내 모조품 단속 컨설팅 비용 지원
지원대상	해외에서 지재권을 침해당한 개인 및 중소기업	중국 내 자사의 모조품 단속을 위해 컨설팅사를 활용한 개인 및 중소기업
사안별 지원금액	- 권리침해에 대해 심판 및 소송 제기 시 · 건당 3,000만 원 범위 내 심판청구 및 소송비의 70%(침해 조사비 포함) - 타인 등록권리 무효 및 취소심판 청구 시 · 건당 1,000만 원 범위 내 심판청구 및 소송비의 70%	- 연도별로 업체당 2건까지 지원 - 건당 U$5,000 한도 내 실제 비용의 80%

자료: "중국 내 지재권 침해에 대한 안내"(2006. 5. 27); http://cafe.naver.com/yiersan/12196

(2) KOTRA 'IP-차이나 데스크'의 활용

KOTRA는 중국에 진출한 한국기업들의 지재권을 보호하기 위해 산업자원통상부, 특허청과 공동으로 '중국 지재권 보호 데스크'(IP China Desk)를 2006년 4월 27부터 설치·운영해 오고 있다. 'IP China 데스크'는 〈표 8-1〉에서 알 수 있는 바와 같이 내방, 전화 및 이메일 애로 상담, 교육과 홍보 설명회 개최, 자료 발간 등 예방 활동뿐만 아니라, 무료 법률 자문, 심판청구 및 소송비 지원, 모조품 단속 컨설팅사 활용비 지원 등 다양한 피해구제 지원 활동을 펼치고 있다.[17]

중국 내 'IP China 데스크'는 2013년 말 현재 베이징, 상하이, 칭다오 등 3곳에 설치되어 있으나, 우한, 충칭, 시안 등 내륙 지역으로도 개소 지역을 점차 늘려 나갈 예정이므로 지재권 문제로 고민하는 진출 기업들은 IP-China 데스크를 찾아가 자문을 요청하는 것이 좋다. 특히 지재권 침해

17_"중국 내 지재권 침해에 대한 안내"(2006. 5. 27); http://cafe.naver.com/yiersan/12196.

에 대해 행정심판이나 민형사 소송을 제기할 때 혹은 모조품 단속에 관한 컨설팅을 의뢰할 때 드는 비용의 70~80%를 지원하고 있으므로 이를 적극 활용할 필요가 있다.

(3) 본국 정부 및 관련 단체·협회와의 공조 관계 유지

사회주의 국가인 중국의 특성상 아무리 개개 외자기업이 노력하더라도 지재권 침해 자체를 막을 수는 없다. 설령 공동 대응을 한다 할지라도 중국 정부의 진지한 노력과 강력한 단속 처벌 의지가 없으면 소기의 성과를 거두기 어렵다.

이때 중요한 것은 본국 정부 특히 지재권 보호의 유관부서인 특허청(상표권, 실용신안권, 기술특허의 경우), 문화체육관광부(저작권의 경우), 기업 투자 진흥 업무를 맡고 있는 KOTRA의 지원과 협력이다. 한국정부도 이 같은 기업들의 어려운 사정을 감안, 2005년 이후에는 다양한 진출 기업 지원 활동을 펼치고 있다. 예컨대 문화체육관광부 산하 한국저작권위원회는 2009년 9월 중국판권보호센터와 '한중 저작권 업무 협력에 관한 양해각서'를 체결하였다. 문제는 적지 않은 수의 중국기업이 양해각서 내용대로 한국의 저작권을 제대로 존중해 주지 않는다는 데 있다.

이와 관련 한국의 특허청은 KOTRA와 협력하여 지재권 보호 전담 창구인 'IP 데스크'를 설치·운영 중이며, 기업들의 침해 관련 조사비용의 70%까지 지원하고 있다.[18] 2009년에는 KOTRA와 공동으로 저장성 사오

18_홍순도(2010), 265-266쪽.

싱(紹興)시에서 중국 지방정부 상표 단속 공무원과 대형 쇼핑몰 관계자를 대상으로 한국 상품 짝퉁 식별 설명회를 개최하였는데, 이 설명회에는 삼성전자, LG전자, 현대모비스, 도루코, 베이직 하우스 등의 사례가 짝퉁 제품 교육 자료에 포함되었다.

한편, 한·중 양국의 지재권 관련 단체 및 협회가 '지재권 상호 보호에 관한 양해각서'(MOU)를 체결하고, 공조 체제 구축에 관해 양국 정부에 정책 건의를 강화할 필요가 있다고 본다. 실제로 한국저작권위원회는 엔씨소프트의 요청을 받아 중국에서 온라인 게임 '리니지'와 '블레이드앤소울' 등이 불법으로 서비스되고 있는 것을 적발하고, '중국온라인게임연맹' 등과 협력해 중국 내 접속 사이트를 차단 폐쇄한 바 있다.[19] 또한 저작권위원회는 문화체육관광부, 한국게임산업협회와 협력하여 서버를 한국에 둔 다크블러드 사이트에 대해 중국 내 결제 서비스를 막는 등의 조치를 취하기도 하였다.[20]

2. 정부 차원의 대응전략

중국기업의 지재권 침해에 대한 정부 차원의 대응전략으로는 다음의

19_"한국 온라인게임 불법서비스 중국 사이트 폐쇄," 연합뉴스, 2012. 8. 30; http://www.yonhapnews.co.kr/international/2012/08/30/0603000000AKR2012083018 3100005.HTML.

20_한국의 게임 산업은 한국 콘텐츠 해외 수출액의 절반을 차지할 만큼 비중이 커, 쌍무 간 협력을 통해 지재권을 상호 보호할 필요성이 커지고 있다.

정책 대안이 있을 것이다.

첫째, 중국정부는 2001년 말 WTO에 가입하였기 때문에 무역 관련 지적 재산권을 지킬 의무가 있다. 특히 정부는 WTO의 TRIPs(Trade-Related Aspects of Intellectual Property Rights Agreement) 협정과 분쟁 해결 절차를 잘 활용해야 한다. 또한 한·중 양국이 WIPO(World Intellectual Property Organization)의 회원국이고 1996년 온라인 게임, 기타 디지털 재화의 보호와 관련된 저작권 협약을 개정했으므로 이들 기구 규약과 협약의 준수를 요구할 수도 있을 것이다.

둘째, 한국정부는 미국, EU, 일본 등 선진국들과 함께 중국 중앙정부가 WTO TRIPs 협정과 개정된 WIPO 저작권 협정을 준수하도록 요구하고 이들 협정과 협약에 부합하도록 중국의 내부 정책과 법규의 개정과 집행 메커니즘의 개선을 촉구하는 외교적 노력을 강화해야 할 것이다. 특히 지재권 침해 행위가 빈번히 발생한 지방정부에 대해 중앙정부가 감시와 단속을 강화하도록 공동의 외교적 노력을 펼쳐야 할 것이다.

셋째, 국경을 넘어선 짝퉁 상품의 수출입, 불법 음악 다운로드의 단속과 처벌, 범죄자 인도 등에 관해 중국정부 및 관련 업체, 협회, 단체와 쌍무적 협력을 강화하는 것이 필요하다. 중국인 소비자, 기업을 대상으로 기술 특허, 저작권 등 지재권 보호의 중요성, 정품 사용 시의 보상, 적발 리스크 등에 관해 무료 혹은 염가의 교육·훈련 프로그램을 한·중 공동으로 개발·실시하고, 국제 교류를 통해 지재권 심사 및 보호와 관련된 지식·경험, 관리 시스템을 공유하도록 해야 할 것이다.

넷째, 중국에 진출한 한국기업들에 대해서도 생산, 판매 및 유통 단계에서는 물론, 연구개발 단계에서도 기술 보안이 잘 지켜지고, 저작권·상표권이 보다 잘 보호받을 수 있도록 중국 내 출원 등록, 피해구제 제도 등에 관해 KOTRA 등을 통해 홍보를 강화해야 할 것이다. 또한 한·중 양국 기술 벤처 간의 교류·협력, 교차 특허 공유(Cross-licensing) 및 정보 교류가 촉진되도록 박람회, 세미나 등을 수시로 개최하여 지재권 보호 분위기를 조성하는 데 힘써야 할 것이다.

마지막으로, 지재권은 기업들 스스로가 자체적으로 혁신의 중요성을 인식하고 타사의 창조적 연구개발 노력을 존중해 줄 때 안정적으로 보호될 수 있다. 따라서 정부는 중국과 FTA 협상 시 지재권 보호에 관한 내용, 중재 및 조정 등 분쟁 해결 절차를 철저히 검토해 분쟁을 최소화시킬 수 있는 조항을 반드시 협정문에 명문화 하도록 해야 할 것이다.

참고문헌

| 중문 자료 |

國家名品保護委員會(2006), "2005년도 회원브랜드 보호실태 조사 결과." http://www.qbpc.org.cn/en/about/references/QBPCrelated /survey/2006en/file.

"保護知識産權行動綱要 : 2006~2007年," 經濟日報, 2006. 4. 27.

韋春昭(2009), 『假货研究』, 中国工商出版社, 2009. 9. 1.

"中國數次制定 保護知識産權行動綱要," 人民網, 2006. 4. 26.

中國國家知識産權局(2012), 〈2012年 國家知識産權戰略推進計劃〉(2012. 4. 10. 발표).

中國國家統計局(1995~2012), 『中國國家統計年鑑』, 중국국가통계출판사, 1995년 이후 연도판.

| 국문 자료 |

강승호(2011), "중국 지방정부의 렌트추구와 성장패턴," 『동북아경제연구』, 제23권 제3호, 141-146.

김익수(1992), 『중국시장 마케팅 : 전략과 사례』, 서울 : 박영사.

김익수, 김병구(2013a), "중국의 지적재산권 정책에 관한 연구 : 중앙 정부의 보호 의지, 성과, 한계점을 중심으로,"(김익수 제1저자), 『동북아경제연구』(한국동북아경제학회), 제25권 제3호, 2013. 9. 30, 63~108쪽.

_____(2013b), "중국 지방 차원의 지재권 보호 딜레마 : 정책순응과 침해묵인 사이의 선택에 관한 탐색적 연구"(제1저자 김익수), 『한중사회과학연구』, 제11권 제4호(통권29호), 2013. 10. 31, 1~34쪽.

대외경제정책연구원(2006), "최근 중국의 지적재산권 보호 정책의 현황과 과제," 『중국경제현안 브리핑』, 제06-09호, KIEP 북경사무소, 2006. 6. 15, 1~6쪽.

맹소리(孟昭莉; 2008), "다국적기업과 로컬기업의 협력방안 : 상표권 분쟁사례," China Business Focus, 제08-33호, 중국삼성경제연구소(www.SERIChina.org), 2008. 9. 12, 2~6쪽.

박기식(2009), "중국 산짜이 문화의 지재권에 대한 영향," 특허청, KOTRA, 2009. 9.

박춘경(2007), "중국, 2006년 발명특허 취득 2만 5000건," 칭다오무역관. KOTRA 글로벌

Window(http://www.globalwindow.org/) 해외시장정보, 경제산업 동향 자료, 2007. 2. 9.
성병훈(2005), "中, 불법 휴대폰 판매량 연간 1,500만대", KOTRA 우한무역관 동향보고서.
성시일(2006), "중국재정정책의 변화가 경제에 미친 영향 : 재정포간제를 중심으로," 『중국학논총』(한국중국문화학회), 제22호, 2006년, 1~17쪽.
세계비지니스소프트웨어 연맹 홈페이지(http://www.bsa.org/GlobalHome.aspx).
유진석 · 정상은 "한 중 지적 재권 분쟁의 현황과 대응", 『SERI China Review』, 제2007-19호, 삼성경제연구소, 2007. 7. 23.
윤대현(2010), "신성장정책 : 중국 진출 우리 기업, 지재권 보호방안은," KOTRA 글로벌 Window(http://www.globalwindow.org/) 해외시장정보, 경제산업 동향 자료, 2010. 8. 12.
_____(2010), "中, 新상표법 시행 임박 우리기업 지재권 보호에 '햇빛'", 칭다오 무역관, KOTRA 글로벌 Window(http://www.globalwindow.org/) 해외시장정보, 경제산업 동향 자료, 2010. 10. 25.
윤선민(2010), "왜 한 · 일의 중국 내 특허신청이 구미보다 많을까?" KOTRA 다롄무역관.
이연주(2007), "치루이자동차의 전략과 향후 전망", 『자동차경제』, 한국자동차산업연구소, 2007. 8, 26~29쪽.
임태윤(2011), "글로벌 브랜드 도약의 시험대에 선 중국 휴대폰 산업, SERI 주최 "한국의 주력 산업을 위협하는 중국" 심포지엄 (2011. 11. 23) PPT 발표 자료.
중국인터넷정보센터(CNNIC; China National Network Information Center), "제27차 중국 인터넷 발전상황 통계보고," 자료, 2011. 1. 18.
한국지식재산연구원(2012), "중국 '2012년 국가지식산권 전략실시 추진계획'의 주요내용 및 시사점". Zoom-in 정책자료.
한국지재권보호협회, "중국 : 등록된 특허권(專利權)이나 상표권 보호전략," http://www.newip.biz/interest /?type=view&gkind=12&interestkind=65&index=1311&page=1.
홍순도(2010), 『짝퉁대전』, 올림 출판사, 2010. 7.
KOTRA 글로벌 Window(http://www.globalwindow.org/) 해외시장정보, 경제산업 동향 자료, 2010. 4. 13.

| 영문 자료 |

Akerlof, G.(1970), "The Market for Lemons : Quality Uncertainty and the Market Mechanism," *The Quarterly Journal of Economics*, 84(2), pp. 488-500.

Andrews, J. A.(2006), "Pfizer's Viagra patent and the Promise of Patent Protection in China,"(2008), *Loy, L.A. International & Comparative Law Review,* Vol. 28, No. 1, 2006, pp. 1-34.

Arogyaswamy, B. and Byles, C. M., "Organizational Culture : Internal and External Fits." *Journal of Management,* 13(Winter 1987) : 647-659.

"Brilliant Anti-Pirach Strategy by Disney in China," http://www.chinadaily.com.cn/world/2006-05/31/content_605106.htm.

Balfour, F., Matlack, C., Barrett, A., Capell, K., Roberts, D., Wheatley, J., Symonds, W. C., Magnusson, P., & Brady, D.(2005). "Fakes!", *Business Week,* No. 3919, pp. 54-64.

Becker, T.(2003). "Private Eyes Help Fight Counterfeit Telecom Equipment." *The Wall Street Journal,* July 8 2003, p. A12.

Behar, R.(2000), "Beijing's Phony War on Fakes," *The Fortune*(Europe), Vol. 142, No. 10, pp. 98-110.

Berman, B.(2008), "Strategies to Detect and Reduce Counterfeiting Activity, *Business Horizons,* Vol. 51, pp. 191-199.

Bian, Xuemei and Cleopatra, V.(2007), "Consumers' Attitudes Regarding Non-Deceptive Counterfeit Brands in the UK and China," *Journal of Brand Management,* Vol. 14, No. 3, February, 2007, pp. 211-222.

Boyarski., J. R., Fishman, R. M., Lawrence, J. D., Linn, J., and Young, T.(2001) "China Touts Intellectual Property Enforcement Efforts," *Intellectual Property and Technology Law Journal,* October, pp. 21-22.

BSA(Business Software Alliance), *The Seventh Annual BSA/IDC Global Software 2009 Piracy Study,* May 2010.

Business Software Alliance, 08 Piracy Study, Sixth Annual BSA-IDC Global Software, May 2009(http://global.bsa.org/globalpiracy2008).

Business Software Alliance, 08 Piracy Study, Sixth Annual BSA-IDC Global Software, May 2009(http://global.bsa.org/globalpiracy2008).

Chaudhry, P. E. (2006), "Changing Levels of Intellectual Property Rights Protection for Global Firms : A Synopsis of Recent U.S. and EU Trade Enforcement Strategies," *Business Horizons,* Vol. 49m, pp. 463-472.

Chaudhry, P. E. and Stumpf, S .A.(2007), "Product Counterfeiting in China : Managerial Perceptions of Supplier and Buyer Interest in Counterfeit Goods and the Probable Effectiveness of Corporate Anti-Counterfeiting Actions," *Internation- ale Weltbewerbs Strategien : Herausforderungen an das*

Management, 2007, Vol.14, pp. 189-212.

"China Confiscates 700 million Pirated Items in Ten Years," in *The Socialist System of Laws with Chinese Characteristics*, a white paper published by Information Office of the State Council.

"China-Measures Affecting the Protection and Enforcement of Intellectual Property Rights," Report of the Panel.

Ding, Qingfen & Liu, Wei, "Mixed Reaction to WTO Ruling," China Daily, 2009. 8. 14.

Economic Intelligence Unit(2007), 홈페이지 http://www.eiu.com. "DegreeofIPRP rotectioninChina".

Eihhorn, B.(2009), "China's new Piracy Cops : Web Sites," *The Businessweek*, Nov. 2, 2009, p.32.

European Commission(2005), "International Customs Operation 'Fake'," retrieved Jan. 5, 2006, from http://europa.eu.int/rapid/pressReleaseAction.

Fishman, T. C.(2005), "Manufaketure," *The NewYork Times*, January 9, 2005.

Fowler, G. A.(2005), "China's Logo Crackdown : The Nation is Awash in Phony Western Brands but Draws the Line at Valuable Olympic Symbol," *The Wall Street Journal*, November 3 2005, B1.

_____(2006), "Disney Fires a Broadside at Pirates," *The Wall Street Journal*, May 31 2006, B3.

Freeman, D.(2006), China Brings IPR Piracy to EU's Door, retrieved on January 4, 2006 from www.atimes.com.

Gallagher, K. P., 2008, "Understanding Developing Country Resistance to the Doha Round," *Review of International Political Economy*, Vol. 15, No. 1, pp. 62-85.

Geoffrey, C .D. Lin, and Xia, A.(2010), "China's New Patent Regime," *The China Business Review*, May-June 2010, pp. 30-33.

Giannakas, K.(2001), "The Economics of Intellectual Property Rights under Imperfect Enforcement : Developing Countries, Biotechnology, and the TRIPS Agreement," EPTD Discussion Paper No. 80, Sept. 2001.

Hille, K.(2009), "Fake Chinese Handsets Threaten Brands in Emerging Markets," *The Financial Times*, Nov. 5, 2011, p. 18.

Kahn, G.(2002, December 19). Factory Fight : A Sneaker Maker Says China Partner Became Its Rival. *The Walll Street Journal*, p. A1.

Keck, A. and Schropp, S.(2008), "Indisputably Essential : The economics of Dispute Settlement Institutions in Trade Agreement," *Journal of World Trade*, Vol. 42, No. 5, pp. 785-812.

King, Neil, Jr.(2005), "Beijing Vows Action to Combat Piracy," *The Asia Wall Street Journal*, July 12, 2005, pp. A1, A8.

Kullman, P. "Intellectual property rights enforcement agreement commits China to strong measures to curb piracy" in http://findarticles.com/p/articles/mi_m1052/is_n1_v117/ai_18023691/. http://www.wto.org/english/tratop_e/dispu_e/cases_e/ds362_e.htm.

Kurtenbach, E.(2006, July 2). Companies Fight Back against China Piracy. Retrieved February 12, 2007, http://www.sfgate.com/cgi-bin/article.cgi?f=/n/a/2006/07/02/financial/f134855D88.DTL.

Li, Yahong, Lu Jiangyong, Tao Zhigang, Wei Shang-jin(2009), "Viagra in China : A Prolonged Battle over Intellectual Property Rights," Asia Case Research Centre, The Univ. of Hong Kong, HKU 902, 09/ 463C.

Li, Yahong, Lu, Jiangyong, , Tao, Zhigang, Wei, Shangjin Chan, Penelope(2010), "Viagra in China : A Prolonged Battle over Intellectual Property Rights," Asia Case Research Center, The University of Hong Kong, 32 pages. June 29, 2010. Prod. # : HKU902-PDF-ENG.

Lim, E. H. and Srikala P. Atluri(2009), "A New Era of Intellectual Property Rights Licensing," *The China Business Review*, March-April 2009, pp. 26-29.

Liu, X., Wang, C. & Wei, Y.(2009). Do local manufacturing firms benefit from transactional linkages with multinational enterprises in China? *Journal of International Business Studies*, 40 : 1113-1130.

"Mark Cohen on Intellectual Property.," *The China Business Review*, March-April 2009, pp. 22-25.

Mertha, A.(2005), The Politics of Piracy: *Intellectual Property in Contemporary China*, Ithaca, N.Y. : Cornell University Press.

Moga, T. T.(2009), "Changes to China's Patent Law and Practice," *The China Business Review*, March-April 2009, pp. 30-33.

Nomura, Takashi, Okada, Saori, Yoshizaki, Takeshi(2013), *Features of IP Rights Enforcement in Korea and China*, IDE Discussion Paper No. 417, April 2013.

Olsen, Janeen E. & Granzin, Kent L.(1993). "Using Channels Constructs to Explain Dealers' Willingness to Help Manufacturers Combat Counterfeiting," *Journal of Business Research*, Vol. 27, pp. 147-170

Ong, Ryan(2009), "Tackling Intellectual Property Infringement in China," *The China Business Review*, March-April 2009, pp. 17-21

Ortolani, A.(2005), "Chinese Companies Step Up Focus on Paptent Protection," *The*

Asian Wall Street Journal, April 7, 2005.

Parloff, R.., Chandler, C., & Fung, A.(2006). "Not Exactly Counterfeit," *The Fortune*, 153(8), 108-116.

People Daily's News, "WTO and China," 2009. 8. 14; http://English.people.com.cn/90001/90778/90857/90861/6764872.html

Raustiala, K. and Sprigman, C.(2006), "The Piracy Paradox : Innovation and Intellectual Property in Fashion Design," *Virginia Law Review*, Vol. 92, No. 8, Dec. 2006, pp. 1687-1777.

_____(2009), "The Piracy Paradox Revisited," *Stanford Law Review*, Vol. 61, March 2009, pp. 1201-1225.

_____(2012), *The Knockoff Economy : How Imitation Sparks Innovation*, Oxford University Press, USA, September 17, 2012.

Renters(2006a), "China Piracy Costs Film Industry $2.7 Billion in 2005," Reuters,June 19, 2006; ; http://www.reuters.com/article/2011/06/19/

_____(2006b), "China Piracy Costs U.S. firms $48 Billion in 2009: Report," Reuters, May 18 2011; http://www.reuters.com/article/2011/05/18/

Solomon, J.(2005), "U.S. Breaks up smuggling ring connected to Asia : Besides phony $4.5 M, suspect contraband includes cigarettes, drugs, weapons," *The Wall Street Journal*, Aug. 23, 2005, A9.

Tabata, Y.(2003), Anti-Counterfeits Activities by Japanese Companies in China. Retrieved from www.aipla.org/Content/Microsites152/IP_Practice_in_Japan/committee_meetings/.../Tabata-Anti-CountefeitsActivities(Tab16).ppt.

The Sixth Annual BSA-IDC Global Software Piracy Study, May 2009, BSA and IDC.

U.S. Customs and Border Protection(2004), "Comparison of Yearly Domestic Value of IPR Seizures (FY 2000 – FY 2004)," retreived Nov. 1 2005, from http://www.cbp.gov/xp/cgov/import/commercial_enforcement/ipr/seizure/seizure_stats.xml.

U.S.T.R(2007a), "2007 Report to Congress on China's WTO Compliance". http://www.ustr.gove/assets/Document_Library/Reports_Publications?2007asset_upload_files625_13692.pdf.

U.S.T.R(2007b), "Special 301 Report". http://www.ustr.gov/assets/Document_libary/Reports_Publcations/2007/2007_Special_301_Review/asset_upload_file230_11122.pdf.

Wang, Kevin(2010a), "China Gray-Market Cell Phone Shipments Slow in 2011," December 16, 2010, http://www.isuppli.com/China-Electronics-Supply-Chain

/News/Pages/China-Gray-Market-Cell-Phone-Shipments-Slow-in-2011.aspx.

______(2010b), "Gray-Market Handset Shipments to Bounce Back in 2011 Euphoria to be short lived, however, as market begins to falter in 2012," November 25, 2010. http://www.isuppli.com/China-Electronics-Supply-Chain/MarketWatch/Pages/Gray-MarketHandset-Shipments-to-Bounce-Back-in-2011.aspx.

______(2010c), "Gray-Market Cell Phones Impacted by Chinese Government Investigation Shipments will fall 25 percent in June," July 8, 2010. http://www.isuppli.com/China-Electronics-Supply-Chain/MarketWatch/Pages/Gray-Market-Cell-Phones-Impacted-by-Chinese-Government-Investigation.aspx.

Williams, B. and Mihalkanin, D.(2011), "China's Special Campaign to Combat IPR Infringement," The China Business Review, Oct.-Nov. 2011, pp. 42-45.

WIPO(2011), "Outline of the Legal and Regulatory Framework for Intellectual Property in the People's Republic of China," 세계지적재산권기구(WIPO) 웹 자료(http://www.wipo.int/wipolex/en/outline/cn.html).

WTO(2009), Dispute Settlement : Dispute DS362 China-Measures Affecting the Protection and Enforcement of Intellectual Property Rights. http://www.wto.org/english/tratop_e/dispu_e/cases_e/ds362_e.htm.

Xiaome, E.(2009), "China's WTO accession and sustainable development : Challenges and Policy Response," *Journal of World Trade*, Vol. 43, No. 3, pp. 541-569.

Xuemei Bian, Xumei & Veloutsou, C.(2005) "Consumers' Attitudes regarding Non-Deceptive Counterfeit Brands in the UK and China, *Brand Management*, Vol 14, No. 3, 211-222

Zamiska, N.(2006), "A Question of Value : Zippo Case Sparks Clash. Does China's Low Value of Fake goods Coddle Counterfeiters", *The Wall Street Journal*, p.A13.

Zimmerman, A. and Chaudhry, P. E.(2009), "Protecting Intellectual Property Right : The Special Case of China," *Journal of Asia-Pacific Business*, 10, pp. 308-325. International Trade Dispute : U.S – China Intellectual Property Rights Dispute, 2007.

Yang, Deli & Gerald E. Fryxell, G.E.(2009), "Brand Positioning and Anti-Counterfeiting Effectiveness; A Study of Managers' Perceptions of Foreign Brands in China," *mimeo*.

| 관련 웹사이트 |

中國國家知識産權局(www.sipo.gov.cn/)
中國國家統計局(www.stats.gov.cn/)
中國貿易救濟信息网(www.csca.gov.cn/)
中國保護知識産權網(www.ipr.gov.cn/)
中國知識産權司法保護網(www.chinaiprlaw.cn/)
IDC(International Data Corporation)(www.idc.com/)
BSA(Business Software Alliance)(www.bsa.org/globalstudy/)
USITC(www.usitc.gov/)
USTR(www.ustr.gov/)
WTO(www.wto.org/)
매일경제(www.mk.co.kr/)
산업연구원(www.kiet.re.kr/)
삼성경제연구소(www.seri.org/)
외교통상부(www.mofat.go.kr/)
특허청(www.kipo.go.kr/)
한국지적재산권연구원(www.iprchn.com,/)
중국 법률시스템에 관한 위키피디어(Wikipedia) 홈페이지 자료(http://en.wikipedia.org/wiki /Law_of_the_People's_Republic_of_China)
중국 지식산권국 웹사이트(http://www.sipo.gov.cn/sipo_English/index.html)
중국 공상행정관리국 상표국 웹사이트(http://202.108.90.115/english/index_e.asp)
중국 전국인민대표대회 웹사이트(http://www.npc.gov.cn/englishnpc/news/)
화이자(http://www.pfizer.com.cn/)

| 영문 초록 Abstract |

Infringement of Intellectual Property Rights in China

: Realities, Sources, and Protective Counter-Measures

Ick-Soo Kim
Professor of International Business, Korea University Business School

This book starts with the description of actual realities of IPR (intellectual property rights) infringement in China, relevant statistics and dispute lawsuit cases by IPR category, including patent, copyrights, and trademarks, etc.

It attributes the illegal behavior and practices firstly to the Leninist legacy of materialism and Chinese backward cultural norms represented by widespread 'shanzhai syndrome'. The second primary source is associated with the central government's time-inconsistent or ambivalent attitude towards the protection of IPRs, which is in turn related to changes in politico-economic environment and leadership. Normally, central government and/or the party leadership take much heed of the need to catch up advanced countries in technology and economic power, while abstaining themselves from introducing strict crackdown measures in consideration of the tight budget constraint of Chinese households.

More importantly, central government's imperfect monitoring over the malpractices in the administratively decentralized environment, combined with local paternalism *cum* protectionism, led provincial and lower-level local governments to take generous stance in implementing the anti-IPR infringement crackdown on the perpetrators. Moreover, foreign-invested enterprises (FIEs) do not have full confidence or trust in the Chinese socialist judicial system, which is, more often than not, subject to the communist party's influence-peddling and bureaucratic intervention. For this reason, they become less assertive about filing lawsuits against those who commit unlawful behavior like patent infringement, copyright piracy, and counterfeiting. Other politico-economic hurdles are huge transaction costs FIEs have to bear in monitoring, collecting evidence, and processing litigation procedures. Chinese government's retaliation against them in the future is another potential threat they have to face in reality.

With regard to counter-measures, the author suggests that in order to minimize the financial damages caused by the IPR infringement, it is essential that FIEs including Korean firms should register their IPRs at the relevant authorities in China and closely monitor the Chinese copycat-violators operating in the offline and online retail markets. It is also important that a firm should educate and train IPR specialists in such a way as to handle efficiently the detected infringement cases and toss them to the officials in charge. To this aim, it is needed that firms build and maintain good relationship with those officials in the watchdog authorities both at central and local level.

Last but not least, at the government level, the MTIE(Ministry of Trade, Industry & Energy) and the KIPO(Korea Intellectual Patent Office) should forge trustworthy diplomatic alliance relationship with the U.S., EU and other Western governments to put collaborative pressure against the Chinese government to speed up the reform of the IPR-related institutions and strengthen legal enforcement.

ARI Monograph Series 14
Infringement of Intellectual Property Rights in China:
Realities, Sources, and Protective Counter-Measures

First Published 2014
by The Asiatic Research Institute at Korea University
145 Anam-ro, Seongbuk-gu, Seoul 136-701, Korea
www.asiaticresearch.org

아연동북아총서 14
중국 내 지적재산권
침해 실태, 원인·배경 및 대응전략

1판1쇄 | 2014년 3월 31일

지은이 | 김익수
펴낸이 | 이종화
펴낸 곳 | 아연출판부
등록 | 2000년 5월 24일 제6-376호
주소 | 서울시 성북구 안암로 145 고려대학교 아세아문제연구소(136-701)
전화 | 02-3290-1600　팩스 | 02-923-4661
홈페이지 | www.asiaticresearch.org

값 13,000원

ISBN 978-89-90769-47-3 94300
ISBN 978-89-90769-29-9 (세트)

이 도서의 국립중앙도서관 출판시도서목록(CIP)은 e-CIP 홈페이지(http://www.nl.go.kr/ecip)에서 이용하실 수 있습니다(CIP제어번호: CIP2014009304).